국제화시대의 언어

정경택 지음

신아사

책을 내며

2021년 6월 현재 세계에는 78억 7,500만 명의 인류가 살고 있다. 우리는 매일 매스컴(신문, 방송, 인터넷 등)을 통해 지구 구석구석에서 일어나고 있는 수많은 사건과 이의 분석, 그리고 이에 대한 여론을 받아보고 있다. 이와 같은 정보는 대개 세계의 유수 통신사와 뉴스전문 방송을 통해 들어오는데, 이들은 거의 모두 영어를 사용하는 미국 매체들이다.

1945년 2차 세계대전에서 연합국의 일원으로 승전한 소련이 1991년 공식적으로 해체되어 지도에서 사라질 때까지 세계는 미국과 서유럽이 대표하는 자본주의와 소련 및 동유럽, 중국이 대표하는 공산주의 양 체제로 극명하게 나누어져 대립하고 있었다.

당시 자본주의를 대표하는 언어는 영어, 공산주의를 대표하는 언어는 러시아어로서 각각 자신의 이념을 확장하기 위해 영어와 러시아어를 세계에 보급하는 데 힘을 썼다. 사실상 소련이 해체되기 전까지 영어와 러시아어가 대표적인 국제어, 더 나아가 세계어의 역할을 한 것이다.

또한, 2차 대전 후 세계 질서를 바로잡는다는 명분으로 1945년 10월 24일 탄생시킨 국제연합(United Nations)은 당시 5대 강국 미국·영국·소련·자유중국(타이완)·프랑스를 비롯한 세계 51개국이 가입하게 되었다. 이제는 193개 회원국이 국제평화와 안전을 유지하고 국가 간의 평등 및 민족자결 원칙에 근거하여 상호우호 증진에 힘쓰고 국제협력을 통하여 경제적·사회적·문화적·인도적 제반 문제를 해결하는 데 힘을 쏟고 있다. 이런 활동에서 가장 효용이 크고 가능한 한 많은 회원국과 이의 국민이 사용할 수 있는 언어를 정했는데, 바로 국제연합의 공식어인 영어, 프랑스어, 러시아어, 중국어, 스페인어, 아랍어이다.

이들 6개 공식어는 UN 총회, UN 안전보장이사회, UN 경제사회이사회를 비롯한 주요 하위 기구에서 사용하고, 회원국의 대표는 6개 공식어 중 하나를 사용할 수 있고 통역을 받을 수 있다. 또한, 6개 공식어는 UN 공식 문서에서 사용하고 있다.

그렇지만 영어가 지구 어느 곳에서나 의사소통의 수단인, 사실상 유일한 세계어라는 것은 누구도 부인할 수 없다. 굳이 외국인과 직접 의사소통을 하지 않더라도 교육, 취업, 승진의 가장 중요한 평가 수단의 하나로서 그 지위가 견고하다. 영어의 기능과 효용성을 인정하여 일부 국가에서는 공식어나 링구아 프랑카의 지위를 부여하여 국어와 함께 공용어로 만들기도 했는데, 이는 이중언어 및 다중언어사용 환경을 조성한 것이다. 이와는 반대로 영어의 확장에 저항하여 모어의 지위와 기능을 강화하는 나라도 있다.

언어는 민족과 이의 정체성, 그리고 민족이 형성한 국가의 독립성을 상징하는 가장 중요한 수단이라는 것을 잘 알고 있는데, 바로 일제 35년간 우리말 말살 정책을 통해 우리 말을 없애고 민족 정체성을 소멸시켜 결국 우리 민족을 일본의 노예로 만들겠다는 일본제국주의의 탄압을 경험했기 때문이다.

정보 교환의 기능이 가장 중요한 기능인 언어의 실용성을 따져 영어를 가장 우선시하는 지금의 전 세계적 상황이 과연 지속할 것인가에 대해서는 과거 수메르어부터 그리스어, 라틴어, 스페인어와 포르투갈어의 부침을 보면 어느 정도 예측이 가능하다. 즉 영어의 위세는 영원하지는 않다. 그러나 적어도 가까운 미래에는 영어가 가진 세계어로서의 역할이 감소하거나 사라지지는 않을 것이다. 더욱이 새로운 학문, 첨단과학·기술의 개발과 발전이 대부분 영어 사용국에서 이루어지고 영어로 기술되고 발표되며 영어로 운용되고 있는 것도 또한 사실로서 이를 받아들이기 위해서는 영어를 아는 것이 필수적이다.

이렇듯 세계어로서의 영어는 실용성이라는 긍정적 특징과 다른 언어들의 기능 축소와 소멸이라는 부정적 특징을 가지고 있다. 영어 외 UN의 5개 공식어도 한때 영어에 못지않은 지위와 확장성을 가지고 있었지만, 지금은 일정한 지역이나 일정한 활동 분야에 국한된 국제어로서 인식하고 있다.

국제화 시대의 언어는 현재 세계에서 사용하는 주요 언어를 통시적, 공시적 관점에서 살펴보는데 목표를 두고 있다.

세계어와 국제어의 개념을 설명하고 고대 세계어 또는 국제어의 역할을 한 그리스어와 라틴어를 살펴보고 있다.

다음으로 현재의 유력 언어를 세계어 층위의 영어를 시작으로 역시 UN의 공식어이자 국제어로 간주하는 지위를 가진 영어와 국제어로서 간주하는 스페인어, 프랑스어, 중국어, 러시아어, 아랍어의 흥망성쇠 과정을 알아보고 있다.

또한, 영어의 확장으로 인한 문제도 살펴보고 있는데, 바로 영어의 공용어화와 영어제국주의적 특징을 통해 모어와 국어를 생각해보고 아울러 공식어의 개념을 명확히 하고 있다.

영어의 사용영역 확대에 대응하여 모어의 보전 노력, 모어와 영어의 이중언어사용, 그리고 모어-영어-제2 언어의 다중언어사용에 대해 여러 나라의 사례를 비교해 보고 있다.

특히 저자가 포스트 소비에트 공간의 언어 상황과 언어정책을 연구하면서 얻은 성과를 알기 쉽게 기술하고 있는데, 이는 소비에트 통치 약 70년이라는, 언어학적으로 짧은 기간의 언어정책이 어떻게 실현되고 어떠한 성과를 보여주고 있는지를 잘 알게 해준다.

그 외에 세계의 언어를 계통적으로 나누어 보고 세 기준에 따른 세계 10대 언어를 마지막으로 살펴본다.

국제화 시대의 언어는 저자가 약 10년 동안 경상국립대학교에서 강의해 오던 자료를 정리하여 일목요연하고 체계적으로 만들어 보자는 신아사의 제안을 선뜻 받아들였지만, 저자의 게으름으로 완성되지 못했다. 또한, 2020년부터 거점국립대학교 교류용 과목으로 선정되었지만 역시 교재가 없어 거점국립대학교 수강생들의 불편을 초래하여 더는 미룰 수 없다는 매우 급한 심경으로 박차를 가하여 이제야 책으로 만들어지게 된 것이다.

이렇게 책을 만들 수 있도록 해준 나의 활동 기반인 경상국립대학교 러시아학과 동료 교수와 학생들에게 감사의 말씀을 전하고 30여년 동안 안정적으로 연구와 강의를 할 수 있게 지원해주는 우리 경상국립대학교에게도 감사의 말씀을 드립니다.

신아사에도 감사의 말씀을 드린다.

마지막으로 휴일에도 학교에 나와서 편안히 연구를 할 수 있게 해준 우리 가족이 제일 소중함은 너무나도 당연하다.

진주 가좌동 연구실에서

정경택

목차

IV. 영어제국주의

V. 모어, 국어, 국가어, 공식어

VI. 다중언어 사용의 미래

VII. 다중언어 교육의 필요성

VIII. 다중언어 교육과 확대 결과

IX. 다언어, 다문화주의

X. 언어의 소실

XI. 세계의 언어상황

XII. 세계 언어 계통, 분류, 기원

XIII. 세계의 유력 언어들

서론

의사소통(communication)이 언어의 본질임은 두말할 나위 없다. 집단을 이루는 인간만이 언어를 사용하여 조화롭게 사는데, 인간만이 언어능력을 가지고 있기 때문이다. 모어(아이들이 처음 배우는 언어)를 무의식적으로 익히는 원인을 크게 보면 다음과 같은 기반에서 출발한다.

먼저, 완전히 다른 언어라고 해도 인간의 모든 언어에는 기본적으로 동일한 요소인 언어 보편소(linguistic universals)가 내포된 문법이 존재한다. 이 언어적 보편소란 모든 언어는 자음과 모음, 부정과 의문을 표시하는 방법을 가지고 있고 주어+동사 술어+목적어 어순(SVO)을 가진 언어는 전치사를 갖는다는 것인데, 이와 같은 언어적 보편소가 인간의 뇌 속에 미리 입력되어 있다는 것이다. 또한, 우리는 너무 어려 기억하지 못하지만 어린 시절에 모어를 습득하기 위해 엄청난 양의 시간과 노력을 들였다는 것이다.

우리가 모어를 할 수 있는 것은 이렇게 언어보편소를 바탕으로 음, 형태, 어휘를 결합하여 무궁무진한 문장으로 만들어 정보를 전달하는 창조성을 발휘하기 때문이다.

이렇게 얻은 모어를 사용하는 집단은 시간이 흐르면서 이동하고 확산하면서 이들의 언어도 분기된다. 예를 들어, 영어는 세계로 확장되면서 어휘가 달라졌는데, 영국 영어의 sun glass는 인도에서는 glare glass가 되고, 영국 영어의 post code가 인도에서는 pin code로, 미국에서는 zip code가 되었다. 또한, 영어의 발음과 문법도 영국과 인도, 미국에서 각각 다름을 잘 알고 있다.

더 나아가 언어는 언어사용집단, 즉 민족마다 다름을 알고 있는데, 다음과 같은 사용성이 가장 큰 문장을 비교해서도 알 수 있다.

한국어	나는 당신을 사랑합니다.	
영어	I love you	아이 러뷰
일본어	愛してる	아이시 테이루
중국어	我愛你	워 아이니
독일어	Ich liebe Dich	이히 리베 디히
타갈로그어 (필리핀)	Mahal kita	마할 키타
아랍어	انا احبك	우히브 부카
네덜란드어	Ik hou van jou	이크 하우 반 야우
루마니아어	Te iubesc	테 유베스크
이탈리아어	Ti amo(티아모)	티 아모
포르투갈어	Eu amo-te	에우 아모테
스페인어	Te qiero	테 키에로
헝가리어	Szeretlek	세레뜰렉
프랑스어	Je t'aime	쥬뗌므
러시아어	Я люблю вас	야 류블류바스

I. 국제어와 세계어

1. 세계어와 국제어의 개념

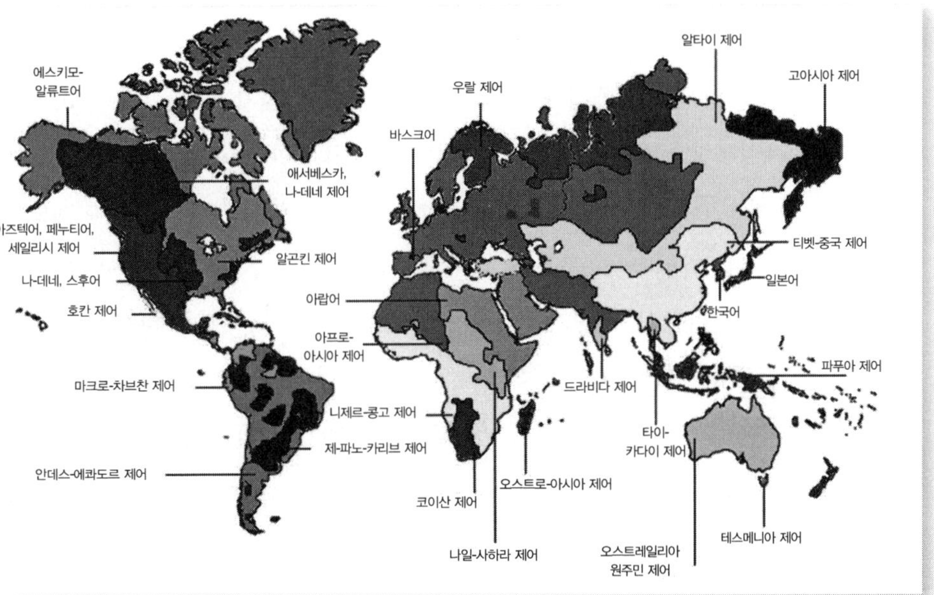

[그림1] 세계의 언어

언어학자마다 차이가 있지만, 현재 지구상에는 약 2천~6천 개의 언어가 존재한다고 한다.

고대로부터 현재까지 어떤 민족의 의사소통 수단인 일정 언어가 상대적으로 정치, 경제적, 군사적으로 약한 몇몇 민족이나 국가 간의 공통어, 즉 일정한 지역에서의 국제어가 되거나, 이들 지역을 넘어 해당 시기 전 세계적 차원의 링구아 프랑카(lingua franca)[1]가

---

1 링구아 프랑카는 로마, 그리스, 동방 언어들의 요소가 혼합된 언어로서 동부 지중해 지역에서 이루어진 무역에서 사용된 혼성어를 의미하는 이탈리아어이다. 현재는 하나의 고유한 공동체 경계를 넘어서 두 개 이

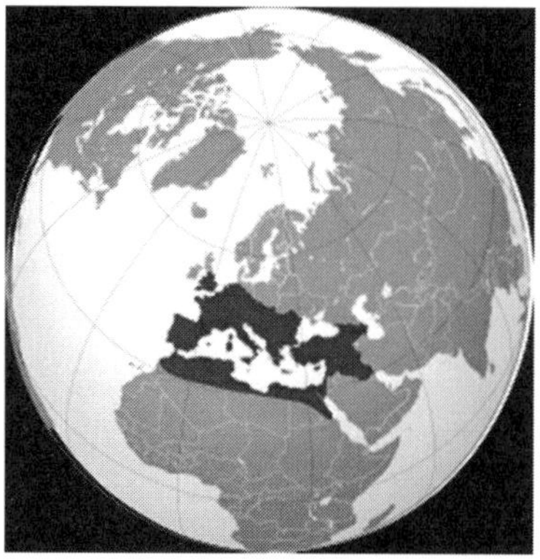

되었는데, 현재의 글로벌한 시각에서 보면 이것도 역시 한정된 지역의 국제어 기능을 가진 것으로 볼 수 있다.

그렇지만 역사적인 시각에서 볼 때, 국제어와 세계어의 구분은 그렇게 중요하지 않다. 예를 들어, 로마제국은 그림에서 보는 바와 같이 트라야누스 황제(98~117년) 통치 때 영토가 가장 넓었다. 즉 본국인 이탈리아와 지중해 섬들 외에 브리타니아(현재의 영국), 갈리아(현재의 프랑스, 벨기에, 네덜란드, 룩셈부르크, 스위스, 독일 서부), 고지 독일(현재의 독일 남서부), 이베리아 반도(현재의 스페인과 포르투갈), 다뉴브 강 남쪽지역(현재의 독일 바바리아 지방, 오스트리아, 헝가리, 세르비아, 크로아티아, 몬테네그로, 슬로베니아, 보스니아–헤르체고비나, 마케도니아, 알바니아, 불가리아), 다키아(현재의 루마니아 지역), 마케도니아와 아카이아(그리스), 아라비아 북부 지역, 현재의 터키, 이라크, 조지아, 아르메니아, 아제르바이잔 일부, 시리아, 유대인 거주지역(현재의 요르단, 시리아, 이집트, 레바논, 이스라엘 일부), 북아프리카 지중해 전역(현재의 모로코, 알제리, 튀니지, 리비아, 이집트 대부분)을 포함하고 있었다. 이와 같은 로마제국 영토는 당시에는 세계 최대였고 로마제국의 라틴어는 당시에는 당연히 세계어였지만, 현재의 시각으로 보면 일부 지역에 국한되어 사용된 국제어 일뿐이다.

상의 공동체 간의 의사소통을 위해 제2언어로서 사용되는 것을 지칭한다. 예를 들어 영어는 영국 국민 공동체의 고유어지만, 필리핀의 경우, 비록 타갈로그어가 있지만, 필리핀 국민은 영어를 링구아 프랑카로서 사용한다. 대개 에스페란토어와 같은 국제적인 보조어들이 링구아 프랑카의 기능을 하도록 만들어졌지만 역사적으로나 기능적으로도 사용성이 낮아 이제는 링구아 프랑카로서 규정될 수는 없다. 링구아 프랑카의 예는 다양하고 모든 대륙에 존재한다. 가장 뚜렷한 예가 영어로서 영어는 현재 국제 비즈니스, 과학, 학문, 기술, 항공 분야의 링구아 프랑카이다. 또한 특정 지역에서는 이보다 작은 링구아 프랑카로 볼 수 있는 언어들이 있는데 바로 아랍어, 중국어, 러시아어, 스페인어이다. 언어의 인기는 시대에 따라 변해왔는데, 역사적 중요성을 갖는 많은 수의 링구아 프랑카가 있다. 즉 프랑스어는 17세기부터 20세기 중반까지 유럽 외교의 언어였고, 한자는 20세기 초까지 중국, 몽골, 한국, 일본, 류큐 왕국, 베트남 등 동아시아의 문어이자 외교언어였다. 또한 아랍어는 8세기부터 이슬람–아랍 제국을 포괄하는 이슬람 세계의 링구아 프랑카가 되었는데, 한때 중국과 북인도 국경으로부터 중앙아시아를 통해 페르시아, 소아시아, 중동, 북아프리카, 서로는 스페인과 포르투갈까지 사용되었다. 이들 언어는 오늘날에도 여전히 강력한 링구아 프랑카이다.

현대 세계는 지구촌이라는 말 그대로 정보와 문화가 급속도로 확장되고 동시간에 이를 습득하고 있는데, 이는 주로 영어권에서 유출되어 세계 전역으로 확산하고 있다. 이와 같은 정보와 문화의 유출, 확산, 도입 수단이 바로 언어(세계어로서의 영어)로서, 이를 가능하게 만들고 활성화 시키기 위해서는 언어 사용자 간의 공통의 어휘들, 더 나아가 공통의 언어가 필요하다. 이 언어는 당시의 정치, 경제, 사회, 문화적, 현재의 경제적, 군사적으로 앞서있는 선진국을 구성하는 유력민족의 언어일 수밖에 없다. 그러나 역사적 발전에서 보듯이 해당 민족이나 국가는 영속하지 못하고 흥망성쇠로 인해 언어 사용의 확장과 축소, 소멸과정이 이어져 왔다. 이와 같은 과정을 겪고 있고 앞으로 겪게될 언어가 과거 라틴어와 그리스어, 영어와 프랑스어, 러시아어, 중국어, 스페인어, 아랍어 등이라고 할 수 있다.

이제 이들 언어의 사용 영역 확장과 축소, 특히 국제어이면서 동시에 세계어로서의 기능을 점차 얻어가고 있는 영어와 국제어의 기능을 하는 그 외 언어들의 발전 지속여부를 알아보기로 한다.

2. 세계어(Global language)와 국제어(International language)어의 특징

세계어란 전 세계적으로 광범위하게 사용하는 언어로서 특정 국가와 민족의 모어, 또는 국어일 뿐만 아니라 국제적으로나 세계적으로 다수의 사람이 제2 모어, 공용어 또는 제1 외국어로서 배우고 있다는 것이 가장 뚜렷한 특징이다. 또한, 세계어는 지리적 분포의 크기와 국제기구, 외교 관계에서 사용성이 극히 크다는 점도 또 다른 특징인데, 세계어는 공시적으로 하나만을 꼽는 것이 일반적이다. 그렇다면 현재의 세계어는 영어 하나뿐이라고 할 수 있다.

이에 반해 국제어는 세계어가 가진 특징보다는 그 범위가 작다고 할 수 있는데, 둘 이상의 언어를 들 수 있다. 즉 일정한 지역의 여러 나라 사이에서 중요한 의사소통 수단이 되는데, 예를 들면 현재 남미에서의 스페인어는 해당 지역의 국제어이지만 전 세계적으로는 영어에 필적하지 못한다. 중국어는 음성언어로서는 중국본토와 타이완, 싱가포르,

그리고 세계 곳곳의 차이나타운에서 의사소통어이지만 이의 화자는 거의 모두 중국인, 화교(華僑, 华侨 후아차오[huáqiáo])이다. 이에 반해 중국어의 표기체인 한자는 동아시아의 문어로서 한국, 일본, 지식인들의 정보 취득, 축적, 확산 수단이었고 현재에도 그 기능을 보전하고 있다. 과거 베트남도 한자 사용권이었지만 프랑스 식민통치를 거치며 표기체를 라틴문자로 바꾼 이후 한자문화권에서 멀어졌다.

그렇다면 세계어와 국제어라고 볼 수 있는 언어들이 가지는 공통적인 특징은 무엇인가? 그 특징은 다음과 같다.

1. 모어 화자(L1)의 수와 해당 언어를 제2 언어로 사용할 수 있는 비 모어 화자(L2)의 수가 일정 이상 되고 있다.[2]
2. 최소한 둘 이상의 나라에서 공식적인 지위인 국어나 공용어의 지위를 가진다.
4. 하나의 언어 사용 공동체가 특정 민족을 넘어 다른 민족에게도 존재한다.
5. 외국에서 제1, 제2외국어로서 널리 학습하고 있다.
6. 언어적 특권과 연대가 우월한데, 즉 해당 언어의 문법과 어휘의 영향력이 크다.
7. 국제 무역에서 공통의 교류 수단으로서 그 사용성이 크다.
8. 국제연합(UN)을 비롯한 여러 국제기구에서 공식어나 실무통용어로 사용되고 있다.
9. 학술 공동체에서 기본적인 의사소통 수단으로 사용되는데, 즉 학술회의나 학술문헌의 표기어로 사용한다.
10. 해당 언어로 된 문헌의 양이 거대하다.

비록 위의 10가지 특징을 모두 충족하는데 다소간의 차이는 있지만, 세계의 대다수 국가가 가입한 국제연합(UN)에서 사용되는 공식어인 영어, 프랑스어, 러시아어, 스페인어, 중국어, 아랍어가 세계어 또는 국제어가 될 수 있다.

유엔의 이 6개 공식어 중에서 영어는 영국 영어를 사용하고 중국어는 표준 중국어와 간체자를, 아랍어는 현대 표준 아랍어를 사용한다. 이 6개 언어는 유엔총회, 유엔 안전보장 이사회, 유엔 경제 사회 이사회를 비롯한 주요 기구에서 사용된다. 유엔 회원국의

2 L1은 제1언어, 모어를 말하고 L2는 제2언어, 외국어, 목표 언어로서 L2를 갖는다는 것은 비 모어화자라는 것이다. L1과 달리, 모두가 L2를 가지는 것은 아니다. 새 언어를 배웠거나 배우고 있다면 이 언어가 L2이다. L3는 제3언어 또는 제2외국어로서 제1, 제2언어와는 다른, 이들 두 언어 다음에 익힌 언어이다. 예를 들어 한국인은 한국어가 L1, 영어가 L2, 영어 외 제2 외국어가 L3가 된다.

각국 대표는 6개 언어 가운데 하나를 사용하고 다른 5개 공식어의 통역 서비스를 제공받는다. 6개의 공식 언어는 유엔의 공식 문서에서 사용되며 각 6개 언어의 문자는 동등한 권리를 갖는다.

그러나 유엔 사무국에서는 영어, 프랑스어만을 사용한다.

1946년에 열린 제1차 유엔총회에서 국제법원 이외의 모든 유엔 기구들에서 사용될 언어에 관한 규정을 제정하여 영어, 프랑스어, 러시아어, 중국어, 스페인어 5개 언어를 공식언어로, 영어, 프랑스어 2개 언어를 실무통용어로 각각 지정했다. 1948년에 열린 유엔총회에서는 스페인어가 실무통용어로 지정되었고 1968년에 열린 유엔총회에서 러시아어가 지정되었다. 1973년에 열린 유엔총회에서는 중국어가, 그리고 아랍어가 공식어이자 실무통용어로 추가 지정되었다.

이들 6개 언어 중에서 중국어와 아랍어를 제외한 4개 언어가 유럽 지역 민족들, 즉 인도 유럽 어족에 속한다는 것도 흥미롭다. 이는 역사적으로 유럽 열강의 식민지 개발과 지배에 기인하는데 이의 자세한 내용은 각 언어 기술 단원에서 기술할 것이다.

비 유럽계 언어 중 아랍어는 현재의 사우디아라비아를 기반으로 사용되었다가 중세 시기 아랍인들의 중동 지역 침입과 점령, 아랍인들의 종교인 이슬람의 동반 진출과 확장 결과로 원래의 아랍어 세계를 넘어 확장되었고 현재는 아랍어 사용지역 외에서도 이슬람의 언어로서 기능하고 있다.

아랍어 분포

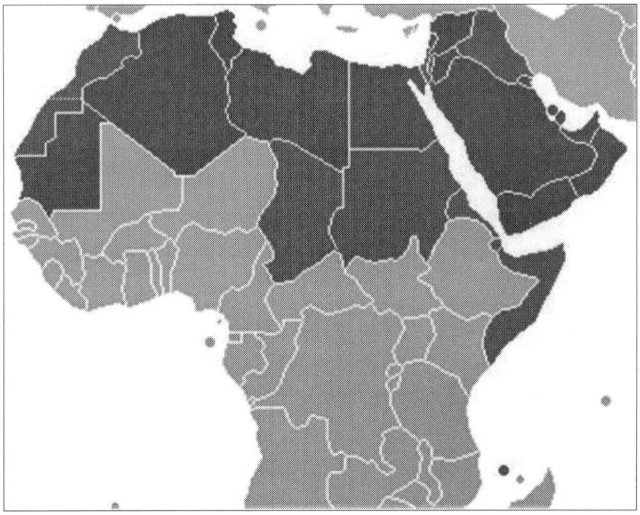

또한, 중국어는 20세기 초까지 동아시아 여러 나라(한국, 일본, 베트남)의 중요한 문어이자 링구아 프랑카였던 한자를 통해 세력을 확장했고, 오늘날에도 여전히 본토의 한족과 소수민족들, 해외 화교들의 모어이다.

3. 유사 세계어

위에서 본 세계어 또는 국제어 외에 인도의 유력언어들은 지역의 크기(세계적 분포)보다 사용자의 수에서 세계의 주요 언어에 필적할만한데, 힌두어(모든 힌두어 방언과 우르두어를 포함)와 벵골어, 그리고 타밀어는 사용지역과 해당 지역의 급속한 발전, 그리고 국제적인 인식에서도 링구아 프랑카의 기준을 충족한다.

그 한 예로 벵골어를 제1언어로 사용하는 화자 수는 약 2억3천만 명에 달하여 프랑스어보다 많아, 세계 5~6위를 차지하고 있는데, 오랜 역사와 풍부한 문헌 전통을 가지고 있다. 그렇지만 프랑스어가 여러 대륙에서 사용되고 국제적으로도 고도의 언어학적 기능과 그 지위를 인정받고 외교와 국제 무역에서 사용될 뿐 만 아니라 제2 언어로서 사용하는 화자의 수도 아주 많은 반면, 벵골어 화자의 대부분은 벵골지역의 주민들로서 이들은 해당 지역을 벗어나서는 거의 영향력을 갖지 못하고 있다.

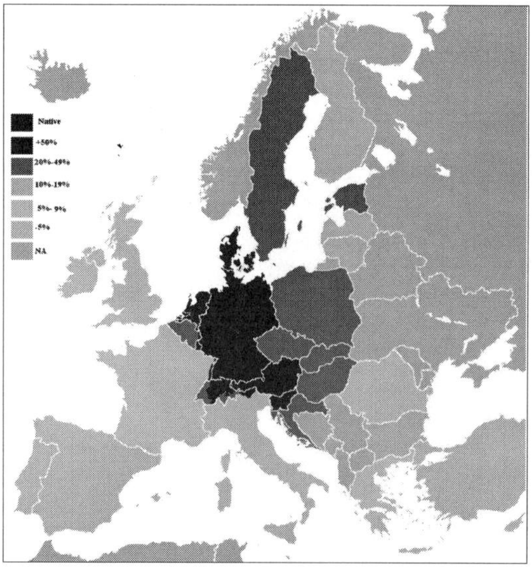

독일어의 분포

또한, 독일어는 수 세기 동안 신성로마제국과 오스트리아-헝가리제국 대부분 지역에서 링구아 프랑카였고 지금도 중부 유럽과 동유럽, 그리고 국제적인 과학 분야에서 그 중요성을 어느 정도 인정받은 제2 언어이다.

과거에도 링구아 프랑카가 있었다. 즉 여러 대륙에 걸쳐 사용되지는 않았지만 한 제국 내 여러 민족 간의 링구아 프랑카의 특징을 가진 언어들로는 먼저 알렉산더 대왕의 침입 이후 그리스권역과 비잔틴제국에서 확장된 그리스어, 그리고 로마제국과 세계의 가톨릭교회의 표준 예배언어로서의 라틴어, 중화제국기간 동아시아에서의 문어로서 여전히 지금도 사용되고 있는 한자, 고대와 중세 페르시아 제국기간, 그리고 이슬람 세계에서 아랍어 다음의 링구아 프랑카였던 페르시아어(또는 파르시어), 고대와 중세시기 동안 남아시아, 동남아시아, 중앙아시아에서 아리아인들이 신들을 찬미하는 종교 문헌의 언어인 산스크리트어가 바로 그것이다.

4. 세계어(국제어)의 역사

역사 이래로 세계어(국제어)에 포함시킬 수 있는 언어들이 수메르어, 아카드어, 고대 아람어, 코이네(공통) 그리스어, 라틴어, 아랍어, 산스크리트어, 한자, 스페인어, 포르투갈어, 네덜란드어, 영어, 프랑스어, 러시아어 등이다.

1) 수메르어(Sumerian)는 기원전 4천 년 경~2천 년 경 중동의 메소포타미아 남부 지역에 살던 수메르인들의 언어로 현재의 이라크의 바그다드지역에서 처음 사용하다가 메소포타미아 북부, 이란 남서부, 지금의 터키인 소아시아반도까지 확장되었는데, 현재까지 쐐기문자를 이용하여 문헌으로 남아있다.
2) 아카드어(Akkadian)도 고대 메소포타미아 지역에 살고 있던 아카드인, 바빌로니아인, 앗시리아인들이 사용한 언어로 그 표기는 수메르인들로부터 차용한 쐐기문자를 이용했다. 가장 오랜 문헌은 기원전 2,500년의 기록이고 1세기의 기록이 가장 나중의 것이다. 아람어에 의해 축출된 이후 아카드어는 바빌로니아의 몇몇 도시에서만 사용되었다.
3) 고대 아람어(Old Aramaic)는 고대 근동 지방, 현재의 시리아에서 유목 생활을 한 서부 셈족의 일파인 아람인들의 언어로서 가나안 어, 특히 헤브루어와 가장 유사했다. 아람인들은 통일 민족과 국가를 건설하지는 못했지만, 이들의 언어 아람어는 근동에서 살던 많은 민족 사이에서 링구아 프랑카 역할을 한 언어로서 특히 예수 생존 당시 팔레스타인 지방에서 사용하고 있었다.

4) 코이네(그리스어)[3]는 고전 그리스어 이후 나타난 그리스어가 확장된 것으로 알렉산더 그리스어, 헬레네 그리스어, 또는 공통 그리스어라고도 부른다. 처음에는 그리스어의 한 방언일 뿐이었지만 점차 세력을 펴나가 로마제국 시기에도 라틴어와 더불어 지중해와 고대 근동 지방의 링구아 프랑카가 되었다. 또한, 코이네는 최초로 성경을 기록한 언어이기도 했다. 그러나 이 코이네는 지금의 그리스인들이 사용하는 언어라고는 보지 않는데, 즉 코이네는 헬레니즘 시대의 국제어였지만 슬라브어, 아랍어, 터키어와의 언어적 충돌로 인해 현대 그리스어에는 영향을 남기지 못했다. 현재 이 지역에는 오히려 터키어가 더 많이 분포해있는데, 이는 과거 이 지역을 지배하던 여러 투르크 칸국의 유산인 것이다.

5) 라틴어(Latin)는 로마제국의 링구아 프랑카였지만 9세기경 지금의 프랑스어, 이탈리아어, 스페인어, 포르투갈어, 카탈루냐어, 루마니아어로 분기되었다.

4.1. 코이네

라틴어가 확장되기 전 지중해 연안에서는 그리스어가 국제어로서의 기능을 하고 있었는데, 이는 그리스인들이 지중해 연안에 많은 식민도시를 건설했기 때문이다.

그리스어는 역사와 시를 기록한 최초의 유럽어로서 BC 600년 이래 그리스 중부와 남부, 소아시아 해안도서, 프랑스 마르세이유 등의 지중해 식민지와 북아프리카 리비아 해안의 키레네, 비잔티움, 흑해 주변 지역에서 사용되었고 알렉산더 대왕(BC 356~323년)의 동방 정벌 이후에는 동쪽의 페르시아까지도 확장되었다.

그리스어는 BC 2세기 ~ AD 1세기 로마제국이 그리스를 점령하고 지배했을 때에도 여전히 정치와 문화 언어로 확고한 지위를 유지하고 있었고(로마의 원로원과 카르타고 통치자들이 그리스어와 문화를 말살하려 했지만 실패), 특히 로마제국의 동부는 그리스어가 여

3 코이네(그리스어 Κοινὴ Ἑλληνική, 공통 그리스어 또는 ἡ κοινὴ διάλεκτος, 공통 방언)는 후기 고전 그리스 시기에 발생한 확장된 그리스어 형태이다. 코이네는 그리스 지역을 최초로 초월한 방언으로 이후 로마제국 시기에 동부 지중해와 고대 근동의 링구아 프랑카가 되었다. 코이네는 현대 그리스어의 기본적인 조상이다.
코이네는 알렉산더 대왕 군대의 공통 방언으로서 발생했다. 마케도니아가 그리스 연맹 국가들을 침략, 통일시킴에 따라 이들의 새롭게 형성된 공통의 방언이 이집트로부터 인도까지 확장되었다. 비록 코이네의 기본 요소들이 후기 고전 시기에 이미 형성되었지만 그리스어의 후기 고전 시기는 기원전 323년 알렉산드르 대왕이 죽은 뒤부터로서 이때부터 헬레네 영향을 받은 문화가 언어에 영향을 끼쳤다. 330년 콘스탄틴 I의 콘스탄티노플 건설이 그 다음 발전 시기인 중세그리스어의 시작이 되었다. 이렇게 그리스어의 후기고전 시기는 헬레네시기와 중세 이전까지의 전 기간 코이네의 생성과 발전을 포괄한다.

전히 일상어였으며, 지방정부도 그리스어로 업무를 수행하고 있었다.

로마제국에서 라틴어가 황실과 정치, 행정의 언어이자, 군 수뇌부 언어로서 광대한 제국의 군사조직 내 링구아 프랑카였다면, 그리스어는 문화의 언어였다.

4.2 라틴어

로마제국의 라틴어는 원래 이탈리아 라티움[4]의 지역어였지만 로마제국의 번영으로 당시 세계어의 역할을 하고 있던 코이네 그리스어와 더불어 지중해 연안으로 확장되었다.

라틴어가 본격적으로 확장하기 시작할 당시인 기원전 100년경 지중해 연안에는 이미 다양한 어족과 어파의 언어들이 사용되고 있었지만, 당시의 링구아 프랑카는 코이네였다. 즉 그리스인들은 가장 강력한 해군력을 바탕으로 지중해 많은 지역에 식민지와 도시국가들을 건설하여 각 지역에 정치, 경제, 문화적 영향력을 행사하고 있었다.

라틴어가 지중해 연안에 확장되기 전, 각 지역에는 그리스어를 비롯한 다음의 언어들이 사용되고 있었다.

1. 이베리아 반도: 최소 10개의 지역어들이 있었는데, 이는 그리스어, 포에니어(Punic, 카르타고어, 처음에는 페니키아어였으나 독립 언어가 되어 카르타고어로 불림), 이베리아어(반도의 남부와 동남부), 타르테소스어(Tartessian, 반도 남서부), 바스크어(자칭 에우스카라어(Euskara)로서 반도 북부, 피레네산맥에 분포) 등이다.
2. 현재의 프랑스 지역: 그리스어 외 바스크어, 갈리아어(브리티쉬 켈트어로서 현재의 웨일스어와 브르타뉴어), 리구리아어(이탈리아까지 확장) 등이다.
3. 현재의 이탈리아 지역: 라이티아어(Raetic, 고대 에트루리아어의 북부 방언)[5], 에트루리아어(현재까지 해독 불가), 라틴어(티베르강 저지와 라티움의 언어) 등이다.
4. 발칸반도, 다뉴브 강 계곡: 그리스어 외 약 10개의 언어가 있었는데, 알바니아어가 대표적이다.

---

4 라티움(Latium)은 이탈리아반도 중부 서안에 위치한 곳으로, 테베레 강 유역, 아펜니노 산맥과 티레니아 해 사이에 있는 넓은 평야지대이다. 초기 고대 로마가 이곳을 중심으로 성장했다. 오늘날 라치오 주의 기원이 된다.

5 라이티아는 로마 제국의 속주로서 그 영역은 현재의 스위스 동부, 중부, 독일 바이에른 주의 남부, 다뉴브 강 상류의 오스트리아 포어아를베르크 주, 오스트리아와 이탈리아에 걸친 티롤 지방의 대부분, 이탈리아의 롬바르디아 주의 일부이다.

5. 소아시아반도(터키): 그리스어 외 약 14개의 언어가 있었고, 이중에서 히타이트어(기원전 1,000년 설형문자)와 관련된 6개 언어가 있었다.
6. 시리아, 팔레스타인: 그리스어, 셈어족인 페니키아어, 서 아람어, 동 아람어, 아람어(히브리어), 아랍어가 대표적이다.
7. 이집트: 그리스어, 이집트어(로마시대에 들어와 그리스 문자로 표기된 언어인 콥트어)가 있었다.
8. 북아프리카: 베르베르어(리비아어, 누미디아어, 마실리아어라는 다양한 명칭을 가진다)가 대표적이다.

로마제국이 강성해진 500년경에는 라틴어와 그리스어 그리고 8개의 언어만이 생존할 수 있었는데, 바로 콥트어, 시리아어, 아랍어, 아람어, 리비아어, 브리튼어(웨일스어, 콘웰어), 바스크어, 알바니아어였다. 그 외 다른 언어는 전역이 로마제국에 흡수되면서 자연스레 이들의 언어도 사라지게 되었다.

이처럼 라틴어는 로마를 중심으로 한 이탈리아 중부 라티움 지역에 거주한 고대 라틴인들의 언어였지만 기원전 3~4세기부터 라티움 지역을 넘어 점진적으로 확장하면서 다른 고대 이탈리아 제어를 몰아내기 시작했다. 이탈리아반도(그리스어가 유지되고 있던 이탈리아 남부와 시칠리아는 제외)에서의 라틴어 확장은 대체로 기원전 1세기 무렵에 완성되었다. 이후 노예제도의 보급과 함께 로마제국의 정복으로 북아프리카, 이베리아, 갈리아, 라인강 유역의 독일, 라이티아, 파노니아[6], 다키아[7]까지 라틴어가 확장되었다.

라틴어는 인도유럽어족 여러 언어 중 가장 오래된 문어 중의 하나이다. 라틴어는 현재에도 교황, 바티칸, 로마 가톨릭교회의 공식어이자 많은 유럽 언어의 어휘 기반이 되었다.

또한, 라틴문자는 현대 많은 언어의 기본적인 표기체이다.

로마 통치 당시에 번영을 누리는 선결 조건이 바로 라틴어의 사용이었음은 당연하다.

라틴어의 시기별 특성을 살펴보면 다음과 같다.

---

6 파노니아는 로마제국의 속주로서 다뉴브 강을 경계로 서쪽으로는 노리쿰과, 남쪽으로는 달마티아와 경계를 이루고 있었다. 오늘날의 헝가리, 오스트리아, 크로아티아, 세르비아, 슬로베니아, 보스니아–헤르체고비나 등을 아우르는 지역이다.

7 다키아는 로마제국의 속주로 오늘날의 루마니아의 영토에 해당하는데, 파노니아 동쪽 지방을 가르킨다. 동쪽은 티소 강, 서쪽은 헝가리, 남쪽은 도나우 강, 북쪽은 카르파티아산맥의 삼림 지대까지이다. 루마니아어로 '다치아'이다.

고대 라틴어(Archaic Latin)

기원전 1000년대 초반 이탈리아반도 중서부 티베르 강 하류 라티움 지역에 살던 라틴인들의 언어가 바로 라틴어였다. 이 지역의 중심이 바로 로마(Roma)였는데 이 이름을 따라 로마 주위의 이탈리아 민족들을 로마인(Romani)이라고 부르기 시작했다.

라틴어의 가장 초기 문헌은 기원전 5~6세기까지 거슬러 올라간다. 이는 1978년 발견된 고대 도시 사트리쿰(Satricum, 로마 50km 남쪽)의 헌사로서 기원전 6세기 말에 기록한 것이다.[8] 1899년 로마 포럼의 유적에서 발견된 흑석 조각 비문으로 기원전 500년경에 속하는 것도 있다. 또한, 기원전 3세기 중반-2세기 초의 공식 문서와 묘비들이 많은데, 이 중에는 로마 정치가인 푸블리우스 코르넬리우스 스키피오 아프리카누스(Publius Cornelius Scipio Africanus, 기원전 235년~기원전 183년) 가문의 묘비명과 원로원의 바쿠스(Bacchus)사원의 법령이 유명하다.

고대 라틴어 시기 문어 영역의 가장 대표자가 고대 로마 희극작가 플라우투스(Titus Maccius Plautus, 기원전 254년~기원전 184년)로서 그의 작품이 현재까지 20개가 완전하게, 1개가 부분적으로 보전되어 오고 있다. 그렇지만 플라우투스의 희극 어휘 성분과 음성적 구조는 기원전 1세기~1세기의 고전 라틴어의 규범과 아주 유사하다.

고전 라틴어(Classic Latin)

키케로((Marcus Tullius Cicero, 기원전 106~43년)와 카이사르(Julius Caesar, 기원전 100~44년)의 산문 작품과 베르길리우스(Publius Vergilius Maro, 기원전 70~19년), 호라티우스(Quintus Horatius Flaccus, 기원전 65~8년), 오비디우스(Publius Ovidius Naso, 기원전 43~18년)의 시작품에서 가장 표현력이 강하고 통사적 구조가 완전한 문어가 고전 라틴어에 속한다. 시기상으로는 황금 시대(기원전 1세기-기원후 1세기)에서 백은 시대(기원후 1-2세기)이다.

고전 라틴어의 형성과 만개 기간은 로마가 유럽의 서부와 동남부, 북아프리카, 소아시아의 광대한 영역을 지배한, 지중해의 가장 큰 노예지배 국가로 강성해진 것과 관련되

---

8 Lapis Satricanus ("Stone of Satricum")라는 이 비문은 라치오(Lazio)의 보르고 몬텔로(Borgo Montello) 마을 근처의 고대도시 사트리쿰 유적에서 발굴된 누런 암석이다. 연대는 BC 6~5세기로 다음과 같은 글자가 새겨져 있다: (?)IEI STETERAI POPLIOSIO VALESIOSIOSVODALES MAMARTEI ("The (?) dedicated this, as companions of Publius Valerius, to Mars")

어 있다. 로마인들이 이들 지역을 점령했을 시점에서 그리스어와 고도로 발전한 그리스 문화가 널리 확장된 로마제국의 동부 지역(그리스, 소아시아, 아프리카 북부 해안)에서는 라틴어가 크게 확장되지는 못했지만 지중해 서부에서는 달랐다.

기원전 2세기 말 라틴어는 이탈리아 전역을 지배하고 있었을 뿐만 아니라 로마제국의 공식적인 국어로서 로마인들이 정복한 이베리아 반도와 남 프랑스 지역으로 침투해 들어갔다. 로마 병사들과 상인들을 통해 구어 형태의 라틴어가 대다수 지역주민에 유입되었고 정복 지역의 가장 효과적인 로마화 수단이 되었다. 그중에서 로마인들과 가까운 갈리아(현재의 프랑스, 벨기에와 네덜란드, 스위스 일부)에 거주한 켈트족이 가장 적극적으로 로마화 되었다. 로마인들의 갈리아 정복은 기원전 2세기 중반에 시작되어 카이사르 원정(갈리아 전쟁, 기원전 58~51년)으로 기원전150년 말에 완성되었다. 당시 로마 군대는 동부의 라인 강까지 넓은 지역에 거주한 게르만 민족들과 긴밀하게 접촉하고 있었고, 카이사르는 브리타니아(영국)에 두 번의 원정(BC55년, 54년)을 감행했지만, 로마인과 브리타니아 켈트인들 사이의 관계에 의미 있는 결과를 낳지는 못했다. 100년이 지난 43년 마침내 로마 군대가 브리타니아를 정복, 407년까지 잔류했다. 이렇게 476년 로마제국이 멸망할 때까지 약 5세기 동안 갈리아와 브리타니아에 살았던 민족들과 게르만인들은 라틴어의 강력한 영향을 받게 되었다.

후기 고전 라틴어(Post Classic Latin)

로마의 예술 문학 언어는 소위 후기 고전시기의 언어로 고전 라틴어와 다르다. 실제로 이 시기의 산문 작가와 시인들인 세네카(Lucius Annaeus Seneca, BC4년~65년), 타키투스(Publius Cornelius Tacitus, 56년~117년), 유베날리스(Decimus Junius Juvenalis, 55년~140년) 마르티알리스(Marcus Valerius Martialis, 40년~102년?), 아풀레이우스(Lucius Apuleius, 124년~170년)의 언어는 문체적 수단이 아주 독자적이다. 그렇지만 앞선 시기에 만들어진 라틴어 문법 구조 규범은 파괴되지 않았기 때문에 고전 라틴어와 후기 고전 라틴어 구분은 언어학적이기보다는 문학적인 중요성을 가지고 있다.

후기 라틴어(Late Latin)

3~4세기의 라틴어로서, 이는 제국의 후기와 제국의 붕괴 후에 이민족 국가들의 발생 시기에 해당한다. 이 기간에는 대부분의 역사가들과 기독교 신학자들의 작품에서 새로운 로망스제어를 준비하는 형태론적, 통사론적 현상들을 많이 볼 수 있다.

중세 라틴어(Medieval Latin)

중세, 혹은 기독교화된 라틴어로서 예배(기도) 텍스트로서 송가, 성가, 기도문이 주를 이룬다. 4세기 말 성 히에로니무스(Sophronius Eusebius Hieronymus, 347~420년)가 마침내 성서를 라틴어로 완역했다. 불가타 라틴어역(Vulgata versio, 즉 일반통용, 알기 쉬운, 민중성서)이라는 이름으로 유명한 이 번역본은 16세기 가톨릭 트리덴툼(Tridentum, 현재 이탈리아의 트렌토) 공의회(1545~1563년)에 의해 원전과 동등한 것으로 인정되었다. 이때부터 라틴어를 고대 유대어, 고대 그리스어와 함께 성서의 성스러운 언어로 간주하기 시작했다.

르네상스 시기는 라틴어로 된 거대한 양의 학술 저술을 남겼다. 이는 16세기 이탈리아 학파 의사들의 의학논문들이다: 베살리우스(Andreas Vesalius, 1514~1564년)의 '인체 구조에 대하여'(De corpore humani fabrica 1543년), 팔로피오(Gabriele Falloppio, 1523~1562년)의 '해부학 관찰'(Observationes anatomicae 1561년), 유스타키오(Bartolomeo Eustachio, 1520~1574년)의 '해부학 소고'(Opuscula anatomica 1552년), 프라카스토로(Girolamo Fracastoro, 1478~1553년)의 '전염병과 이의 치료'(De Contagione et Contagiosis Morbis 1546년) 등이다. 코메니우스(John Amos Comenius, 1592~1670년)는 '세계도회'(ORBIS SENSUALIUM PICTUS. Omnium rerum pictura et nomenclatura 1658년)를 출판하여 무생물 자연으로부터 사회 구성까지 전 세계를 그림으로 보여주어 여러 나라의 많은 어린이가 이 책으로 공부했다.[9]

라틴어의 대중화와 분기

중세시기에 라틴어는 민중 구어 변종인 소위 불가르 라틴어(Vulgar Latin)에서 로망스제어라는 공통의 이름으로 통합되는 새로운 민족어들의 기반 언어가 되었다. 여기에는

9 또한, 그는 언어교수법을 혁신한 것으로 유명하다. 그는 유럽 문화에 대한 연구를 수월하게 해주는 방편으로 라틴어 학습을 옹호했다. 이러한 관점에서 '열려진 언어의 문'이라는 저서에서 혁신적인 라틴어 교수법을 제시했으며, 이 책은 이후 16개 언어로 번역되었다.

라틴어의 역사적 변화 결과로 이탈리아 반도 지역에서 창조된 이탈리아어, 갈리아에서 발달한 프랑스어와 프로방스어, 이베리아 반도에서의 에스파냐어, 카탈로니아어, 포르투갈어, 라이티아 속국의 레토 로망스어(현재의 스위스 일부와 이탈리아 북동부), 로마 다키아 주의 루마니아어, 몰도바어 등이 속하는데, 그 중에서 현대의 모든 로망스 제어 중에서 고전 라틴어와 가장 가까운 언어가 사르데냐어[10]이다. 로망스 제어는 라틴어로부터 발생했다는 공통점이 있지만, 차이도 많다. 이는 라틴어가 수세기 동안에 걸쳐 점령지에 유입되었기 때문으로, 이 동안 기반 언어로서의 라틴어도 어느 정도 변했고 지역 언어 및 방언들과 복잡한 상호영향을 겪었기 때문이었다. 지역의 역사적 변화에서의 차이도 친족 관계에 있던 로망스 제어에 흔적을 남겼는데, 이는 오랫동안에 걸친 것이었다. 다음과 같은 어휘에서 로망스 제어의 공통성을 가장 잘 볼 수 있다.

라틴어	이탈리아어	스페인어	포르투갈어	프로방스어	프랑스어	루마니아어
Aqua (물)	Acqua	Agua	Agoua	Aigua, Aiga	Eau	Apa
Caballus (말)	Cavallo	Caballo	Cavallo	Caval	Cheval	Calu
Filius (아들)	Figlio	Hijo	Filho	Filh	Fil(s)	Fiju
Populus (사람)	Popolo	Pueblo	Povo	Poble	Peuple	Poporu
Magister (거장)	Maestro	Maestro	Mestre	Maistre	Maitre	Maisteru
Noster (우리의)	Nostro	Nuestro	Nosso	Nostre	Notre	Nostru
Cantare (노래하다)	Cantare	Cantar	Cantar	Cantar	Chanter	Cunta
Habere (가지다)	Avere	Haber	Haber	Aver	Avoir	Ave

10 이탈리아 시칠리아 다음으로 큰 섬의 주민들이 쓰는 이탈리아어 방언으로 화자수는 약 250만 명이다. 음성적으로 로망스어 가운데 가장 보수적으로, 불가르 라틴어에 가장 가까운 언어로 간주한다.

기원전 1세기~1세기 사이에 여러 차례 게르만 민족을 정복하려 한 로마인들의 시도는 큰 성공을 거두지는 못했고 경제적 교류만이 장기간 계속되었다. 이런 교류는 대부분 라인 강과 다뉴브 강을 따라 분포한 로마 속주(라틴어 프로빈키아 provincia)에 주둔한 수비대를 통해 이루어졌다. 이와 같은 곳이 바로 쾰른(Köln, 라틴어 colonia 정착, 이주지), 코블렌츠(Koblenz, 라틴어 confluentes 합류지점, 모젤 강과 라인 강의 합류 지점에 위치), 레겐스부르크(Regensburg, 라틴어 castra regina 레겐 강 요새), 비인(Vindobona, vindo- 흰, bona - 바닥, 기반) 등이다.[11] 또한, 브리타니아(영국) 주민들이 로마인들, 즉 라틴어를 처음으로 접촉한 시기는 기원전 55~54년으로, 즉 카이사르가 갈리아에서 전쟁 중 두 번의 브리타니아 원정을 감행했을 때였지만, 100년 후인 43년에야 점령하였고, 407년까지 로마의 지배하에 들어갔다. 브리타니아에서 가장 오랜 흔적은 도시 명칭의 라틴어 성분에서 볼 수 있다. 즉 라틴어의 카스트라(castra 군대 진영, 막사)와 카스텔룸(castellum 진지)로부터 체스터(Chester), –카스터(–caster), –케슬(–castle)이 나왔고, 포싸(fossa 참호)로부터 foss가 colonia로부터 col(n)이 비롯되었다. 그외에 Manchester(맨체스터), Lancaster(랭커스터), Newcastle(뉴캐슬), Fossway(포스웨이), Fossbrook(포스브룩), Lincoln(링컨), Colchester(콜체스) 등이 라틴어에 기원을 두고 있다.

5~6세기 사이에 게르만 부족인 앵글로, 색스, 유트인들이 브리타니아를 점령하자, 브리타니아로 이주하기 전에 차용한 라틴 어휘 대신 브리타니아인들이 직접 취한 라틴어 차용어의 수가 증가했다. 바로 라틴어 vinum, 독일어 Wein, 영어 wine, 라틴어 campus(들판), 독일어 Kampf, 영어 camp 등이다.

유럽 제어 형성에서의 라틴어의 역할

새로운 서유럽 제어의 점진적이고도 장기간의 형성에서 라틴어의 중요성은 서로마제국의 멸망 이후에도 그대로 유지되었다. 라틴어는 서로마제국의 대부분 영토를 흡수하면서 5세기 말에 건국한 봉건 프랑크 왕국의 국가행정 및 학교의 언어였다. 800년 칼 대

11 현대 독일어에서 라틴어 기원의 어휘들을 쉽게 찾을 수 있다. 예를 들면 레티흐(Rettich 무)는 라틴어의 radix(뿌리)에, 비르네(Birne 배)는 라틴어의 pirum에서 나왔다. 또한, 라인 강의 로마 상인들에게서 온 로마의 농업 생산물을 의미하는 어휘와 건설과 관련된 용어들이 있다. 예를 마우에르(Mauer 벽)는 라틴어의 murus(돌벽)에서, 포르테(Pforte 대문)는 porta에서, 펜스터(Pfenster 창)은 fenestra에서 슈트라세(Strasse 길)은 strata via(포장된 길)에서 나왔다.

제(Karl der Groβe)가 황제 칭호(Imperator Romanus Electus)를 얻으면서 프랑크 제국은 신성 로마제국이 되었지만, 9세기 중반(843년)에 이탈리아, 프랑스, 독일의 세 국가로 분열되었다. 수세기 동안 이들 나라에서 국가 표준어(문어)가 없었기 때문에 서로 간의 왕래에서는 라틴어에 의존할 수밖에 없었다.

라틴어는 중세부터 가톨릭교회의 언어였다. 동시에 라틴어는 학술, 대학 교육의 언어였고 학교 교육의 주요 교과목이었다. 라틴어는 법학과 법률 언어였고, 중세에 프랑스처럼 법률제정이 국어로 전환된 나라들에서도 로마법의 연구와 수용이 법학의 가장 중요한 구성 성분이었다. 이에 따라 신생 유럽 국가 언어들의 학술, 신학, 법률, 그리고 추상적 용어에 라틴어가 널리 침투하게 되었다. 초기 서유럽 문화에서 진보적 흐름을 대표했던 인문주의자들이 고대에 큰 관심을 보이고 작가들이 라틴어를 사용하면서 키케로의 언어를 모방하려한 르네상스 시기(14~16세기)에 고전 라틴어의 역할은 절대적이었다. 영국의 토머스 모어(Thomas More, 1478~1535년)는 유토피아(Utopia)를, 네덜란드의 에라스무스(Desiderius Erasmus Roterodamus, 1466~1536년)는 신약성경을, 이탈리아의 토마조 캄파넬라(Tommaso Campanella, 1568~1639년)는 태양의 나라(La cittàdel sole)를 라틴어로 썼다.

또한, 이 당시 라틴어는 국제 문화와 학술 교류에 가장 중요한 수단이 되었다. 라틴어는 수 세기 동안 확장되어 학교에서 라틴어의 근본적인 연구 필요성으로 인하여 라틴어 사전이 편찬되었고 라틴어 번역본도 나왔다. 이는 상응하는 많은 수의 라틴어 어휘 유입을 필요로 했는데, 예를 들어 교육과 학교 영역에서의 라틴어 어휘인 magister(우두머리), schŏlar(학식있는 여가, 학식있는 대화), tabula(판)가 현대 영어 master, school, table, 독일어 Meister, Schule, Tafel이 되었고, 독일어의 schreiben(쓰다), Schrift(필적, 글자)도 라틴어의 scribere(쓰다), scriptum(쓴)[12]에 기원을 두고 있다. 11세기 중반 프랑스 노르만인들이 영국을 점령하면서 프랑스어를 거친 라틴어 어휘들이 영어에 커다란 영향을 끼쳤다. 예를 들어 영어의 noble, victory, art, color은 프랑스어 차용 라틴어의 nobilis, victoria, ars, color에 기원을 두고 있다. 그 외 르네상스시기에 라틴어에서 영어로 직접 유입된 차용어들도 많다.

약 18세기까지 라틴어는 외교와 과학(학술)의 국제적 언어였다. 러시아와 중국 간의

12 편지에서 추신이라는 P.S.는 바로 post scriptum의 줄임 말이다.

1689년 네르친스크 조약 문서도 라틴어로 작성되었던 것이다.

유럽 문화생활에서 라틴어의 지식 없이는 교육 받기는 불가능했던 것이다.

현대 세계에서의 라틴어의 위치

프랑스 대혁명 이후 대학교육은 라틴어에서 새로운 언어들로 바뀌었고 이는 학술의 기본적인 언어로서의 라틴어의 지위를 결정적으로 손상시켰다. 그 결과 19세기부터는 라틴어가 거의 사용되지 않게 되었고, 오직 철학(특히 고전 철학)과 의학에서만 조금 더 유지되었을뿐이다. 라틴어는 기본적으로 가톨릭교회만의 언어였지만, 20세기초부터 각국의 국어로도 예배가 허용됨에 따라 커다란 타격을 받았다. 그렇지만 최근에는 서유럽과 남아메리카에서는 국제적인 학술 언어로서 라틴어의 사용 부활 운동이 일어나고 있다. 현재 각국의 정부, 기관, 학교에서 모토(표어)로서 많이 사용하고, 바티칸에서는 TV와 라디오 방송도 라틴어로 송출하고 있다.

현재 라틴어는 고대 그리스어와 더불어 오래전부터 지금까지 국제적인 사회–정치적 조직과 학술 용어의 원천으로 기능하고 있다.

로마제국 시기에 라틴어는 세계어가 되었지만, 피지배주민보다 로마인들의 숫자가 많아서가 아니었다. 오직 로마인들이 훨씬 더 강했기 때문이다. 이후 로마의 군사력이 약화 되었을 때에도 라틴어는 1000년 동안이나 국제적인 교양, 지식 언어로 남았는데, 이는 로마 가톨릭의 종교적인 영향, 즉 또 다른 형태의 권력 때문이었다.

특정 언어가 사람들이 인식하는 미학적 특징이나 표현의 투명함, 문학적 또는 종교적 영향력을 이유로 완벽하다고 주장하면서 히브리어, 라틴어, 아랍어, 프랑스어 등을 그 예로 든다.

로마제국의 속국에서 실제로 라틴어를 사용하는 일반인들은 극소수였지만 라틴어는 로마제국 전체에 걸쳐 최소한 공공기관에서의 공식어였다.

로마제국의 라틴어는 현대 영어처럼 당시의 세계적인 의사소통 수단으로 기능하고 있었는데, 이는 다음과 같은 유사성에 기인한다.

첫째, 로마제국과 영국은 다양한 언어를 가진 민족들을 지배하고 속국으로 만들고, 식민지화 했다는 점이다.

둘째, 정부에 의해 라틴어와 영어를 확장, 보급 시키는 언어정책이 추진되었다는 점이다.
셋째, 본국에서 멀리 떨어져 있는 속국, 식민지와의 원거리 교역이 성행했다는 점이다.

그러나 라틴어와 영어는 차이점도 있는데, 현 시점에서 라틴어는 사어이고 영어는 현재도 계속 확장하고 있다는 것이다.

II. 국제적 지위의 언어들

1. 세계어로서의 영어, 가장 엄격한 의미에서의 세계어

영어는 모어 화자수가 3억2,800만 명, 전체 화자 수는 18억 명에 달한다.

영어가 국어이거나 주민 다수의 모어인 국가

- 아프리카: 세인트 헬레나
- 아메리카: 앙귈라, 안티구아, 바뷰다, 바하마제도, 바베이도즈, 버뮤다, 영국령 버진 군도, 캐나다, 케이먼 군도, 도미니카, 포클랜드 제도, 그레나다, 기니아, 자메이카, 몬체라트, 사바, 세인트 키츠 앤드 네비스, 세인트루시아, 세인트 빈센트 앤드 그레나딘, 세인트유스타티우스, 세인트 마틴, 세인트 조지아 앤드 사우스샌드위치 제도, 트리니다드 앤드 토바고, 턱스 앤드 카이코스 군도, 미국, 미국령 버진 군도
- 유럽: 지브롤터, 건지 제도, 아일랜드, 맨 섬, 저지 섬, 몰타, 영국
- 오세아니아: 오스트레일리아, 크리스마스섬, 뉴질랜드, 노폭 섬

주민 다수의 언어는 아니지만, 공식어인 국가

- 아프리카: 보츠와나, 카메룬, 감비아, 가나, 케냐, 레소토, 라이베리아, 말라위, 모리셔스, 나미비아, 나이지리아, 르완다, 시에라리온, 소말리랜드, 남아프리카 공화국, 남 수단, 수단, 스와질랜드, 탄자니아, 우간다, 잠비아, 짐바브웨
- 아메리카: 벨리즈, 푸에르토리코
- 아시아: 홍콩, 인도, 말레이시아, 파키스탄, 필리핀, 싱가포르

• 오세아니아: 미국령 사모아, 쿡 제도, 피지, 괌, 키리바시, 마샬 군도, 미크로네시아, 나우루, 니우에, 북 마리아나제도, 팔라우, 파푸아뉴기니, 핏케언 제도, 사모아, 솔로몬제도, 토켈라우, 투발루, 바누아투.

1.1. 유일한 세계어로서의 영어

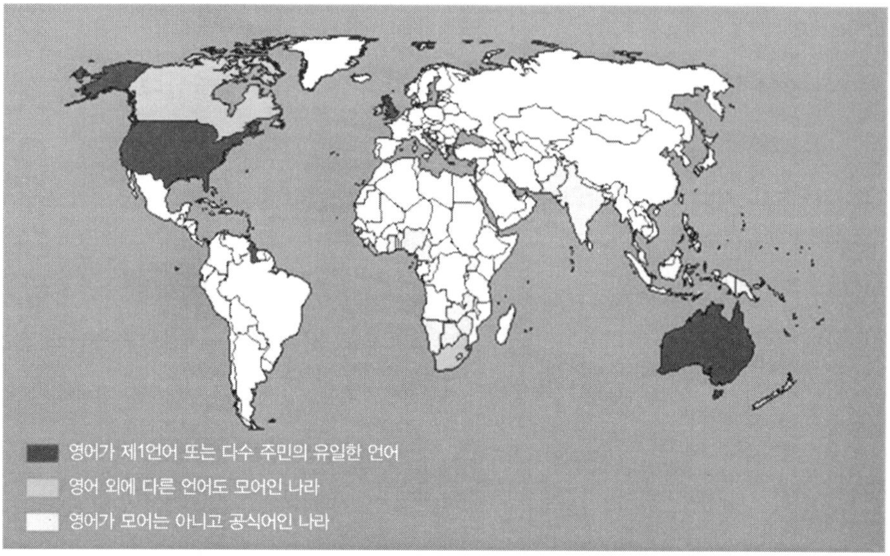

영어는 이미 170년 이전부터 세계어로서의 발전 가능성을 가지고 있었다.

즉, 이미 1851년 독일의 그림(Jacob Grimm, 1785~1863년)은 "모든 현대의 언어 중에서 영어의 힘이 가장 세다. 영어가 세계의 언어로 불릴 수 있다. 세계 전역에서 더 포괄적인 방식으로 미래를 지배할 운명이다"라고 예측했다.

이후 영어를 세계로 확장시킨 영국에서는 "영어가 공식적인 지위를 가진 국가의 국민은 14억 명(세계인구의 1/5)에 달하고, 2000년 10억 이상의 인구가 영어를 배우고 있고, 서적, 신문, 공항(관제), 국제업무, 학술회의, 과학·기술, 외교, 국제 경기, 팝, 음악 광고의 주요 언어이다"라고 자신감을 보였다.(영국문화원의 "영어 2000 프로젝트")

오늘날 영어는 세계에서 지배적인 지위를 차지하고 있는데, 이는 다음과 같은 거의 모든 분야를 망라하고 있다.

- 기술, 과학발달, 경제와 경영의 신사고, 문학과 오락 장르에서 주도적 역할을 하고 있다.
- 세계의 최첨단 과학, 기술, 경제, 문화적 발달과 밀접하게 관련되어 있다.
- TV, 인터넷, 컴퓨터 기반 통신, 기술 이전, 경제적 세계화, 개발도상국에서의 영어 습득 등으로 영어는 급속하게 팽창하고 있다.

크리스탈(David Crystal 2005: 360~361)은 영어가 영국의 제국주의와 미국의 정치, 경제, 문화 등 거의 전 분야의 급속한 지위 향상, 압도적 지배력에 의해 추진된 현대적 현상으로써 영어를 세계어로 만들었다고 주장하는데, 다음과 같은 이유를 들고 있다.

1) 역사적 이유: 영, 미의 제국주의의 유산 때문에 정부, 의회, 법원, 종교단체, 학교, 고등교육기관의 언어를 영어로 정한 나라가 많아졌다.
2) 내적(정치적) 이유: 식민전쟁에서 설정한 인위적인 국경으로 인해 여러 종족 집단이 거주하게 되어 영어가 이들의 중립적인 의사소통 수단이 된 지역이 많아졌다.
3) 외적(경제적) 이유: 2차 대전 이후 미국 주도의 경제적 상황으로 인해 외교, 무역, 관광, 광고 등은 영어에 의존하게 되었다.
4) 실용적 이유: 국제적 항공(공항) 관제어, 해양, 긴급 구조 언어가 영어이다.
5) 지적 이유: 과학, 기술, 의학, 학술정보의 언어가 바로 영어이고, 전자 검색 정보의 80% 이상의 언어도 영어이다.
6) 오락적 이유: 팝 뮤직(Pop music)의 언어이자, 국제 경기, 광고, 위성방송과 비디오 게임(Video Game)의 언어가 영어이다.
7) 국제적 불법 행위(마약 밀매 등)의 언어이자, 소수민족, 종교집단 등의 의사표현 수단이 영어이다.

결국, 21세기에 들어서도 모든 중요한 면에서의 세계적인 언어라 할 수 있는데, 공용어 사용 국가는 75개국에 달하고, 웹 사이트(Web Site)도 전체의 90% 이상 차지하고, 물리학, 화학 문헌의 각각 98%, 83%가 영어로 기술되어 있다. 심지어는 독일 프랑크푸르트의 유럽중앙은행과 인도네시아 자카르타에 본부를 둔 아세안(ASEAN)[13]의 공식어도

---

13 아세안은 동남아시아의 경제 성장 및 사회·문화 발전을 가속화하고 지역의 평화, 안전을 보장하기 위해 1967년 8월 8일 인도네시아, 말레이시아, 필리핀, 싱가포르, 타이 등 5개국이 결성한 국제기구이다. 지금은

영어이다. 또한, 20세기 초 외교의 프랑스어, 과학의 독일어와의 경쟁에서 승리하여 가장 빈번하게 선택되는 언어가 되었다.[14]

1.2. 영어의 세계어화 과정

영어는 모어 사용자와 제2 언어사용자를 합친 인구가 중국보다 많은, 세계어로서 손색이 없는데 이는 다음과 같은 원인에 기인한다.

1) 지리, 역사적 측면에서 보면 영국의 식민지 개척과 20세기 초부터 미국의 팽창에 기인한다. 즉 영국이 영어 사용의 지역적인 범위 확장에 커다란 이바지 했는데, 18세기 말 산업혁명과 함께 근대산업, 공업 국가가 된 영국은 아프리카, 아메리카, 인도 등 광활한 식민지를 건설하여 1900년경에는 세계인구의 1/4이 영어를 사용하거나 교육을 받을 정도가 되었다. 20세기 초까지도 프랑스어와 경쟁했지만, 1차 세계대전에 미국이 참전하면서 미국이 부상하기 시작했다. 이와 함께 20세기 기술의 발달과 2차 세계대전에서 영국과 미국의 참전으로 영어 확장의 발판이 마련되었고, 영·미의 승전으로 마침내 프랑스어와 독일어, 일본어에 우위를 점하게 되었다.
2) 사회, 문화적 측면에서 비즈니스, 안전, 통신, 오락, 미디어, 교육의 국제적 영역으로 영어가 침투하게 되었다. 세계적인 인간관계·교류와 이의 필요성에 기여하는, 영어의 공통 언어로서의 편리성을 인정받게 되었다. 이에 따라 영어 의존성이 극대화되었는데, 19세기 초 세계의 산업과 무역의 중심이 된 영국은 1700년경 5백만 명에서 1800년경 1,000만 명 이상으로 인구도 급증했다. 새로운 기술, 과학 발전의 언어는 영어로서 대부분 어휘가 영어인 것은 당연했다. 증기기관의 발전은 인쇄술에 혁신을 주었고 영어 출판물의 양도 증대했다. 또한, 기술안내서, 소책자, 지시서, 전문기관 발행지, 광고, 학회 프로시딩 등에서 영어 설명서의 양이 급격하게 증가했으며, 교통, 통신 체계, 특히 전신, 전보, 전화의 발전을 영어가 주도했다.

브루나이, 베트남, 라오스, 캄보디아가 가입하여 10개의 회원국을 가지고 있다.

14 크리스탈(2005)에 따르면, 영어는 세계 60개국 이상에서 공식어, 또는 준공식어로서 사용되고 20개국에서 중요한 위치를 차지한다. 세계적인 과학자의 2/3 이상이 영어로 기술하고, 세계 서신의 3/4 이상이 영어로 쓰여지며, 세계의 전자검색시스템 정보의 80%가 영어로 되어있고 민간인터넷도 대부분 영어를 사용한다. 영국의 라디오프로그램을 120개국 1억5천만 명 이상이 수신하고, 초등학생 5천만 명 이상, (중국 외) 중등학생 8천만 명이상이 학교에서 제2 언어로서 교육받고 있다. 외국인 25만 명이 영국에서, 50만 명 이상이 미국에서 영어로 배우고 있다.

1.3. 세계어로서의 영어의 현황

영어 확산의 결정적 시점은 미국이 참전하여 승전한 2차 세계대전 이후로서 국제기구와 회의의 실무언어, 과학 출판, 메이저 금융기관, 국제적 매스컴, 시청각교양물, 관광, 국제 안전, 국제법, 통-번역의 중개 언어, 기술이전, 인터넷 언어가 되었다.

영어사용자는 크게 3부류로 나누는 경우인데, 바로 영어가 모어인 사람들, 모어는 아니지만 뚜렷한 목표를 가지고 영어 유창한 사람들, 그리고 외국어로서 영어를 배우는 사람들이다.

이것이 바로 L1, L2, L3이다.

L1은 영어가 제1 언어, 유일 언어인 모국어 화자로서 영어 외 언어적 다양성을 경험하고 있다. 그만큼 세계 여러 곳에 나갈 기회가 많다는 것이다. 영국, 미국, 오스트레일리아, 뉴질랜드의 주류와 캐나다의 영어사용자들이 여기에 속한다.

L2는 제2, 혹은 추가 언어로 영어를 갖는 사람으로 여러 환경에서 사용되는 언어 목록 안에 영어를 포함하고 있다. 지역적으로 조금씩 다른 영어 변이형을 사용하지만, 국제적으로 유창함을 인정받고 있다. 인도, 남아공, 나이지리아 등 과거 영국이나 미국의 식민지 경험이 있는 나라의 주민들이 속한다.

L3는 외국어로서 영어를 배웠거나 배우고 있는 사람들이다. 우리나라, 중국, 일본, 포스트소비에트 지역의 국가 등 다양한 나라의 주민들이다.

이 L1과 L2를 다시 세 종류로 나눌 수 있다.

먼저 미국, 오스트레일리아에서는 L1 화자(영국인)들이 식민지 이전에 거주한 원주민을 대체했지만, 나이지리아에서는 소수의 L1 화자들이 다수의 원주민을 종속시켜 이들의 일정 비율을 L2 화자로 만들었다. 또한 카리브 해의 바베이도즈, 자메이카에서는 식민지 이전 주민들이 아프리카인 노동력으로 대체(노예무역)되어, 미국과 카리브해 국가에 L1의 변종인 아프리카 영어(African English) 파생시켰고, 이는 곧 피진어, 그리고 피진어가 모어인 크레올(Creole)을 형성했다.

또한, 카츠루(Braj Kachru, 1992)는 이와 같은 L1, L2, L3를 영어 확산의 3원으로 일목요연하게 그려 내었다.

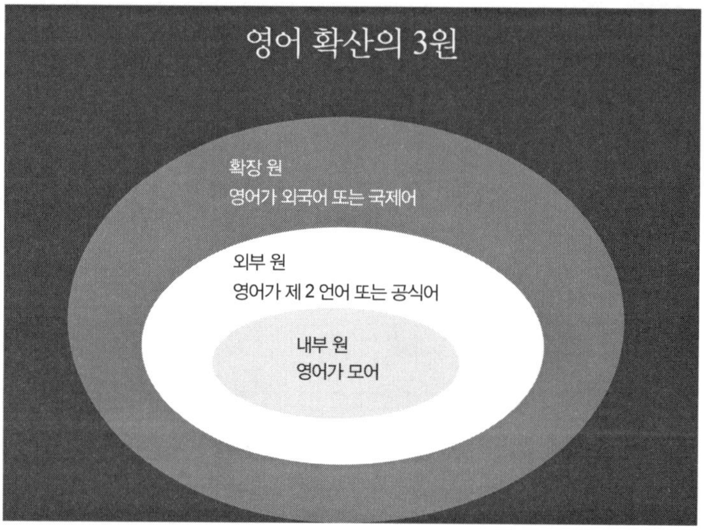

내부 원(Inner Circle)은 영어가 모어이거나 주요기본어인 나라들로서 영국, 미국, 캐나다, 오스트레일리아, 뉴질랜드, 아일랜드가 속하는데, 그 인구는 약 3억5천만 명에 달한다.

외부원(Outer Circle)은 영어가 제2언어나 공식어, 즉 나라의 주요한 제도의 일부가 된 나라들로서 다중언어사용 환경에서 제2언어의 역할을 하고 있는 나라이다. 방글라데시, 가나, 인도, 케냐, 말레이시아, 나이지리아, 파키스탄, 필리핀, 싱가포르, 스리랑카, 탄자니아, 잠비아 등 50개 나라가 속하는데, 인구는 3억5천만 명 ~ 4억5천만 명에 달한다.

확장 원(Expanding Circle)은 국제어로서 영어의 중요성을 인식하고, 내부 원처럼 식민지 경험은 없지만, 영어에 특별한 행정적 지위를 부여하기도 하는 나라이다. 학교에서는 제1외국어로 교육하고 있다. 중국, 카리브해 국가들, 이집트, 인도네시아, 이스라엘, 한국, 일본, 네팔, 남아프리카, 남아메리카, 사우디아라비아, 독립국가연합, 짐바브웨, 타이완이 속하는데, 이의 인구는 7억5천만 명~10억 명에 달한다.

1) 국제기구에서의 영어사용

현재 거의 모든 국제기구에서의 영어 사용은 절대적이다.

100년 전, 1920년 1월 1차 세계대전에 승리한 연합국들이 세운 국제연맹(League of Nations)[15]의 공식어가 영어와 프랑스어였다. 국제연맹이 사라지면서 2차 대전 후인 1945년 창설된 국제연합(United Nations)과 그 휘하의 50개 이상의 기구와 위원회, 그리고 기관에서도 영어가 가장 중요한 공식어이다.[16]

아세안(ASEAN), 영연방(British Commonwealth of Nations), 유럽평의회(Council of Europe), 유럽연합(European Union), 북대서양조약기구(NATO)의 공식어이자, 특히 석유수출국기구(OPEC)의 유일한 공식어이다. 유럽자유무역연합(European Free Trade Association)[17]의 유일한 실무통용어이고, 유럽의 거의 모든 기구(99%)의 공식어이다. 이렇게 국제기구의 85%가 영어를 공용어, 실무통용어로 정하고 있는데, 이는 49%의 프랑스어, 10% 이하의 아랍어, 스페인어, 독일어를 압도하는 것이다.

2) 국제 출판에서의 영어사용

유네스코 통계연구소(UIS)가 글로벌 도서출판의 언어 순위를 집계하고 있는데, 1999년의 경우 다음과 같은 출판 언어사용 분포(제목)를 보이고 있다.

---

15 1920년 1월 10일 ~ 1946년 4월 18일에 존속한 국제연맹은 초기 42개국 가입국이 60개국까지 늘었지만 창설을 주도한 미국의 가입불발로 그 기능이 약화될 수밖에 없었고 결국 사라졌다. 본부는 스위스 제네바에 있었다.

16 유엔의 주요 기구는 5개로 유엔 총회, 유엔 안전 보장 이사회(안보리, 국제 평화·안전 유지), 유엔 사무국(일상적 업무 처리, 사무총장), 유엔 경제 사회 이사회(전문기구 활동 조정), 국제법원(법적 분쟁 해결)이다. 전문기구는 국제 원자력 기구, 식량 농업 기구, 유네스코, 세계은행, 그리고 세계 보건 기구 등이고, 산하기관에는 국제여성향상연구훈련원(INSTRAW), 유엔인간정주위원회(HABITAT), 유엔무역개발회의(UNCTAD), 유엔마약통제계획(UNDCP), 유엔개발계획(UNDP), 유엔환경계획(UNEP), 유엔인구활동기금(UNFPA), 유엔난민고등판무관실(UNHCR), 유엔아동기금(UNICEF), 유엔여성개발기금(UNIFEM), 유엔훈련조사연구소(UNITAR), 유엔대학(UNU), 세계식량이사회(WFC), 유엔팔레스타인 난민구제사업기구(UNRWA) 등이 있다.

17 유럽 경제 공동체(EEC, 현재의 유럽 연합(EU))에 가입되어 있지 않던 유럽의 7개의 나라가 EEC에 대항하기 위해서 영국이 중심이 되어 1960년에 설립한 자유 무역 연합이다. 현재는 일부 국가가 탈퇴하여 노르웨이, 아이슬란드, 스위스, 리히텐슈타인이 가입해 있다.

표1. 세계 서적 출판 언어 순위

언어	제목의 수	비율(%)
영어	200,698	21,84
중국어(북경어)	100,951	10,99
독일어	89,986	9,78
스페인어	81,649	8,88
일본어	56,221	6,12
러시아어	48,619	5,29
프랑스어	44,224	4,81
한국어	35,864	3,90
이탈리아어	34,768	3,78
네덜란드어	34,067	3,71
포르투갈어	33,430	3,64

2000년대 들어와 세계의 많은 과학자들이 영어로 학술논문, 결과물을 발표하는 상황까지 이르렀는데, 실제로, 많은 이들이 이제 영어가 학술 출판의 세계적인 언어이기 때문이다.

이런 주장은 가장 두드러진 과학 인용 지수를 가진 과학 웹(Web of Science)에 속하는 약 27,000개의 저널의 언어를 보면 알 수 있는데, 이는 대부분 영어로 출판된다. 비록 9,000개 이상의 학술지가 다른 언어인 프랑스어(3,500개), 독일어(2,700개), 스페인어(2,300개), 중국어(1,400개)로도 나오지만, 이들 대부분은 권위 있는 저널 지수에서 제외되어 영어가 세계적인 학문적 언어 프랑카라는 이데올로기를 더욱 군건하게 만들고 있을 뿐이다.[18]

표2. 세계 학술지 언어 순위[19]

언어	제목의 수	비율(%)
영어	28,131	45.24

18 David O'Neil(2018), English as the lingua franca of international publishing. World English. Volume37, Issue2, pp. 146~165.

19 Ulrich's Periodicals Directory, Jan. 2007.

독일어	6,848	11.01
중국어(북경어)	4,047	6.51
스페인어	3,522	5.66
프랑스어	3,074	4.94
일본어	2,149	3.46
이탈리아어	1,860	2.99
폴란드어	1,060	1.70
포르투갈어	1,055	1.70
네덜란드어	922	1.48
러시아어	808	1.30

또한, 1980년대 초 프랑스 과학자들의 출판물도 2/3이상이 영어로 기술되었을 정도이고, 물리학 등 순수과학은 대부분 영어로 기술되었는데, 예를 들어 1990년대 제목 기준의 언어별 출판 비율은 다음과 같았다: 영어(28%), 중국어(13.3%), 독일어(11.8), 프랑스어(7.7), 스페인어(6.7), 일본어(5.1), 러시아어(4.7), 포르투갈어(4.5), 한국어(4.4), 이탈리아어(4), 네덜란드어(2.4), 스웨덴어(1.6), 기타(5.8).

3) 인쇄 매체에서의 영어사용

19세기 들어 신문 산업이 발전되었는데, 이는 새로운 인쇄술, 대량생산과 수송 수단의 급속한 현대화에 기인한 것이다. 1850년 경 미국에는 약 400개의 일간지가 있었지만, 19세기 말에는 약 2,000개로 증가했다.

19세기 중반 뉴스기관도 성장했는데, 이 모두는 영어 사용 뉴스 기관이었다. 1994년 현재 세계 신문의 1/3이 영어를 사용하고 있고, 세계적 규모의 상위 5개 신문이 영어 신문으로 이는 바로 뉴욕타임스(NY Times), 워싱턴 포스트(Washington Post), 월 스트리트 저널(WSJ), 더 타임스(The Times), 선데이 타임스(The Sunday Times).

국제적 일간 신문인 인터내셔널 헤럴드 트리뷴(IHT), 유에스 위클리(US Weekly), 인터내셔널 가디언(International Guardian)도 영어 신문이며, 세계 정기 간행물의 1/4이 영어를 사용하고 있다.

표3. 세계 신문과 잡지 언어 순위[20]

언어	신문, 잡지 수	비율(%)
영어	2,499	62.55
스페인어	277	6.93
독일어	235	5.88
중국어(북경어)	156	3.90
힌두어	117	2.93
프랑스어	95	2.38
폴란드어	44	1.10
러시아어	38	0.95
이탈리아어	36	0.90
포르투갈어	35	0.88

4) 방송에서의 영어사용

1906년 세계 최초의 라디오 송신된 언어가 바로 영어였다. 1994년 라디오 청취자의 45%는 영어 지위가 공식어 이상 규정된 국가의 국민이다.

영국의 BBC(1932년 설립) 방송국은 1996년 주당 100시간, 40개국의 1억4천만 명에게 송출하고 있다. 1936년 최초로 런던에서 TV 방송, 유럽에서도 미국 방송이 가장 우세하다.

5) 영화와 비디오에서의 영어사용

역시 영화와 비디오 작품 제목과 내용에서의 영어사용이 아주 크다. 이는 영화, TV 단막극 및 연속물 등 장르를 가리지 않는데, 미국의 영화 관련 산업이 세계에서 가장 활발한 것과 많은 관계있다.

20 Ulrich's Periodicals Directory. Jan. 2007.

표4. 세계 영화와 비디오에서의 영어사용[21]

언어	제목의 수	비율(%)
영어	158,611	34.89
스페인어	23,256	5.12
독일어	16,523	3.63
프랑스어	15,171	3.34
일본어	7,811	1.72
이탈리어어	4,927	1.08
덴마크어	3,967	0.87
네덜란드어	3,445	0.76
포르투갈어	3,213	0.71
러시아어	2,715	0.60
힌두어	2,357	0.52

6) 웹 페이지에서의 영어사용

미국에서 시작한 인터넷 특성상 초기에는 영어의 사용이 절대적이었으나 비율은 해가 갈수록 줄어들고 있다. 그렇지만 세계의 인터넷 웹페이지는 여전히 영어 사용이 절반을 넘고 있다. 즉 1997년 월드와이드웹(World Wide Web)에서 영어 웹페이지가 82.3%였지만, 2002년에는 56.4%로 줄었다.

표5. 세계 인터넷에서의 영어사용[22]

언어	웹 페이지 수 (백 만)	비율(%)
영어	1142,5	56.43
독일어	156,2	7.71
프랑스어	113,1	5.59
일본어	98,3	4.86

21 Internet Movie Database (IMDb). 1990 ~ 2007. 2.

22 2002년 구글(Google)과 올더웹(Alltheweb)에서의 검색 언어 사용 자료이다.

스페인어	59,9	2.96
중국어(북경어)	48,2	2.83
이탈리아어	41,1	2.03
네덜란드어	38,3	1.92
러시아어	33,7	1.66
한국어	30,8	1.52
포르투갈어	29,4	1.45

7) 세계 교육에서의 영어사용

영어가 공교육과 관련, 국가교육정책의 필수요소, 즉 학교에서의 의무 교육인 나라가 한국, 일본, 인도, 사우디아라비아를 비롯 세계 142개국에 이른다. 또한 프랑스, 러시아, 폴란드, 중앙아시아 5개국처럼 영어가 선택 과목이거나 많은 학교에서 학습할 수 있는 나라가 41개국인데, 역시 외국어 중에서 영어가 가장 인기 있는 선택과목이다. 마지막으로 중국, 인도네시아, 콜롬비아, 스웨덴과 같은 많은 나라에서는 어떤 학년에서는 영어가 의무적이지만 다른 학년에서는 선택적이다.

또한, 영어 교육은 과학과 기술 습득을 위한 주요 매개체로서 전 세계적으로 중요한 지위를 차지하고 있다. 이에 따라 영어 교육은 미국과 영국의 중요 산업, 수출품이 되었다. 미국과 영국의 영어공인시험도 주요 영어산업의 하나로 미국이 주최하는 토익(TOEIC), 토플(TOEFL), 오픽(OPIC) 등이고, 영국의 공인영어시험으론 아이엘츠(IELTS)가 있다. 2019년 현재 전세계 160개 국가 1만 4,000여 개 기관에서 활용하는 실용영어능력시험인 토익의 경우 한국과 일본의 응시자 수가 각각 200만 명을 넘었다고 한다.

유럽연합에서도 영어사용이 압도적인데, 영어를 모어로서 사용하는 인구는 16% 밖에 안되지만, 31%가 영어 사용능력을 보유하고 있을 정도이다. 유럽연합 가입국들에서 영어를 학습하는 학생 비율도 압도적이다: 영어 60.3%, 프랑스어 30.4%, 독일어 5.2%, 스페인어 3.5%, 기타 0.6%.

1.4. 영어의 다양한 방언들

영어는 일련의 변이들이 존재하고 이들 변이는 각각 고유한 어휘와 발음, 그리고 정자법을 가지고 있다. 영국, 미국, 캐나다, 오스트레일리아, 뉴질랜드, 남아프리카공화국, 아일랜드, 인도, 벨리즈, 필리핀, 홍콩, 인도네시아, 자메이카, 카리브 제도, 말레이지아, 싱가포르, 트리니다드 엔드 토바고, 짐바브웨에서 사용하는 영어는 서로 조금씩 다르다. 영어의 수많은 지역 변이는 영국인과 미국인들에게도 낯설어 어렵거나 이해하기 힘들 정도이다. 이러한 변이는 영국과 미국 내에도 있다. 많은 영어 사용 국가들에서는, 자기 나름대로의 특징에 따라, 자신들만의 영어 변이를 갖기를 원한다.

영어는 캐나다, 인도, 아일랜드, 뉴질랜드, 필리핀에서 공식어이고, 미국과 오스트레일리아 같은 나라에서는, 법적으로는 정해져 있지는 않은, 즉 공식어는 아니지만, 국민 대다수가 사용하고 있다.

그밖에 세계 수십 개국, 예를 들어 파키스탄, 나이지리아, 케냐, 우간다, 바베이도즈, 몰타, 자메이카에서는 널리 확장되어 있고 다른 언어와 경쟁하고 있다.

이중에서 영어가 지배적인 미국, 캐나다, 아일랜드, 오스트레일리아, 뉴질랜드, 인도, 남아프리카공화국에서 사용하는 영어의 변이를 살펴본다.

1) 미국 영어

미국 영어는 최소 3개의 영어 방언으로 나뉘는데, 동북부 지역, 즉 뉴잉글랜드 지방(코네티컷, 메인, 매사추세츠, 뉴햄프셔, 로드아일랜드, 버몬트)과 뉴욕에서 사용되는 동부 방언과 버지니아로부터 텍사스까지의 선 아래의 남쪽의 여러 주에서 사용하는 남부 방언, 그 외 나머지 지역에서 사용되는 범 미국 영어(General American)이다.

미국 영어는 17~18세기 영국이 북아메리카를 식민지로 만들면서 보급된 이후 다양한 대내외적 요인들에 의해 모든 언어학적 층위에서 발전해오고 있다.

미국 영어는 전 국민 80%의 모어이자 교육시스템과 매스컴에서 수립된 고유한 표준 정자법, 문법, 어휘들을 가지고 있다.

미국 영어는 미국 연방헌법에서 공식어로 정해져 있지는 않지만 사실상의 공식어로 간주된다. 최근 히스패닉 주민의 증가와 더불어 미국 영어에 국어 지위를 부여하자는 운동이 강화하고 있는데, 이미 일부 주에서는 공식어 지위까지 부여되어 있다.[23]

미국 영어는 전 세계에 확장되어 있어 영국 영어와 자주 비교된다.

미국 영어는 통일된 강세가 없다. 이는 주마다 영어 발음이 다르기 때문이다. 범 미국 영어가 가장 표준 발음이라고 간주한다. 그러나 영국 영어와 그 밖의 영어와 다른 미국 영어 강세의 특징이 존재한다:

part, girl, storm에서 r이 명확하게 발음하는데, 영국 영어는 무음이다;

seem, meat, bath에서 모음이 단음이다;

o나 장모음 o 대신 a로 발음한다. 즉 hot dog은 [hat dog]로 일부 지역에서는 [hat dag]로 발음한다.

tune과 Tuesday를 각각 toon과 toosday와 같이 자음 뒤 j를 발음하지 않는다.

미국 영어는 단어의 철자를 단순화하거나 바꾸고 있다: cheque(영) – check(미), colour(영) – color(미), dialogue(영) – dialog(미), maths(영) – math(미), theatre(영) – theater(미), frogramme(영) – program(미).

어휘에서도 차이를 보이고 있다: garden(영) – yard(미), subway(영) – underground(미), queue(영) – line(미), lift(영) – elevator(미) , film(영) – movie(미), autumn(영) – fall(미).

문법에서도 차이를 보이는데, 미국 영어는 현재완료시제와 같은 완료시제보다 단순시제를 더 선호한다. 영국 영어의 have got을 have로 축약하기도 한다. 구어에서는 got to 대신 gotta, want to 대신 wanna를 사용한다:

미국 영어: My parents just arrived, you gotta go.

영국 영어: My parents have just arrived, you got to go.

---

23 다음의 30개 주에서 미국 영어를 공식어로 정하고 있다: 앨라배마, 알래스카, 아리조나, 아칸소, 캘리포니아, 콜로라도, 플로리다, 조지아, 하와이, 아이다호, 일리노이, 인디애나, 아이오와, 캔자스, 루이지애나, 매사추세츠, 미시시피, 미주리, 몬태나, 네브래스카, 뉴햄프셔, 노스캐롤라이나, 노스다코타, 사우스캐롤라이나, 사우스다코타, 테네시, 유타, 버지니아, 와이오밍. 이 중에서 하와이와 알래스카는 영어 외 토착민족어도 공식어로 정하고 있다.

2) 캐나다 영어

캐나다에서 영어는 프랑스어와 더불어 공식어이지만, 퀘벡 지역에서는 공식적 지위가 없다.

캐나다 영어는 미국 영어와 유사하지만, 미국 영어에서는 사라진 영국 영어의 특징을 일부 보전하고 있다.

캐나다 영어의 많은 어휘가 미국 또는 영국 영어로 발음된다. 그러나 몇몇 어휘는 고유의 캐나다 영어로 발음한다. 예를 들면 about은 a boat나 aboot와 비슷하게 발음한다. boat를 이중모음 [oa]를 가진 다른 단어들과 유사하게 bot로 발음하기 때문에 캐나다인들은 혼동이 일어나지 않는다. 또한, 캐나다인들은 프랑스어 차용어를 프랑스어식으로 발음한다.

캐나다 영어의 고유 어휘는 음식물, 동물, 식물 관련 어휘, 그리고 의복과 생활용품 명칭 어휘들이 다수이다. Snits – 말린 사과, Tempest – 폭풍우, Sault – 폭포, Muskeg – 소택지, Sagamite – 고기와 생선 수프.

그 외 캐나다 영어는 car park 대신 parkade, sneakers나 trainers 대신 runners, notebook 대신 scribbler, lavatory나 toilet 대신 washroom을 갖는다.

캐나다 영어의 감탄사 eh가 가장 잘 알려져 있는데, 미국 영어의 huh와 유사하다. 이 감탄사는 'The movie is great, eh?'와 같은 문장에서 사용한다.

3) 아일랜드 영어

아일랜드 영어는 아이리쉬-잉글리쉬(Irish English)라고도 부른다. 영어는 아일랜드어와 더불어 공식어로 간주한다. 현재 아일랜드어를 점진적으로 부활시키고는 있지만 아일랜드 국민의 절대다수는 영어를 사용한다. 아일랜드 영어는 문어와 구어가 눈에 띄게 다른데, 문어에서는 영국 영어가, 구어에서는 아일랜드 영어가 뚜렷하다.

아일랜드 영어는 발음 전통에 따라 얼스터방언(Ulster), 남서방언(West and South) 더블린방언(Dublin)으로 나눌 수 있는데, 거의 모든 강세에서 다음과 같은 공통의 속성을 가지고 있다:

이중모음은 발음 않고 축약되어 goat는 장음 [o]를 가진 goot처럼 발음한다;

모든 단어에서 r음은 구분되어 거의 진동음으로 발음한다;

th는 [t]나 [d]로 발음하여 that을 대신 [dat]로, three를 [tree]로 발음한다.

아일랜드 영어는 어휘에서 가장 뚜렷한 차이를 보는데, 독특한 단어, 낯선 어구, 비표준적 의미가 많기 때문이다:

cat – catastrophic의 축약형으로 '나쁜, 공포스런' 의미를 나타낸다.

thick – 악하고, 고집 센, 어리석은 사람을 의미한다.

Anything strange? 는 What's new?와 거의 유사하다.

bells – 시계의 시를 의미한다, 즉 10 o'clock 대신에 10 bells를 사용한다.

gas – funny와 동의어이다.

now – 감탄사로서 문장 마지막에 나오거나 please 대신 사용한다.

아일랜드 영어에서는 대부분의 문법 구조에서 동사 미정형 앞에 오는 전치사 to를 뺀다. 즉 "Try to concentrate on the book"대신 "Try concentrate on the book"로 말한다.

소유대명사 your를 지시대명사처럼 사용한다, 즉 "your man"은 "the man"을 나타낸다.

아일랜드 영어의 가장 흥미로운 문법적 특징은 "amn't"라는 형태로서, 이는 주로 의문문에서 사용하는 축약형이다.

"Amn't I beautiful?"는 "Am I not really beautifu?"와 같은 의미이다.

4) 오스트레일리아 (호주) 영어

호주 영어는 호주에서 국어의 지위는 아니지만, 사실상의 공식어이다. 호주 영어는 19세기 초부터 영국 영어와는 많이 다른 새로운 방언으로 인정받았다.

호주 영어는 영국본토 여러 방언과 호주 지역어들의 영향을 받아 형성되었고 이주민 1세대 자녀들이 마침내 호주 영어를 완성했는데, 이들은 부모와는 다른 강세를 가지고 신조어를 사용, 새로운 개념을 창조했다.

전체적으로 얼핏 보기에 호주 영어발음은 미국보다는 영국 영어와 가깝지만 다른 점도 많다.

호주 영어는 어구 중간의 음절을 생략하고 문장 끝에서 억양을 상승시키며 경쾌하다.

호주 영어는 모음과 일련의 음절을 생략하여 그 결과 많은 축약이 일어났다:

banana는 nana로, afternoon는 arvo로, Good day는 G'day가 되었다.

호주 영어의 축약 경향은 –ie나 –y가 붙은 지소형 어휘를 형성시켰다:

chocolate이 chokkie로, mosquito가 mozzy로, breakfast가 brekkie로, barbeque가 barbie로 되었다.

호주 영어는 많은 일상 개념을 나타내는 단어가 다른 형태를 취한다: toilet 대신 comfort station, kettle 대신 billie, milk 대신 cow juice.

원래 선인장을 의미하는 "cactus"는 "작동하지 않다", "고장나다"를 의미하여 "My car is cactus."는 "차가 고장났음"을 나타낸다.

호주인들은 서로를 mate로 칭하는데, 이를 [majt]로 발음한다. 또한 "Well done" 대신 "Good on ya!"나 "Ripper!"를 사용한다.

5) 뉴질랜드 영어

뉴질랜드 영어는 영국 남부 방언과 스코틀랜드 및 아일랜드 영어, 원주민 언어인 마오리어가 섞여 매우 특이한 발음을 얻었는데, 이는 호주 및 남아프리카 영어와 비슷하다고 느끼게 한다. 현재 국민 대부분이 이 영어를 사용한다.

뉴질랜드 영어가 호주 영어와 다르지 않다는 견해도 많지만, 반드시 그렇지는 않다. 2차 세계대전까지 호주와 뉴질랜드 영어는 비슷했지만 50년대부터 달라지기 시작했다.

뉴질랜드 영어는 미국 영어와는 달리 분명한 발음이 특징으로 음절을 생략하지 않기에 쉽게 잘 들린다. 그러나 억양은 표준이 아니다. 문장 끝에서 톤이 올라가기 때문에 확인이 아니라 묻는 것으로 들리기도 한다.

사회적 계층이 높을수록 영국 영어와 아주 유사하다. 토착민인 마오리인들의 강세가 가장 특징적이다. 이들은 lady를 [laidi]로 발음하고, 단어 가운데 t음을 유성음 d로 발음한다: water – wader. 마오리인들은 here과 there, really과 rarely, bear과 beer를 똑같이 발음한다. 또한, 이들은 sit를 set로, rid를 red처럼, [i]를 [e]로 발음하거나 그 반대로 발음하여 혼란을 주기도 한다.

뉴질랜드 영어는 다양한 방언 어휘를 가지고 있고 이해하기 어려울 때가 있어 영어사용 관광객들은 뉴질랜드를 여행할 때 뉴질랜드 영어 사전인 키위 영어사전(Kiwi English dictionary)을 가지고 다닐 정도이다.

마오리어 차용어 중 가장 잘 알려진 것이 iwi – 사람, kai – 음식물, totara – 붉은 나무, kumara – 고구마, pakeha – 외국인이다. 또한, kiwi는 뉴질랜드의 상징인 새 이름일뿐 만 아니라 뉴질랜드 사람을 부르는 말이다. 또한 kiwi는 뉴질랜드인 품종개량 전문가가 새와 비슷하다고 이름 붙인 과일 이름이기도 하다.

그 외 몇몇 마오리가어가 아닌 영어에 기반을 둔 방언 어휘도 있다:

chilly bin – cool box (보온병), shonky – not good, lollies – sweets, yeah–nah – no, thank you, stoked – very pleased.

뉴질랜드 영어의 어구 "sweet as"가 세계적으로 가장 많이 알려져 있는데, 이는 great, cool을 의미한다. 이를 국가의 business card(명함)로 부를 수 있을 정도이고 기념품, 셔츠, 여행안내서에도 볼 수 있다.

뉴질랜드 영어는 특징을 강조하기 위해 그 밖의 형용사를 더한 유사한 어구를 가지고 있다.

Your girlfriend is cute as. – Your girlfriend is very pretty.

This book is sweet as. – This book is cool.

6) 인도 영어

영어는 인도의 링구아프랑카로서 여러 언어와 방언을 가진 수많은 민족을 통합하는 수단이 되고 있다. 인도에서 영어는 우리가 상상하는 것보다 훨씬 널리 사용되고 있다. 영어는 국어로서 힌두어 다음의 지위를 차지하고 있다. 영어는 통신, 비즈니스, 국가행정의 언어로 3억5천만 명이 사용하고 있다.

인도 영어는 가장 이해하기 어려운 영어 방언 중의 하나이다. 인도 영어는 힌두어와 여타 민족어의 영향을 받아 심하게 변형되어 힝글리쉬(Hinglish)라는 이름을 얻게 되었다.

인도 영어는 강세가 강한 것이 특징으로 단어를 이상하게 발음하고 다른 음으로 바꾸며 고유한 억양을 가지고 있다. 가장 특유한 인도 영어의 강세는 다음과 같다.

[ɔɪ]와 [əʊ]의 혼용: boy를 buy처럼, go를 guy처럼 발음한다.

w를 v처럼 발음: what를 vat로, when을 ven으로 발음한다.

r음을 권설음화는데, 즉 혀를 입천장에 거의 붙여서 r음을 더 심하게 굴려 울리게 발음한다.

z음이 없고 대신 j로 발음한다: zoom을 joom으로, proposed를 propojed로 발음한다.

특이한 강세: okay나 myself를 발음할때 첫 음절에 강세를 둔다.

인도 영어의 어휘에는 힌두어에 기반을 둔 차용어가 많다. 즉 Chello – Let's go, hazaar – thousands, cousin brother – male cousin, foreign return – return from abroad, ochcha – ok, Good name – name 등.

인도 영어는 소유형용사(my brother's)나 대명사와 같은 단어를 생략하고 문장 중간에 힌두어 단어를 끼워넣는다.

Time kya hua hai? – What time is right now?

인도 영어, 특히 힝글리쉬는 힌두어와 비슷해짐으로써 왜곡되어 문법적으로 영국 영어와 아주 다른데, 특히 모든 동사의 어미가 –ing로 끝난다는 것이다.

I'm not knowing this person.

인도 영어는 동사의 시제변화를 하지 않고 대개 시제 표시 단어에 의거한다.

Yesterday we going to the cinema. – 어제 우리는 영화관에 다녀왔다.

인도 영어는 항상 어순을 지키지 않는데, 특히 의문문에서 심하다. 의문문은 대개 "그렇지 않아요"를 의미하는 확인 어휘 "no?"로 끝나는 경우가 많다.

You will coming later, no? – 너는 늦게 올거지, 그렇지 않니?

7) 남아프리카공화국 영어

남아프리카공화국에서 영어는 국어의 하나로서 널리 사용되지만 가장 확장된 언어는 아니다. 남아공에는 수십 개의 언어가 있고 공식어도 11개나 된다. 주민의 1/4이 줄루어(zulu)를 사용하고 제2, 제3의 언어가 각각 코사어(xhosa)와 아프리카안스어(afrikaaans)이다.[24]

영어는 민족 간 의사소통어라는 특별한 역할을 하고 있는 중요한 언어로서 민족과 언어가 섞여있는 대도시에서 의사소통어로서 사용한다. 또한, 많은 수의 대중매체가 영어로 나오고, 법과 조례도 영어로 인쇄되는 등 행정의 언어이다.

남아공 영어는 고유한 특징을 가지고 있는데, 바로 미국 영어와 영국 영어에 동시에 유사하지만 지역어인 줄루어나 아프리카안스어로부터 차용한 특징도 많다.

남아공 영어는 남아공의 여러 지역마다 발음이 조금씩 다르고 그 외 방언들의 영향도 받았다. 그러나 전체적으로 남아공 영어의 발음은, 아프리카안스어처럼 철자 g를 kh로 발음하고 있다는 특징이 있다. 남아공 영어에서는 이중모음 ai를 oi와 비슷하게, r음은 더 길고, 크게 입을 벌려 으르렁거리듯 발음한다.

남아공 영어 어휘는 기존의 단어와 의미가 다른 경우가 많아 혼동을 일으킨다. 예를 들어 cafe는 크지 않은 가게를, circle은 회전교차로의 첫 번째 교차점을 의미하고 Just now라는 표현은 '바로 지금'이 아니라 '언젠가 나중에'를 의미한다. 이에 따라 영국인이나 미국인은 혼란스러워한다.

– Can you pay your debt today?

– Just now! – 외국인은 '지금!'이라고 생각하지만, 남아공 거주자는 '언젠가 나중에'

---

24 줄루어는 남아프리카공화국의 서 반투어로서 사용인구는 약 1,200만 명에 달한다. 1994년 남아공의 11개 공식어 중의 하나가 되었다. 코사어도 줄루어와 친족어로서 사용인구는 약 790만 명, 역시 남아공의 공식어 중의 하나이다. 아프리카안스어는 16 ~ 17세기에 네덜란드 출신 이주자들의 네덜란드어가 독자적인 변화를 거치면서 성립된 언어이다. 네덜란드 본국의 언어와 교류가 단절되고, 이후 다른 이주자들의 프랑스어, 포르투갈어, 영어, 말레이어 등의 언어와 아프리카 토착 언어인 반투어가 혼합되어 형성된 크리올어의 일종이다. 사용인구는 약 720만 명으로 역시 남아공의 공식어 중의 하나이다.

라는 의미로 말한 것이다.

남아공 영어에서는 줄루어 차용어 lekker (good), jol (party), takkies (sneakers) 등이 대표적이다. 감탄사 'ja'는 yes대신 동의나 찬성을 표현한다.

남아공 영어의 기존 영어 어휘로 만든 합성어가 많은데, 이는 주로 낯선 현상을 부르는 말이다.

rose–apple, stone–pine, cluster–pine 등은 나무 명칭, bone–crusher – 커다란 새잡이 무기, greenhorn – 풋내기, 신참, secretarybird – 뱀잡이 새.

3인칭으로 어필하는 것이 남아공 영어 문법의 가장 흥미롭고 눈에 띄는 특징으로 다음의 문장을 사용하고 있다.

'What does mister want to buy?' - 당신은 무엇을 사고 싶습니까?

영어는 이렇게 변이형이 많은 언어이다. 영어는 계속해서 전 세계를 장악해가고 있지만, 계속해서 변하면서 영국 본토 영어로부터 멀어지고 있다. 영어에 관심을 가진 사람들은 이런 다양한 영어 변이를 학습하면서 독특한 어휘를 축적하고 발음을 익히는 것이 필요하다.

영어는 발음하기 힘든 언어로서 문법적인 불규칙 명사와 예외로 가득 차 있다. 영어를 모어로 갖지 않는 사람들 중 어떻게 많은 이들이 정치적, 직업적, 정서적 문제를 논하기 위해 영어로 잘 대화하고 쓸 수 있는가? 언어에 매우 능력 있는 사람은 몇%에 불과하다. 얼마나 많은 사람들이 미국 대통령의 말을 알아들을 수 있는가? 많지 않다. 영어를 어렵게 만드는 것은 빠르게 변하고 있기 때문으로 매일매일 변하며, 영어 사용 작가들이 문학 및 정치, 사회 기술에서도 은어적 표현을 사용하기 때문이다.

1.5. 세계어로서의 영어의 미래

1) 세계어로서의 영어는 계속 장미빛인가?

세계인구의 2/3는 비영어권에 거주하고, 특히 포스트소비에트 공간과 아프리카 권역에서 영어가 아직까지 취약하다. 또한, 아시아지역의 경제 성장으로 미국과 영어의 주도권이 손상되고 비 영어 사용권에서는 영어에 대한 저항 운동이 발생하기도 한다.

즉 모어 사용에 적극적인 프랑스 외에 독일[25], 폴란드[26]는 자국어 보호법을 채택했다.

프랑스의 경우 인도차이나와 북아프리카, 중동 등 과거 식민지역에서 공격적인 프랑스어 장려 정책을 펴고 있다.

아이슬란드에서는 영어의 유용성을 인정하지만, 아일랜드어를 보호하기 위해 '어휘위원회'를 구성했는데, 이를 통해 외국어 어휘를 철저하게 고유의 어휘로 바꾸어 수용하고 있다. 인도네시아에서는 정부의 영어 필수 교육에 대한 반발이 일어나기도 했다.[27]

1997년에 이미 영국문화원은 인터넷의 영어 사이트가 90%에서 계속해서 감소할 것으로 예측했다.

---

25 1997년에 설립된 독일어 연합회(Verein Deutsche Sprache)가 독일어의 자립성과 주체성을 보호하고 자국민들에게 모국어의 중요성을 알려오고 있다. 매년 9월 두 번째 토요일을 독일어의 날로 정해 자국어의 사회적 위치와 외래어로부터의 보호를 주장하면서 그와 관련된 다양한 프로그램들을 매년 진행하며 시민들의 모국어에 대한 관심을 불러일으키고 있다

26 1994년 폴란드 학술원이 프랑스정부가 입법추진중인 영어사용불법화 조치에 착안, 자국의 언어문화 보존을 위해 "공용어 보호법" 초안을 마련 중이라는 보도가 나왔다. 인터내셔널 헤럴드 트리뷴(IHT)의 보도에 따르면 폴란드 국민들은 과거 공산 치하에서 '숍'(상점), '마켓'(시장), '카 딜러'(자동차거래상) 등의 영어나 '부티크'(상점) 등 프랑스어 단어들을 들어보지도 못했으나 최근 이같은 외국어들이 대중매체 속에 범람하면서 자유의 상징인 것처럼 사용하고 있는데 학술원은 프랑스와 같이 외국어의 사용을 불법화하지는 않되 폴란드어를 외국어의 잠식으로 부터 보호할 수 있는 법안을 준비 중이라는 것이다.

27 700개 이상의 언어가 사용되는 인도네시아에서는 언어문제도 많고 그 역사도 깊다. 예를 들어, 1960년대에는 정부 내에서도 기초교육문화부장관과 고등교육과학부장관이 각각 영어 수용과 영어 반대 견해를 가지고 있었고 공산주의 이념이 득세했던 1960년대 후반의 정치적 여건으로 인해 특히, 영어교사가 대부분인 서방 국가 출신 외국인 교사들을 탄압하여 인도네시아를 떠나게 하고, 교육의 발전을 막았다. 이후 초등학교 영어교육에 대한 논란도 일어나 일부 정당은 초등학교에서 영어를 가르치는 것이 미래에 아동 발달에 매우 좋을 것이라고 주장하지만 인도네시아의 사회·경제·지리 정치적 영역의 차이가 인한 학교의 질과 학생 배경에 차이를 만들어 내어, 영어를 잘하는 학생이 있지만, 이들이 인도네시아어 기초를 잘 익히지 못한다는 비판도 있다.

더구나 영어의 세계어화를 이끈 미국이 약점을 보이기 시작했다.

이민자들의 증가로 플로리다, 캘리포니아, 그리고 남서 해안 주들에서 스페인어 사용이 급격히 증가했고, 뉴욕 주민의 30% 이상이 히스패닉이다. 특히 1980~90년 사이 스페인어를 모어로 갖는 화자의 수가 50% 이상 증가했다.

같은 기간 중국어, 한국어, 베트남어 화자의 수도 각각 98%, 127%, 150% 증가하여 영어를 제2 언어로 사용하는 인구가 원어민보다 많아지고 있는데, 결국, 미국에서 영어를 의사소통어로 사용하는 사람들이 많아지고 있지만, 영어의 중요성은 약화 될지도 모른다는 예측이 나온다.

그래돌(D. Graddol)은 2050년이 되면 영어가 중국어 다음으로 사용인구가 줄 것으로 예상한다. 즉 앞으로 30년 후 모어 사용자는 중국어 13억8천4백만 명, 힌두/우르드어 5억6천6백만 명, 영어 5억8백만 명, 스페인어 4억8천6백만 명, 아랍어 4억 8천2백만 명, 포르투갈어 2억4천8백만 명, 러시아어 1억3천2백만 명, 일본어 1억8백만 명, 말레이어 8천만 명, 프랑스어 8천만 명이 될 것이라고 주장한다.[28]

마지막으로 다국적 기업은 세계의 다양한 젊은 세대의 수요에 맞추기 위해 다중 언어로 된 판매촉진 수단을 다양화하고, 인터넷에서도 사용자들의 세계화로 인해 언어 사용이 다양화되고 있다. 또한, 컴퓨터 워드프로세서의 유니코드(Unicode)개발로 사실상 세계의 모든 언어 표현이 가능해졌다.

2) 영어 확산과 그 대안

영어의 세계화로 전 세계인들의 의사소통에서 수월성이 나타나고 있다는 긍정적인 시각도 있지만, 그 외의 언어는 사용성이 작아지거나 영어에 의해 왜곡, 변형되고, 결국 모어–영어의 이중언어 사용으로 바뀌고, 점진적으로 영어 하나만 사용하게 되는 단일언어 사용 상황이 된다는 부정적 시각이 있다. 이는 민족정체성의 가장 중요한 상징인 모어를 상실하여 민족도 사라진다는 극단적인 결과도 야기할 수 있다. 이에 따라 영어의 무분별한, 무제한적인 확장과 이에 대한 대안을 다음과 같이 정리할 수 있다.

---

28 D. Graddol(2000), The Future of English? The British Council.

영어의 확산과 그 대안

영어의 확산 결과	영어 확산에 대한 대안
영어 단일언어 사용과 이로 인한 민족어의 소멸	다중언어사용과 언어적 다양성의 수용
영어와 같은 유력언어 위주의 단일언어 교육	영어 외 외국어나 제2 언어학습 장려
미국 중심의 영어, 문화, 대중매체의 제국주의	커뮤니케이션에서의 평등
미국화와 이로 인한 세계 문화의 동질화	여러 다른 문화의 보전과 교류
지구화와 국제화라는 이름의 이데올로기	지역화와 교류의 이데올로기
자본주의, 계층화	경제의 민주화
과학과 기술에 기반을 둔 합리화	인권 중시, 전체적이고 통합적인 가치관
근대화 및 경제적 효율, 양적 성장	다양성의 장려를 통한 지속 가능성, 질적 성장
초 국가화(Transnationlaism)	지역적 생산 및 국가 주권의 보호
가진 자와 못 가진 자 사이의 양극화와 격차 심화	세계 물질 자원의 재분배

2. 국제어로서의 스페인어

정열적이고 빠른 춤 플라멩코(Flamenco)와 같은 스페인어는 로망스어 그룹에 속하고 중국어 다음으로 가장 확장된 언어 중의 하나로서 로페 데 베가(Lope de Vega)[29]와 세르반테스(Miguel de Cervantes Saavedra)[30]의 명작을 탄생시킨 언어이다. 사용자 수는 약 3억3천만 명~4억 명에 달하고 세계 21개국의 공식어이다. 21세기 들어 스페인어는 급격하게 관

29 로페 데 베가(1562~1635년)는 스페인의 셰익스피어로서 극작가이다. 로페는 스페인 문학의 황금시대가 전개되었던 르네상스와 바로크라는 두 시대를 연결하는 작가로서, 세레반테스가 소설의 근대적 모델을 제시하며 세계문학사에서 전무후무한 업적을 이루어 냈다고 한다면, 로페는 이와 준하는 성과를 희곡에서 구현해 내었다. 그의 문학사적 업적은 무엇보다도 '국민 연극(Teatro nacional)'의 확립을 통한 연극의 대중화에 있었다. '과수원지기의 개(El perro del hortelano)'는 1613년에 창작된 희극 작품으로, 로페의 대표작이다. 17세기 초의 스페인 연극은 비극보다는 순수 희극 작품들이 주류를 이루었는데, 이 <과수원지기의 개>야말로 당시의 이러한 극적 경향을 가장 온전하게 나타내는 대표적 희극 작품들 중의 하나로 평가받고 있다.

30 세르반테스(1547~1616년)는 스페인의 소설가, 시인, 극작가로서 세계적으로 가장 위대한 작품 중의 하나인 소설 '돈키호테'의 작가로 유명하다.

심을 받고 있는데, 특히 미국에서 많은 교육기관에서 교육하고 있다.

중남미의 대부분 국가[31]에서 사용하고, 이 지역 안에서 국제어의 기능을 수행하고 있는데, 포르투갈어 사용국인 브라질과 중남미 제국 간의 의사소통 수단이 바로 스페인어이다.

1) 스페인어의 국제적 지위

국어나, 공용어의 사용 인구로 볼 때, 중국어, 힌두어, 영어 다음으로 많고, 사용 국가 수는 21개국으로 영어, 프랑스어 다음으로 많고, 이의 면적도 1천2백만 ㎢ (전 세계 면적의 9.1%로, 영어, 프랑스어, 러시아어 다음)에 달한다.

본토인 스페인 외에 안도라, 아르헨티나, 볼리비아, 칠레, 콜롬비아, 코스타리카, 쿠바, 에콰도르, 엘살바도르, 과테말라, 적도기니, 온두라스. 멕시코, 니카라과, 파나마, 파라과이, 페루, 도미니카공화국, 우루과이, 베네주엘라의 국어이자 필리핀, 사하라 아랍민주공화국, 미국의 뉴멕시코 주, 푸에르토리코[32]에서는 지역 공식어이다.

31 중남미에서 브라질은 포르투갈어, 바하마, 버뮤다, 벨리즈, 가이아나, 자메이카, 트리니다드 앤 토바고는 영어, 가이아나와 아이티는 프랑스어, 수리남은 네덜란드어 사용지역이다.

32 미국령 푸에르토리코에서는 스페인어가 영어와 함께 공용어이지만 주민 대부분이 스페인 문화전통을 보전하고 있는 스페인어 사용자들이다.

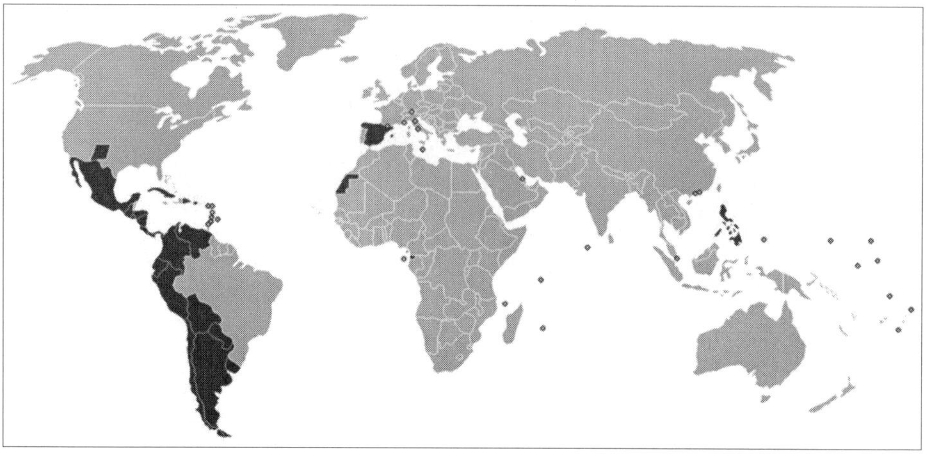

스페인어의 분포

중남미 외의 지역에서도 스페인어 사용이 증가하고 있는데, 대표적인 곳이 바로 미국이다. 미국의 스페인어 사용 인구는 4천5백만 명 이상에 달하는데, 원래 스페인 영토였던 캘리포니아, 뉴멕시코, 텍사스, 애리조나, 플로리다에 1980년대부터 중남미 출신 노동자들의 이주가 대거 늘어나 이들 주의 민족분포를 변화시켰다. 즉 2020년 당시 멕시코 주– 42.1%, 캘리포니아 주 – 32.4%, 텍사스 주 – 32%, 애리조나 주 – 25.3%, 플로리다 주 – 22.9%, 그리고 네바다 주 – 19.7% 등 스페인어 사용자가 상당 수에 달한다.

따라서 미국에서는 영어 다음으로 많이 쓰이는 언어가 스페인어로서 중국어, 프랑스어, 독일어, 이탈리아어, 하와이어, 미국 원주민(인디언)어를 합친 것보다 많다. 2012년 3,830만 명이 가정에서 주로 사용하는 언어를 스페인어로 꼽을 정도로 증가했는데, 이는 1990년 수치보다 두 배 이상 증가한 것이다.

2) 국제기구에서의 사용

스페인어는 유럽연합(EU)뿐만 아니라 세계무역기구(World Trade Organization), 미주기구(Organization of American States, OAS)[33], 남미국가연합(Unión de Naciones Suramericanas Unasur,

33 서반구 국가들의 연대와 협력을 위해 1948년 5월 5일에 창설된, 미국 워싱턴에 본부를 둔 국제기구이다. 현재 아메리카 대륙의 35개국이 가입해 있다. 공식어는 영어, 스페인어, 프랑스어, 포르투갈어이다. 가입국은 다음과 같다: 최초 창립국 아르헨티나, 볼리비아, 브라질, 칠레, 콜롬비아, 코스타리카, 쿠바, 도미니카공화국, 에콰도르, 엘살바도르, 과테말라, 아이티, 온두라스, 멕시코, 니카라과, 파나마, 파라과이, 페루, 미국, 우

Union of South American Nations – USAN)[34], 남미공동시장(Mercado Común del Sur, Mercosur)[35], 카리브공동체(Caribbean Community, CARICOM)[36], 라틴아메리카 · 카리브 국가 공동체(Comunidad de Estados Latinoamericanos y Caribeños, CELAC)[37], 이베로아메리카국가공동체(Organización de Estados Iberoamericanos, OEI)[38], 아프리카연합(African Union)[39], 남극조약사무

루과이, 베네수엘라, 그리고 바베이도스(1967년), 트리니다드 앤 토바고(1967년), 자메이카(1969년), 그레나다(1975년), 수리남(1977년), 도미니카연방(1979년), 세인트루시아(1979년), 앤티가 바부다(1981년), 세인트빈센트 그레나딘(1981년), 바하마(1982년), 세인트키츠 네비스(1984년), 캐나다(1990년), 벨리즈(1991년), 가이아나(1991년). 쿠바는 1962년부터 2009년까지 회원국 자격 정지 처분을 받았고 현재까지 활동 재개 의사를 밝히지 않고 있으며, 온두라스는 2009년에 일어난 쿠데타를 이유로 회원국 자격 정지 처분을 받았으나 2011년에 복권되었다.

34 2004년 12월 8일 남미 12개국(볼리비아, 볼리비아, 페루, 베네수엘라, 브라질, 아르헨티나, 우루과이, 파라과이, 가이아나, 수리남, 에콰도르, 칠레, 콜롬비아) 대표들이 페루 쿠스코에서 열린 제 3차 남아메리카 정상 회의에서 출범을 결의하고, 남미국가연합으로 가기 위한 중간 단계로 남미 국가 연합 기본 헌장에 서명해 출범되었다. 남미 국가 연합 기본 헌장은 남아메리카 12개국의 비준을 거쳤고 2011년 3월 11일을 기해 남미 국가 연합 기본 헌장을 발표, 남미 국가 연합이 출범했다. 공식어는 스페인어, 영어, 포르투갈어, 네덜란드어이다. 2017년 8월 베네수엘라 위기를 평화적으로 해결하기 위해 브라질, 아르헨티나, 칠레, 콜롬비아, 파라과이, 페루 6개국 대표들이 베네수엘라의 마두로 정권이 독재와 같은 권위주의적 정치를 통해 베네수엘라의 민주주의를 파괴하고 있다고 비판하면서 남미 국가 연합은 위기를 맞았다. 2018년 4월 20일 이들 6개국이 남미 국가 연합 회원국 활동을 중단하기로 결정했고 2018년 8월 28일 콜롬비아가, 2019년 3월 13일에는 에콰도르가, 2020년 3월 10일 우루과이가 남미 국가 연합을 탈퇴했다.

35 1991년 창설된 남미국가들의 경제 공동체로서 남미국가들의 물류와 인력 그리고 자본의 자유로운 교환 및 움직임을 촉진하며 회원국 간의 정치 · 경제 통합을 증진하는 것을 목적으로 하고 있다. 공식어는 스페인어, 포르투갈어, 과라니어이다. 현재 아르헨티나, 브라질, 파라과이, 우루과이, 베네수엘라 5개국이 정회원국, 수리남, 가이아나, 콜롬비아, 에콰도르, 페루, 칠레, 볼리비아가 준회원국이고 멕시코와 뉴질랜드는 옵저버(참관국) 자격으로 참여하고 있다.

36 1973년에 창설된 카리브해 연안 15개국의 무역–경제 동맹으로 영어, 프랑스어, 스페인어, 네덜란드어가 공식어이지만 실무통용어는 영어이다.

37 중남미 국가들이 2010년 2월 23일 리우 회담–카리브공동체연합회의, 2011년 12월 3일 베네수엘라의 카라카스에서 카라카스 선언과 함께 설립한 국제기구이다. 33개국이 회원국인 이 기구는 라틴아메리카와 카리브 국가들만의 조직이라는 점에 초점을 맞추고 있어 프랑스, 네덜란드, 덴마크, 영국의 해외 영토를 비롯하여 미국과 캐나다를 포함하지 않고며 스페인, 포르투갈도 참여시키지 않는다. 그러나 공식어는 스페인어, 포르투갈어, 프랑스어, 영어, 네덜란드어이다.

38 1949년 창설된 라틴아메리카교육청을 기반으로, 1985년 현재의 이름으로 확대한 아메리카와 유럽의 스페인어, 포르투갈어 사용국과 아프리카의 적도기니 등 23개국으로 이루어진 정부 간 기구이다. 이의 활동은 회원국 간의 교육, 문화, 과학, 기술 분야에서의 협력을 목표로 두고 있다. 공식어는 스페인어와 포르투갈어이다.

39 아프리카 국가들의 통일과 결속을 촉진하고, 경제 발전, 국제협력을 지원하기 위해 55개 아프리카 국가로 구성된 기구이다. 1999년 9월 리비아 시르테에서 열린 아프리카통일기구 특별정상회담 폐막 회의에서 채택된 시르테 선언에 따라 2002년 7월 9일에 아프리카통일기구를 승계하여 설립되었다. 본부는 에티오피아

국(Antarctic Treaty Secretariat), 북미자유무역협정(North American Free Trade Agreement)[40]의 공식어 중의 하나이다.

또한, UN의 6개 공식어 중의 하나로서 UN 산하 기구의 공식어, 실무통용어이다.[41]

3) 스페인어의 역동성

스페인어는 세계 3억 2천 9백만 명의 모어로서 세계 2위 내지 3위에 해당한다. 이는 영어를 모어로 사용하는 3억2천8백만 명과 거의 비슷하거나 조금 많은 것으로 중국어 12억 명 다음으로 많은 것이다. 그외 수백만 명의 사용자들이 44개국에 거주하고 있어 스페인어는 지리적 확장 측면에서 세계 4위를 차지한다.[42]

돈키호테(Don Quijote)는 스페인어 문학 작품 가운데 세계적으로 가장 위대한 명작의 하나임은 유명하고, 스페인어로 작품 활동을 한 노벨상 수상자도 다수 나왔다.

1904년 호세 에체가라이 이 에이사기레(José Echegaray y Eizaguirre, 1832~1916년)를 필두로 2010년 호르헤 마리오 페드로 바르가스 요사(Jorge Mario Pedro Vargas Llosa, I marqués de Vargas Llosa, 1936년 ~)까지 11명의 수상자가 나왔다. 이들은 스페인 외에 칠레, 과테말라, 콜롬비아, 멕시코, 페루 출신이다[43]

의 아디스아바바에 두고 있다. 공식어는 영어, 프랑스어, 아랍어, 포르투갈어, 스페인어, 스와힐리어이다.

40 1992년 캐나다, 멕시코, 미국 정부 사이에서 체결된 자유 무역 협정으로 공식어는 영어, 프랑스어, 스페인어이다.

41 UN의 주요 기구로는 총회(UN General Assembly), 안전보장이사회(UN Security Council), 유엔사무국(UN Secretariat), 유엔경제사회이사회(UN Economic and Social Council), 국제법원(International Court of Justice)이 있고 산하에 17개 전문기관이 있다. 이는 식량농업기구 (FAO), 국제민간항공기구(ICAO), 국제농업 개발기금(IFAD), 국제노동기구(ILO), 국제통화기금(IMF), 국제해사기구(IMO), 국제전기통신연합(ITU), 유엔교육과학문화기구(UNESCO), 유엔공업개발기구(UNIDO), 세계관광기구(UNWTO), 만국우편연합(UPU), 세계은행(WB), 국제부흥개발은행(IBRD), 국제투자분쟁해결센터(ICSID), 국제개발협회(IDA), 국제금융공사(IFC), 다자간투자보증기구(MIGA), 세계보건기구(WHO), 세계지적재산권기구(WIPO), 세계기상기구(WMO)이다. 이중에서 스페인어는 국제법원, 국제노동기구, 국제통화기금을 제외한 나머지 기구에서 공식어이다.

42 1~3위는 영어(112개국), 불어(60개국), 아랍어(57개국)이다.

43 11명의 노벨상 수상자는 다음과 같다:
1904년 노벨문학상 수상자 에체가라이 이 에이사기레(José Echegaray y Eizaguirre, 1832~1916)는 19세기 후반 스페인을 대표하는 극작가이다.
1922년 수상자 하신토 베나벤테(Jacinto Benavente, 1866~1954년)는 20세기 전반 스페인 연극을 발전시킨 대

그러나 스페인어는 과학·기술 부문에서 약점을 갖고 있는데, 이는 스페인어 사용국의 첨단 산업과 공업의 발전이 상대적으로 뒤떨어져 있기 때문이다. 또한, 본토인 스페인과 남미 각국에서 따로따로 받아들인 영어 차용어를 어떻게 통일시킬 것인가의 문제도 중요하다.

인터넷 웹에서도 스페인어는 영어와 중국어 다음으로 많이 쓰이는 언어이다. 최근 10년 간(2003~2012년) 인터넷에서 스페인어 사용이 800%나 증가했는데, 일본어, 포르투갈어, 독일어와 차이를 계속 벌리고 있다. 트위터(Twitter) 상에서도 스페인어는 이미 제2위의 언어로서 아랍어, 러시아어, 이탈리아어, 프랑스어, 독일어와의 거리를 벌리고 있다. 페이스북(Facebook)에서도 스페인어가 가장 많이 사용되는 언어 중의 하나인데, 2012년 현재 8천만 명 이상이 스페인어로 의사소통 하고 있다.

전체적으로 스페인어 사용자들의 인터넷 사용이 급격히 증가하여 스페인어도 확장, 발전할 것으로 예상하지만, 경쟁력을 갖춘 콘텐츠의 개발이 절대적으로 필요하다.

4) 스페인어의 확장

스페인어는 인도유럽어족에 속하는데, 이 인도유럽어족의 언어를 세계인구의 1/3 이상이 사용한다. 인도유럽어에는 영어, 프랑스어, 독일어, 스칸디나비아어, 슬라브어 및

표적 작가이다.
1945년 수상자 가브리엘라 미스트랄(Gabriela Mistral, 1889년~1957년)은 칠레의 시인이다.
1956년 수상자 후안 라몬 히메네스(Juan Ramón Jiménez, 1881년~1958년)는 스페인의 시인이다.
1967년 수상자 미겔 앙헬 아스투리아스 로살레스(Miguel Ángel Asturias Rosales, 1899년~1974년)는 과테말라의 소설가, 시인, 극작가, 언론인, 외교관으로 남미 문학이 세계 문학에서 중요한 자리를 차지하는 데 커다란 이바지 한 인물이다.
1971년 수상자 파블로 네루다(스페인어: Pablo Neruda, 1904년~1973년)는 칠레의 민중 시인이다.
1977년 수상자 비센테 알레익산드레(Vicente Aleixandre, 1898년~1984년)는 스페인의 시인이다.
1982년 수상자 가브리엘 호세 데 라 콘코르디아 가르시아 마르케스(Gabriel José de la Concordia García Márquez, 1927년~2014)는 콜롬비아의 소설가, 언론인, 정치 운동가이다. 그의 대표작이기도 하며 또한 그를 콜롬비아의 미겔 데 세르반테스라고 일컫게 한《백년 동안의 고독》은 마콘도(Macondo)라는 가공의 땅을 무대로 하여 부엔디아 일족의 역사를 그린 작품이다.
1989년 수상자 카밀로 호세 셀라 이 트룰로크(Camilo José Cela y Trulock, 1916년~2002)은 스페인의 소설가이다.
1990년 수상자 옥타비오 파스 로사노(Octavio Paz Lozano, 1914년~1998년)는 멕시코의 시인, 작가, 비평가이다.
2010년 수상자 호르헤 마리오 페드로 바르가스 요사(Jorge Mario Pedro Vargas Llosa, 1936년~)는 페루의 작가, 정치인, 언론인, 수필가이다. 라틴 아메리카에서 가장 중요한 소설가와 수필가 중 한 사람이며, 라틴 아메리카의 붐 세대를 이끌어 가는 작가 중 한 사람이다.

인도의 수많은 언어가 속하고 스페인어는 이중에서 로망스어 그룹에 속한다. 로망스어 그룹에는 스페인어 외에 바로 프랑스어, 포르투갈어, 이탈리아어, 카탈루니아어, 루마니아어 등이 있다.

현재의 스페인 중북부 지역에서 로마제국의 라틴어가 로망스어 그룹의 스페인어로 분기되었는지는 정확한 과정을 알기는 어렵지만, 13세기 알퐁소 국왕이 카스티야지방의 언어를 공식적인 표준어, 즉 스페인어로 정했다는 것은 분명하다.

콜럼버스가 아메리카를 발견했을 당시에 사용된 스페인어는 현재의 스페인 사람들도 잘 이해 하듯이 큰 변화를 겪지 않았다.

스페인어를 사용자를 에스파뇰(español) 또는 카스테야노(castellano)라고 부르는데, 이는 지역 명칭에서 나온 말이다.

스페인어왕립학술원(Real Academia Española)은 1713년에 창립되어, 근대 스페인어의 언어규범을 정하고 보전하며, 사전과 문법서를 편찬해오고 있다. 학술원의 결정이 법은 아니지만, 스페인과 라틴아메리카에서는 이를 따르고 있다. 이 학술원이 채택한 언어 개혁 중에서 특이한 것이 뒤집힌 물음표(¿)와 느낌표(¡)인데, 이는 스페인어만의 고유한 특징이다. 그 외 특징이 철자 Ñ ñ[44]로서 이 철자는 14세기에 언어 규범이 되었다. 스페인어는 명사에 성이 있고 동사의 활용이 복잡하며 가정법이 광범위하게 사용된다는 것이 또 하나의 특징이다.

이베리아반도에서 라틴어가 발전하여 탄생한 스페인어는 스페인 식민주의자들이 스페인어를 들여온 중남미에서 더욱더 확장되어 있다. 스페인과 중남미의 스페인어는 어휘와 문법, 발음에서 거의 차이가 나지 않아 서로를 쉽게 이해할 수 있다.

아랍인들이 711년 이베리아반도를 지배하자 스페인어는 아랍어의 영향을 많이 받기 시작했다.[45] 오늘날에는 영어의 영향을 받고 있는데, 기술, 문화에 관련된 수 백 개의 용어를 영어에서 차용하고 있기 때문이다. 스페인어와 영어에는 많은 수의 유사 어휘가 존

---

44 Ñ, ñ(스페인어: eñe 에녜)는 스페인어의 경구개 비음(/ɲ/)을 나타낸다. 이는 한국어에서 구개음화한 ㄴ, 이를테면 '성냥(/səŋɲaŋ/)'의 ㄴ에 해당하는 소리이다. 스페인어 알파벳에서 Ñ ñ는 N n과 다른 독립적인 문자로 인식해서 N n과 O o사이의 15번째 문자이다. 이 에녜(Ñ ñ)는 원래 nn으로 표기했었다.

45 711년 우마이야 칼리파가 이베리아로 들어온 이후 스페인 사람들이 국토회복운동(Reconquista, 레콩키스타)벌여 마침내 1492년 아랍인들의 마지막 거점인 그라나다를 항복시켜 782년만에 아랍인들을 몰아내었다.

재하는데, 두 언어 모두 라틴어와 아랍어로부터 나온 차용어를 많이 보전하고 있기 때문이다.

15세기 말부터 시작된 스페인의 중남미 정복 이후 스페인어의 영역이 계속 확장되어 오고 있다. 20세기 후반부터 미국에서 히스패닉(Hispanic)[46]인구가 증가하면서 이들의 모어인 스페인어의 사용도 증가하기 때문이다. 또한, 남미공동시장과 같은 지역 통합 기구의 발족으로 브라질에서 스페인어 붐이 일고, 중남미의 경제 회복, 발전, 경제 통합으로 유럽 및 아시아에서 스페인어 붐이 일고 있다.

먼저 미국에서 히스패닉 인구가 증가하여 미국 인구의 12.5% 이상(약 3천5백만 명 이상)을 차지하고 이는 계속 증가할 것으로 예상된다.

따라서 히스패닉의 증가로 스페인어 일간 신문 500개 이상, 잡지 152 이상, 출판사 205 이상, TV 방송국도 수십개 이상이 되었다.

1980년 이후 히스패닉 인구가 흑인을 추월하여, 2000년 3천530만 명(12.5%), 2010년 5천50만 명(16.3%)으로 10년 동안 1천520만 명(43.0%) 증가했지만, 흑인은 2000년 3천470만 명(12.3%), 2010년 3천890만 명(12.6%)으로 같은 기간 420만 명(12.3%) 증가했을 뿐이다. 이와 같은 미국의 스페인어 사용자 수는 멕시코, 스페인 다음으로 3위를 차지할 정도가 되었다.

이에 따라 학교에서의 외국어 교육에서도 스페인어가 압도적이어서 초·중학교의 경우 60% 이상, 대학교의 경우 50% 이상이 스페인어를 선택하고 있는데, 이는 전통적인 제2 외국어인 프랑스어와 독일어를 압도하는 것이다.

포르투갈어 사용국인 브라질에서도 스페인어의 사용이 급격히 증가하고 있다.

1991년 아르헨티나, 파라과이, 우르과이, 베네수엘라와 함께 남미공동시장 창설하면서 브라질 내 스페인계 기업의 투자가 급증하고 스페인 문화의 영향도 커지고 있는데, 이는 민족, 언어, 문화, 지정학적 유대감의 영향이 힘입은 것이다. 이와 동시에 1991년 회

46 히스패닉(Hispanic, 스페인어: hispano 또한 hispánico)이라는 말은 고대 로마제국 시기 이베리아 반도를 일컫는 라틴어 명칭 히스파니아(Hispānia)의 형용사형 히스파누스(Hispānus)에서 유래했다. 중남미에서 이주해온 사람들 중 스페인어 사용자들을 일컫는 말이 되었다. 중남미 이주민들을 라티노(Latino)라 부르기도 하지만 '히스패닉'과 '라티노'가 반드시 완전히 일치하지는 않는다. 즉, 포르투갈어 사용자들이 아닌 스페인어를 사용하는 사람들을 히스패닉으로 일컫는다.

원국들의 언어 교육 의정서를 체결하여 1998년부터 브라질 모든 주에서 중·고등학교 스페인어 교육 의무화 법안 채택되어 학교에서도 본격적으로 스페인어 교육이 시작되었다.

유럽에서의 스페인어 사용도 증가하고 있다. 28개국이 가입한 유럽연합의 공식어는 24개이고 스페인어도 당연히 공식어이다. 중등학교에서는 대부분 영어를 교육하고 있는데, 예를 들어, 2012년 당시 영어는 중등학교의 96.7%, 프랑스어 34.1%, 독일어 22.1%, 스페인어 12.2%의 비율을 보이고 있다.[47] 1985~87년, 1990~92년과 비교해 볼 때, 스페인어의 선택이 큰 폭으로 증가했음을 볼 수 있다.

유럽연합 중등학교에서의 외국어 교육 선택 비율(%)

	1985~87년	1990~92년	2012년
영어	57.7	60.5	96.7
프랑스어	43.3	39.8	34.1
독일어	6.75	11.8	22.1
스페인어	1.7	4.7	12.2

또한, 유럽연합 내 130여 개 대학교에서 스페인어를 교육하고 있는데, 특히 프랑스와 독일에서 활발하다.

아시아에서도 최근 들어 스페인어 교육이 본격화 하고 있다. 이는 중남미의 경제 발전과 국제적 위상의 향상에 기인한 것이다. 아시아에서는 일본에서 스페인어 교육이 가장 활발한데, 이미 1897년에 교육이 시작되어 그 역사가 상대적으로 깊고 120개 대학에도 전공학과가 있다. 그러나 다른 외국어에 비해서 열세인 것은 사실이다. 한국에는 14개 대학교에 전공학과가 있지만, 이는 영어와 제2외국어로서의 교육 전통이 깊은 프랑스어, 독일어 등과 비교할 수 없을 정도로 적은 숫자이다. 그 외 중국, 타이완, 타이, 호주, 뉴질랜드에서도 스페인어를 교육하고 있다.

세계 전역에서 약 1천8백만 명이 스페인어를 외국어로 공부하고 있다. 2012년 세르반

47 Иностранные языки в средних школах ЕС. https://politinform.su/3325–inostrannye–yazyki–v–srednih–shkolah–es.html

테스문화원((Instituto Cervantes)[48]의 스페인어 학습자 수가 전년보다 8% 증가했다. 이 연구소 분원이 아메리카와 한국을 포함하여 아시아 45개국의 86개 도시에 분포하고 있다.

5) 표준 스페인어 확립 문제

스페인 본토와 아프리카가 위치한 구대륙과 중남미의 신대륙에서의 스페인어는 현재까지 통일성을 유지하여 의사소통에는 문제가 없다. 그렇지만 사용자 수와 경제력에서의 확고한 지위를 갖지 못한 스페인이 언어주도권을 굳게 갖지는 못해 스페인이 언어 규범을 강제하기는 불가능한 상황이다. 이에 따라 스페인 본토 스페인어, 멕시코 스페인어, 콜롬비아 스페인어 등 21개 언어 규범을 가질 수밖에 없다. 이는 가까운 장래에 스페인어 사용자들 사이의 소통에서 혼란을 일으킬 것임은 분명하므로 국제적으로 공인된 스페인어 규범을 제정할 필요성을 낳고 있다.

이것이 바로 중립(또는 공통) 스페인어의 제정인데, 스페인 본국이나 중남미 국가에서 이의 필요성을 제기한 것이 아니라 미국의 상업적 목적에서 나온 것이다. 중립 스페인어는 영화, TV 더빙, 자막에서 사용하고 있는데, 문학 작품이나 영화에서 세밀한 인간 감정을 표현하기에는 부적절하고, 다큐멘터리나 뉴스 등에서만 사용 가능하다는 비판을 받고 있다. 하지만 하나의 책이나 영화를 21개국 스페인어로 제작하는 것은 너무 비생산적이기 때문에 유럽의 스페인, 멕시코와 중앙아메리카, 그리고 남아메리카의 나머지 나라들, 이렇게 비슷한 특성을 가진 지역의 방언들을 통합할 수 있는, 가장 경제력이 강한 미국의 스페인어를 중심으로 한 중립 스페인어가 더욱 힘을 키우고 있다.

또 하나는 표준 스페인어를 정하는 것이다. 표준 스페인어는 스페인의 수도 마드리드 방언이 아닌, 스페인 한림원과 21개의 스페인어 학회 연맹이 정한 이상적인 언어로서 특정한 지역에 국한되지 않는 교양 있는 계층의 스페인어이다. 억양과 같은 구어 요소들은 규제하기가 힘들다는 제한이 있어 주로 문어의 문법과 철자법을 규정한다. 표준 스페인어는 각 지역 방언이 가진 어휘나 어형을 최대한 배제하고 광범위한 지역에서 같은 의미

---

48 세르반테스 문화원은 1991년 스페인정부가 창설한 세계적인 비영리 기구로서 스페인어와 문화의 교육 지원을 담당하고 있다.

를 나타내는 어휘와 표현의 공통분모를 바탕으로 세계 스페인어 사용자들 사이에서 의사소통할 수 있게 만드는 데 그 목적이 있다. 그러나 현재 표준 스페인어와 각 나라의 스페인어는 상호 대립적인 관계가 아니기 때문에 공공 활동과 문어에서 많은 스페인어 사용자들이 표준 스페인어를 사용하고, 가정과 친구들과의 교류와 같은 비공식적인 자리에서는 각 나라의 스페인어를 사용하는 것이 일반적이다.

표준 스페인어를 사용하면, 산업 부문에서 생산 비용을 절감하는 데 도움을 준다. 예컨대 컴퓨터를 스페인에서는 오르데나도르(ordenador), 중남미에서는 콤푸타도르(computador)라고 부르기 때문에 마이크로소프트사는 전 세계 스페인어권 국가에 수출되는 설명서에서는 보통 기기(equipo)라는 단어를 사용한다.

그렇지만 표준 스페인어라는 것도 결국 첨단 산업과 기술, 학문을 가진 미국의 스페인어, 즉 중립 스페인어가 대체해 가는 것은 막을 수 없다.

6) 미국의 스페인어, 스팽글리쉬

영화 스팽글리쉬

4천500만 명에 달하는 미국의 히스패닉은 지금도 계속 증가하고 있는데, 이들은 미국에 정착하면서 영어를 습득하지만, 모어인 스페인어 요소가 섞인 독특한 혼성어, 스팽글리쉬(Spanglish)를 탄생시켰다. 주로 중남미계 이주 노동자들의 스페인어에서 비롯한 이 스팽글리쉬는 스페인어권에서는 부정적으로 보지만, 미국의 히스패닉 사회에서는 널리 확산되어 대학교에서도 정규 강좌가 되었고, 사전편찬, 번역이 활발히 이루어지고 있다. 이 스팽글리쉬는 오히려 중남미로 파급되고 있다.

예를 들어, 'Te doy para atrás'(너에게 뒤로 줄

게)는 영어의 '돌려 주다'(give back)를 스페인어 단어로 옮긴 것이다.

이와 같은 스팽글리쉬의 출현은 독특한 사회언어적 현상으로 미국 사회에서도 주목 대상이어서 같은 제목으로 영화로 만들어지기도 했다.

2004년 개봉한 영화 스팽글리쉬는 멕시코인 모녀와 미국인 가정이 함께 하면서 겪게 되는 에피소드를 그린 영화이다. 영어와 스페인어를 유창하게 구사하며 이들 두 가정 사이의 의사소통을 가능케 하는 딸 크리스티나는 오늘날 미국에 거주하는 히스패닉 2·3세대를 대표한다.

7) 스페인어와 스페인을 알아야 하는 이유

스페인어는 지구상에서 크게 확장된 언어로서 세계 21개국 3억5천만 명 이상의 모어이다.[49]

그 외 공식어로 정하지 않은 많은 국가에서도 스페인어를 사용한다.

스페인어 사용지역인 중남미 국가들은 지속적인 경제 성장으로 세계의 중요한 무역 파트너로 부상하고 있다.

현재 스페인어 사용 국가들의 문화적 발전이 활발한데, 스페인과 중남미 국가들의 문화는 특히 세계의 건축, 예술, 문학에 큰 영향을 끼쳐왔다. 예를 들어, 세르반테스의 '돈키호테'는 성경 다음으로 많이 번역된 작품으로 2005년 출간 400주년을 맞았다.

미술에서도 20세기를 대표하는 스페인의 입체파 화가 피카소(Pablo Picasso, 1881~1973년)가 세계적으로 가장 유명하며 현대 미술에 지대한 영향을 끼쳤다.

전 세계적으로 3천만 부가 팔린 '백 년 동안의 고독'의 작가로서 1982년 노벨상 수상자인 콜롬비아의 마르케스는 스페인어를 사용하는 문학가 중 가장 위대한 작가 중 한 사람으로 꼽힌다.

파블로 피카소
(Pablo Picasso, 1881~1973년)

49 멕시코가 인구가 가장 많아 1억2백만 명, 미국 4천5백만 명, 스페인 4천4백만 명, 콜롬비아 4천4백만 명, 아르헨티나 3천9백만 명, 베네수엘라 2천8백만 명, 페루 2천8백만 명 등.

게르니카(1937년 작)

마르케스

백 년 동안의 고독(1967년 초판본) 표지

현대 건축에서도 스페인 발렌시아 출신의 산티아고 칼라트라바(Santiago Calatrava Valls, 1951년~)가 잘 알려져 있다. 그는 공공시설을 주로 설계해 오고 있는데, 혁신적이고 미래를 담은, 그리고 생물학적 조형미를 중시하는 것으로 유명하다.

스페인어를 알면 전 세계 많은 나라를 여행하는데 용이하고 로망스어인 프랑스어, 포르투갈어, 이탈리아어를 쉽게 배울 수 있다.

스페인어는 말하는 속도가 세계 언어 중에서 가장 빠르다.

칼라트라바가 설계한 미국 밀워키의 예술박물관

세계에서 발화 속도가 가장 빠른 언어가 프랑스어, 스페인어, 이탈리아어가 속한 로망스어인데, 이들 세 언어 중에서도 가장 빠른 언어가 스페인어로서 모음의 수가 많기 때문이다.

스페인어의 최초 흔적으로 간주할 수 있는 가장 오래된 라틴어 문헌들이 9세기 이베리아 중북부 지방에서 발견되었고 최초의 체계적인 스페인어 문어 사용은 톨레도(Toledo)에서 이루어졌다. 톨레도는 13세기 당시 카스티야 왕조의 수도였다.

16세기 초부터 스페인어는 스페인 제국의 해외 식민지에서 확장되기 시작했는데, 처음에는 북미, 남미, 그다음으로 아프리카, 오세아니아, 필리핀까지 확장되었다.

현대 스페인어 어휘의 약 75%가 라틴어에서 나왔고, 그다음으로 중요한 어휘 원천이 그리스어이다. 그리스어 어휘는 라틴어를 통해 들어온 것으로, 로마제국의 문화와 언어가 스페인어에 가장 큰 영향을 주었다.

그 외에 스페인어의 어휘는 아랍어와 접촉 시기에 축적되었다. 스페인어 어휘의 약 8%가 아랍어에 기원을 두고 있는데, 이는 라틴어 다음의 큰 영향이다. 또한, 스페인어는 바스크어와 인접 언어들의 영향을 받았다. 그 외에 이베리아반도 밖 언어들로부터 영향을 받았는데, 바로 서고트족의 고트어, 프랑스어, 이탈리아어, 사르데냐어, 심지어는 남아메리카의 원주민 언어인 케추아어 등의 영향을 받기도 했다.

스페인과 몇몇 스페인어 사용권에서 스페인어를 에스파냐어(español, 에스파뇰), 또는 카스티야어(castellano, 카스티야노)로 부르는데, 이는 스페인의 다른 지역의 언어인 갈리시아어, 바스크어, 카탈루니아어와 구별해서 쓰는 명칭이다.

1978년의 스페인 헌법은 스페인 왕국의 국어를 정하는데 스페인어들(lenguas españolas)이라는 명칭 대신에 카스티야노라는 명칭을 사용하고 있다.

헌법 3조

"El castellano es la lengua española oficialdel Estado. ... Las demás lenguas españolas serán también oficiales en las respectivas Comunidades Autónomas...."

▶ 카스티야어가 국가의 공식적인 스페인어이다. ... 다른 나머지 스페인어들이 또한 상응하는 자치 공동체에서의 공식어이다. ...

다른 한편, 스페인 왕립학술원은 자신의 공공 출판물에서 에스파뇰이라는 명칭을 사용하지만, 1713년 ~ 1923년 사이에는 카스티야 어로 불렀다. 학술원이 발행한 언어학 사전에서는, 비록 학술원이 에스파뇰이라는 용어를 선호하지만 카스티야노(카스티야 어) 용어도 동등한 법률적 지위를 가지고 있음을 인정한다.

다음은 우리가 알면 괜찮은 스페인 정보이다.

1. 유럽의 가톨릭 세력 중에서 스페인인들이 처음으로 아랍 이교도의 침입을 무찔렀다. 1588년 무적함대(Spanish Armada)가 영국에 패배하여, 영어권이 스페인을 무시하는 계기가 되었고 이러한 정서는 현재도 여전히 남아있다.
2. 군부와 기득권층이 쿠데타를 일으켜 스페인 내전(1936~1939)이 발생하자 독일, 이탈리아, 소련이 적극적으로 개입해 스페인 내전은 파시즘과 사회주의 간의 대리전으로 비화되었다. 그러나 1939년 3월 프란시스코 프랑코((Francisco Franco, 1892~1975)가 이끄는 쿠데타군이 내전을 종식시켰고 이후 프랑코의 철권통치가 시작되어 1975년 11월 그가 죽기전까지 계속되었다.

3. 스페인의 국내총생산(GDP)은 $13,980억(2019년)으로 대한민국($16,300)다음으로 세계 13위, 1인당 GDP는 $26,832(2020년 추정)으로 29위, 대한민국은 $30,644로 26위이다. 그러나 2017년 세계경제포럼(WEF)의 관광경쟁력 평가에서 스페인이 프랑스를 제치고 1위를 차지했다(대한민국은 16위).
4. 스페인어는 라틴어 기반의 로망스어에서 출발하여 프랑스어, 포르투갈어, 이탈리아어, 루마니아어와 같은 뿌리를 가지고 있는데, 특히 포르투갈어 사용자와 어느 정도까지 의사소통이 가능하다.
5. 스페인 요리도 세계적으로 유명한데, 지방색이 다양하다. 최근 돼지 뒷다리를 소금에 절인 하몽(Jamon), 프라이 팬에 쌀, 고기, 해산물을 함께 볶는 파에야(Paella) 등이 유명하다.
6. 스페인은 이탈리와 프랑스 다음의 세계 3위의 와인 생산국이다.
7. 스페인은 2019년 세계 건강 국가 지수[50] 1위를 차지했다
8. 스페인은 건강한 지중해식 요리가 특징으로 야채, 과일, 올리브, 견과류, 해산물, 흰 살코기, 와인 등 숙성재료가 원료이다.
9. 스페인 사람들은 낙천적 성격을 가져 마냐나(Mañana, '내일' 또는 '나중에')를 즐겨 말하며 서두르지 않는다.
10. 스페인은 국내총생산의 66.4%를 서비스업으로, 관광업이 주류를 이루기에, 경제 위기의 타격이 적다고 간주했지만, 관광과 서비스업이 코로나 19에 취약하다는 것이 드러났다. 또한, 제조업에 약점이 있다.
11. 가우디(Antonio Gaudí, 1852~1926)의 "성 가족 성당", 구엘 공원, 카사밀라 등 건축물이 세계적으로 유명하다.
12. 최후의 만찬 성배가 보관되고 있는 발렌시아 대성당 등 수 많은 관광자원을 보유하고 있다.

50 블룸버그가 2019년 2월 25일에 발표한 2019년에 가장 건강한 나라 지수 – 건강국가지수(2019 Healthiest Country Index)에서 스페인이 1위를 차지했다. 169개국을 상대로 기대수명과 위생, 수질 등 건강에 영향을 주는 요인들을 통해 국가의 순위를 매기고, 흡연과 비만과 같은 위험성에 대해 경고를 한다. 대한민국은 17위를 차지했다. 스페인은 수준 높은 의료체계, 식습관에서 많은 점수를 받았다.

성가족 성당

구엘공원

카사밀라

발렌시아 대성당

3. 국제어로서의 프랑스어

프랑스어는 세계 44개국의 공식어로서 영어 다음으로 확장되어있다.

프랑스 외 프랑스어가 유일한 국어인 나라가 모나코, 기아나, 베냉, 부르키나파소, 가봉, 기니, 콩고민주공화국, 콩고공화국, 코트디부아르, 마다가스카르, 말리, 니제르, 세네갈, 토고이다.

프랑스어가 두 공식어 중의 하나인 나라는 안도라, 캐나다(영어), 아이티(아이티어), 레바논(아랍어), 지부티(아랍어), 카메룬(영어), 중앙아프리카공화국(상고어), 차드(아랍어)이다.

프랑스어가 세 공식어 중의 하나인 나라는 벨기에(독일어, 네덜란드어), 부룬디(룬디어, 영어), 룩셈부르크(룩셈부르크어, 독일어), 적도기니(스페인어, 포르투갈어), 코모르(코모르어, 아랍어), 세이셸(영어, 세이셸 크리올)이고 네 공식어 중의 하나인 나라는 스위스(독일어, 이탈리아, 로망슈어), 르완다(르완다어, 영어, 스와힐리어)이다. 그 외 알제리, 모로코, 모리타니, 튀니지, 시리아에서는 일상생활에서 프랑스어를 널리 사용하고 있다.

1) 프랑스어의 국제적 위상

프랑스어는 과거로부터 정치·외교적으로 중요한 언어였는데, 이는 유럽의 강대국이자 중앙집권적 프랑스제국이 세계 곳곳에 식민지를 건설하고 근대와 현대 역사에서 많은 역할을 수행해왔기 때문이다.

언어 사용자 수에서 볼 때, 프랑스어는 1억2천만 명으로 중국어, 영어, 힌두–우르드어, 러시아어, 스페인어, 아랍어, 말레이–인도네시아어, 포르투갈어, 벵골어 다음이고 프랑스어를 모어나 공용어로 사용하는 국가 수에서 영어 다음으로 많다.

국제연합과 산하 기구인 유네스코 등의 국제기구의 공식어 중 하나이고 유럽연합의 공식어 중에서 영어와 함께 가장 많이 사용되는 언어이다. 국제올림픽위원회(IOC)에서

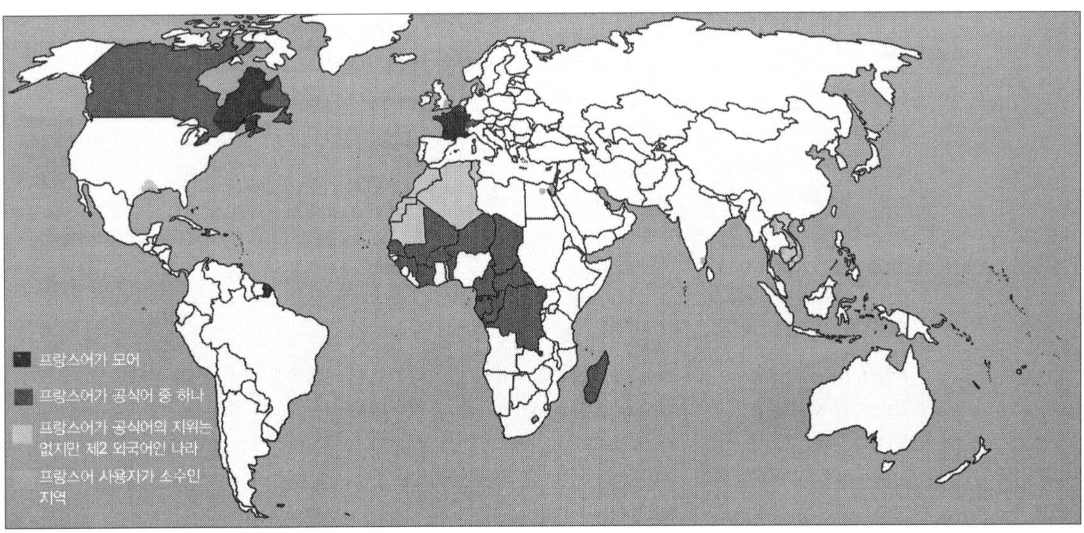

영어와 함께 두 공식어 중의 하나이다. 1986년 창설한 프랑스어권 정상회담(Sommets de la francophonie)을 통해 세계 40여개 나라에 영향력 증대를 도모하고 있다.

프랑스어는 경제적 측면에서도 높은 국제적 위상을 보유하고 있다.

언어별 총생산 순위(GDP와 GNP)는 영어, 일본어, 독일어, 스페인어, 프랑스어, 중국어, 포르투갈어로 나타나고, 무역규모 순위는 영어, 독일어, 프랑스어, 중국어, 일본어, 스페인어 등으로 나타난다.[51]

세계의 7대 주요 선진 경제국들의 모임인 G7 중에서 프랑스어 사용국이 프랑스와 캐나다이다.

프랑스어는 학술 및 문화적 측면에서도 상당한 영향력을 보유하고 있다.

노벨 문학상의 경우 프랑스가 16명으로 가장 많고, 언어별로도 프랑스어가 16명을 차지, 영어 27명 다음으로 많다.[52] 이에 프랑스어는 문학의 언어로 인정받는다.

또한, 노벨 평화상을 제외한 역대 언어별 노벨상 수상자 수는 영어, 독일어, 프랑스어, 스페인어, 러시아어, 일본어 순으로 세번째를 차지한다.

---

51 그러나 중국어, 러시아어, 아랍어, 그리고 아프리카 제국의 언어가 낮은 순위이지만 경제 잠재력은 거대하다. 따라서 경제력에 따른 언어 영향력은 설득력이 작다.

52 16명의 노벨문학상 수상자는 다음과 같다:

1901년 노벨문학상 수상자 쉴리 프뤼돔(Sully Prudhomme, 1839년~1907년)은 프랑스의 시인이다.

1911년 수상자 모리스 마테를링크(Maurice Maeterlinck, 1862년~1949년)는 벨기에의 시인이자, 극작가, 수필가이다.

1915년 수상자 로맹 롤랑(Romain Rolland, 1866년~1944년)은 프랑스의 문학가이자 사상가이다.

1921년 수상자 아나톨 프랑스(Anatole France, 1844년~1924년)는 프랑스 소설가이자 비평가이다.

1927년 수상자 앙리 베르그송(Henri–Louis Bergson, 1859년~1941년)은 프랑스의 철학자이다.

1937년 수상자 로제 마르탱 뒤 가르(Roger Martin du Gard, 1881년~1958년)는 프랑스의 소설가·극작가이다.

1947년 수상자 앙드레 지드(Andre Gide, 1869년~1951년)는 프랑스의 소설가·비평가이다.

1952년 수상자 프랑수아 모리아크(François Mauriac, 1885년~1970년)는 프랑스의 소설가이다.

1957년 수상자 알베르 카뮈(Albert Camus, 1913년~1960년)는 알제리 태생의 프랑스 작가, 언론인, 철학자이다.

1960년 수상자 생존 페르스(Saint–John Perse, 1887년~1975년)는 서인도 제도 태생의 프랑스 시인 외교관이다.

1964년 수상자로 지명된 장 폴 사르트르(Jean–Paul Sartre, 1905년~1980년)는 수상을 거부했다.

1969년 수상자 사뮈엘 베케트(Samuel Beckett, 1906년~1989년)는 아일랜드 태생의 프랑스의 소설가이자, 극작가이다.

1985년 수상자 클로드 시몽(Claude Simon, 1913년~2005년)은 마다가스카르 태생의 프랑스의 소설가이다.

2000년 수상자 가오싱젠(高行健, Gāo Xíngjiàn, 1940년~)은 중화인민공화국 태생의 프랑스의 소설가, 극작가, 비평가, 번역가, 연출가, 화가이다.

2008년 수상자 장–마리 귀스타브 르 클레지오(Jean–Marie Gustave Le Clézio, 1940년~)는 프랑스의 소설가이다.

2014년 수상자 파트리크 모디아노(Patrick Modiano, 1945년~)는 프랑스의 소설가이다.

외국어 구사 능력은 이질적 문화 충격을 안정적으로 흡수하고 특정 지역 연구와 이해를 도와주며, 문명사적 변화를 이해를 가능하게 해준다. 이런 면에서 프랑스어는 세계 많은 나라의 외국어 교육에서도 안정적인 지위를 가진 언어로서 주요 38개국의 외국어 학습 현황에서 영어 다음으로 많이 교육하고, 유럽연합에서도 영어 다음으로 많다.[53]

2) 프랑스어의 확장

사용 권역이 44개국으로서 영어 다음으로 많은 프랑스어는 세계 전역에 분포해있다.

유럽에서는 프랑스 외에 벨기에, 스위스, 룩셈부르크, 모나코, 그리고 북아프리카와 서남아시아를 총칭하는 마그레브(Maghreb)[54] 지역, 인도차이나, 캐나다, 폴리네시아, 카리브해 도서, 즉 서인도 제도가 프랑스어 권이다.

먼저 유럽연합 및 스위스를 포함한 유럽 전역에서 프랑스어 사용 빈도는 26.5%로 영어의 35.5%에 미치지는 못하지만, 독일어 25.2%, 이탈리아어 19.3%, 스페인어 13.6%보다 많다.

벨기에 남부의 왈롱(Wallonie)지방, 스위스(Swiss)서부인 로망어 스위스지역인 쥬네브(Genève)와 로잔 (Lausanne), 룩셈부르크대공국(Duche de Luxembourg), 모나코공국(Principauté de Monaco), 그리고 루마니아(Roumanie)도 근대시기에 프랑스의 문화적 영향을 받았다.

북미에서는 캐나다와 미국의 루이지애나(Louisiana) 주가 프랑스어 권이다. 캐나다는 1634년 프랑스학교가 설립된 이래 현재 전 인구의 1/4이 프랑스어 사용자이다. 특히 퀘벡(Québec) 주의 인구 80%는 프랑스어가 모어이고 뉴브런즈윅(Nouveau-Brunswick)주에도 프랑스어 사용자가 많다.[55] 미국의 루이지애

53 주요 국가에서 영어, 프랑스어, 독일어, 스페인어, 러시아어의 순서로 많이 교육되고 있다. 유럽연합에서도 영어, 프랑스어, 독일어, 스페인어, 이탈리아어, 네덜란드어의 순서로 많이 교육되고 있다.

54 마그레브는 아랍어로 "해가 지는 지역" 또는 "서쪽"이란 뜻의 알 마그리브(Al-Maghrib)에서 유래한다. 대체로 오늘날의 북아프리카 지역, 즉 모로코, 알제리, 튀니지를 아우르는 지역이다.

55 2016년 현재 캐나다 인구 34,767,250명 중 프랑스어 사용자 7,914,498명(22.8%), 영어 사용자 26,216,243명

나 주는 오랫동안 프랑스 식민지였기에 프랑스계가 많아 프랑스어를 제1외국어로서 사용한다.[56]

아프리카에서는 세네갈, 모리타니, 기니, 코트디브아르, 토고, 카메룬, 가봉, 차드, 중앙아프리카공화국, 르완다, 부룬디, 자이르, 마다가스카르, 모리셔스와 프랑스 해외 영토 마요트(Mayotte), 레위니옹(La Réunion) 등이 프랑스어 사용지역이다.

마그레브의 모로코, 알제리, 튀니지와 시리아 등은 현재 모슬렘[57]이 주류인 아랍어 사용국가이지만 오랫동안 프랑스의 식민지여서 프랑스와 프랑스어의 영향력이 아직도 크다.

카리브해 서인도제도에 속한 앤틸레스(Antilles)의 프랑스령 과달루페(Guadeloupe), 생바르텔레미(Saint–Barthélemy), 생마르탱(Saint–Martin), 마르티니크(Martinique)와 독립국 아이티 (Haït)[58], 그리고 남미의 프랑스령 기아나(Guyane française)가 프랑스어 권이다.

또한, 동남아시아의 프랑스령 인도차이나(L'Indochine française)[59]에 속했던 베트남, 라오스, 캄보디아도 현재까지 프랑스의 잔재가 남아있고 프랑스식 유무형의 전통과 유적을 관광자원으로 삼아 관광 활성화를 추진하고 있다.

마지막으로 오세아니아–남태평양의 프랑스령 폴리네시아(Polynésie française)[60], 누벨칼레도니(Nouvelle-Calédonie)[61]에서는 주민 대부분의 모어이자 공식어이다.

(75.4%)의 분포를 보인다. 퀘벡 주의 인구 8,066,555명 중 프랑스어 사용자 6,890,300명(85.4%), 영어 사용자 1,103,475명(13.7%)이고 뉴 브런즈윅 주의 인구 736,280명 중 프랑스어 사용자 234,055(31.8%), 영어 사용자 499,970명(67.9%)이다. Fast figures on Canada's official languages (2016). https://www.clo–ocol.gc.ca/en/statistics/canada.

56 원래 루이지애나는 1680년대에 프랑스 탐험가 라 살(Rene–Robert Cavelier de La Salle)이 멕시코 만에서 미시시피 강의 입구를 탐험한 후 1682년 미시시피 강 유역의 모든 땅을 프랑스 국왕 루이 14세를 위한 속국으로 주장하면서 "루이지안(Louisiane)"이라고 이름 붙인 데에서 비롯되었다. 이후 나폴레옹이 1803년에 미국에 팔아 프랑스의 지배는 끝나게 되었다. 이 프랑스 령 루이지애나의 대표적 지역이 바로 현재의 루이지애나 주이다.

57 아랍어 '복종의 행위를 취하는 사람', 즉 이슬람을 믿는 사람, 이슬람교도를 말하는데, 영어식 표기 모슬렘보다는 모슬렘으로 바뀌고 있다.

58 독립국으로 수도는 포르토프랭스, 공용어는 프랑스어와 아이티어이다.

59 1887년 프랑스가 식민지로 건설한 인도차이나는 1954년 베트남이 마지막으로 독립할 때까지 존속했는데, 프랑스어를 공용어로 만들면서 철저한 식민정책을 편 곳이다.

60 프랑스의 자치령으로 유명한 타히티가 있는 소시에테(Société), 투아모투(Tuamotu), 마르키즈(Marquises), 오스트랄(Australes), 강비에(Gambier) 등 5개의 제도, 118개의 섬으로 구성되어 있다. 인구는 약 26만 명, 프랑스어가 공용어이다.

61 남태평양 멜라네시아의 프랑스 해외영토이지만, 영어 명칭 뉴칼레도니아(New Caledonia)로도 유명하다. 인

3) 프랑스어의 역사와 발달

로마제국의 율리우스 카이사르가 BC 52년 갈리아[62]를 정복하자 원주민인 켈트족은 켈트어[63] 언어사용과 그 습관을 유지하면서도 선진 문명의 라틴어를 받아들이며 점진적으로 로마에 동화되었고 이들의 언어가 오늘날의 프랑스어가 되었다. 따라서 프랑스어의 기원은 갈리아지방 원주민의 켈트어와 라틴어가 합쳐진 것이다.

이렇게 형성된 프랑스어는 842년 스트라스부르 선서(Serments de Strasbourg)가 최초의 문헌이다.

9세기에 북방 바이킹 노르만들이 프랑스 노르망디 지역을 침공하며 이주해왔지만 이들은 곧 선진 프랑스문화와 언어에 동화되었고, 이들이 1066년 영국을 정복함으로써 영국에서 프랑스어가 300년 동안 사용되는 기반을 마련했다. 당시 프랑스어가 영국의 공식어가 되었고 1362년 영국왕 에드워드 3세가 의회와 관공서에서 프랑스어 사용 금지 칙령을 내릴 때까지 계속 사용되었다. 그렇지만 사법영역에서는 프랑스어의 영향력이 여전하여 1731년 프랑스어 사용금지 법안이 채택될 때까지 재판에서는 여전히 프랑스어를 사용했다.

이처럼 프랑스어가 영국에서 널리 사용되자 영어와 프랑스어가 합쳐진 혼성어 앵글로–노르망 프랑스어(Anglo–Norman French))가 형성되었는데, 2만 여개의 어휘가 프랑스어와 유사했을 정도였다. 이 프랑스어 어휘는 영어 어휘의 모든 영역에 침투했다.

다음이 대표적인 프랑스어 기원의 영어 어휘들이다.

정치: duke(공작), count (백작), realm (영역, 왕국), title (칭호), empire (제국)

법률: jury (배심), judge (재판관), court (법원), prosecution (기소), plaintiff (고소인)

군사: battle (전투), army (군대), victory (승리), soldier (병사), to defend (방어하다), to retreat (퇴각하다), captain (지휘관), to surrender (항복하다)

구는 약 23만 명이다.

62 라틴어 갈리아(Gallia) 외 골(Gaul)이라고도 불리는데, 로마제국의 멸망 전까지 현재의 프랑스, 벨기에, 스위스 서부, 라인 강 서부 독일을 아우르는 지명으로, 갈리아의 원주민은 켈트족이었다.

63 켈트어는 인도유럽어족의 한 어파로서 BC 1,000년경 유럽 대륙 전역에서 사용되었지만, 현재는 서유럽 일부 지역인 브르타뉴 반도, 웨일스, 콘월주, 아일랜드, 스코틀랜드, 맨 섬에만 남은 소수어가 되었다.

상업: money (화폐), merchant (상인), benefit (이득), profit (이익), profession (동업자)

요리: beef (소고기), pork (돼지고기), to roast (볶다), to toast (굽다), dinner (만찬), to fry (튀기다), to boil (끓이다)

신앙: religion (종교), prayer (기도), chapel (예배당), saint (성스런), to confess (고백하다), to preach (설교하다)

과학: medicine (의술), science (과학), experiment (실험), college (대학)

예술: art (예술), artist (예술가), canvas (캔버스), paint (물감), brush (붓), gouache (고무수채화 그림물감)

유행: fashion (패션), dress (의복), apparel (치장, 장식), garment (겉치장), to adorn (장식하다)

유흥: leisure (여가), pleasure (쾌락), feast (축제, 향연), city (도시: 국왕으로부터 시의 칭호를 받은 도시).

이와 동시에 프랑스어가 유럽 대륙에도 확장되었고, 십자군 원정으로 당시 문화적으로 앞선 아랍어에서 많은 어휘를 받아들이게 되었다.

로마제국을 멸망시키고 갈리아 지방을 점령한 게르만족은 로마인과는 달리 골 족의 문화, 종교, 언어를 채택하면서 게르만어 영향의 갈리아 북부와 로망스어의 남부 방언 간의 분화가 심해져 의사소통이 불가능할 정도까지 되었다. 봉건주의로 지역이 고립되었고 신분 사회가 견고해져 수평적 언어분화가 아닌 수직적 언어분화가 이루어지고 수많은 방언으로 분기되었다.

그러나 12세기 후반들어 파리 중심의 프랑시앵 방언(francien dialect)이 득세했는데, 당시 가장 큰 세력인 카페 왕조(Capétiens)[64]의 주요 의사소통어였기 때문이다.

왕정이 굳건해지자 언어의 수평적 분화가 시작되어 17세기부터 프랑시앵 방언이 프랑스 전역에서 공통의 의사소통어, 즉 공식어의 지위를 획득하게 되었다.

또한, 종교 전쟁이 일어나고 르네상스운동이 활발해진 16~17세기에 프랑스어에 대한

64 카페 왕조는 987년 위그 카페가 프랑스 왕위에 오른 이래 1792년까지 지속했고, 다시 1814년부터 백일천하를 제외하고 1848년까지 지속한 프랑크계 로베르 왕조가 분가한 프랑스의 왕조이다. 카페 왕조는 중세 유럽인들에게 가장 많은 영향을 준 왕조로 프랑스를 중심지로 하여 포르투갈, 프리슬란트, 아라곤, 나바레, 폴란드, 헝가리와 신성로마제국, 그리고 영국의 공국을 다스렸다.

자각이 일어났다. 1494년 샤를 8세(Charles VIII)의 이탈리아 원정으로 르네상스를 접하자 프랑스어에 대한 자각, 자부심이 나타나게 된 것이다. 1539년 프랑수아 1세(François Ⅰ)는 '빌레-코트레(Villers-Cotterêts) 칙령'을 반포하여 법정에서 프랑스어를 사용하도록 명하였고, 모든 학문, 학술활동은 라틴어를 사용해야만 된다는 종래의 사고방식에서 벗어나 종교·의학 분야까지도 프랑스어로 저술된 서적이 간행되기 시작하였다.

1549년 시인 벨레(Joachim du Bellay. 1522~1560)가 선언문 '프랑스어 옹호와 선양'을 발표하여 프랑스어가 심오한 시적 감정과 사상을 표현하는 데 가장 알맞은 언어로서 적어도 이탈리아어와 동등한 수준의 근대문학을 낳을 수 있다고 주장했다.

17세기에 들어 프랑스어 문법 연구가 시작되었고, 규범을 갖춘 표준 프랑스어를 제정할 목적으로 1635년 "아카데미 프랑세즈"(Académie française)가 창설되었다.

1637년 데카르트(René Descartes, 1596~1650)는 1637년 이성추론과 과학 진리 탐색을 다룬 '방법서설'(Discours de la methode)을 라틴어가 아닌 대중이 이해하기 쉽도록 프랑스어로 기술했다.

1647년 보줄라(Claude Favre, seigneur de Vaugelas, 1585~1650)가 '프랑스어에 대한 주목'(Remarques sur la langue française)를 써 궁정과 사교계의 프랑스어 관행을 연구하면서 프랑스어를 잘 말하려는 사람들에게 유용한 언어용례를 제시했다.

1660년 앙투안 아르노(Antoine Arnauld)와 클로드 랑슬로(Claude Lancelot)가 폴-루아얄(Port-Royal) 수도원 부속학교에서 사용하기 위해 '일반이성문법'(Grammaire générale et raisonnée)을 냈는데, 이는 인간 사고에 입각하여 문법을 해명한 것으로 후세에 커다란 영향을 주었다.

또한, 17세기는 프랑스의 해외 팽창 시기로서 캐나다와 루이지애나에 신교도들이 집단이주하여 프랑스어가 본격적으로 해외에 확장되기 시작했다.

1689년 베를린에 '프랑스 콜레쥬'(France Collège)가 설립되어 프랑스어가 교과목의 하나가 되면서 독일어권에서도 프랑스어가 궁정과 귀족 언어로 정착되기 시작했다.

18세기는 시민 계급의 성장 시기로서 대중적이고 개혁적인 프랑스어와 문학이 해외로 확장되었고, 프러시아, 오스트리아, 러시아에서 학술 언어 지위를 인정받았으며, 국내에도 학술과 새로운 사상이 도입되면서 지식인 계층은 라틴어, 그리스어의 어휘를 이용한

신조어를 만들어냈다.

19세기는 중산층이 권력을 장악하고 산업 혁명이 본격화되고, 교육이 대중화한 시기였다. 따라서 프랑스어는 표준화되고 일반 대중들도 이제 표준 프랑스어를 구사하게 되었다. 또한, 낭만주의 문학 작가들이 고전을 연구하면서 신 문체를 탄생시켰고, 고급언어와 민중 언어 사이의 괴리가 사라지면서 하나의 프랑스어로 통일되었다. 프랑스어 어휘 표현의 자유로움이 나타나 구어와 문어의 간격도 제거되었다.

이 당시 학교 교육도 대중화되어 언어적 통일성을 갖추었고, 국민들 사이에서 모어인 프랑스어에 대한 자부심과 긍지가 마련되었다. 이를 바탕으로 프랑스어의 명료함과 풍부한 문학성으로 인해 네덜란드와 스칸디나비아반도를 제외한 유럽 전역 부르주아의 교양 언어로 확고하게 자리 잡았다.

3) 프랑스의 언어정책

프랑스는 프랑스어 보호와 확장을 위해 일찍이 큰 노력을 기울였는데, 이는 프랑스어 보전과 해외 확대 정책으로 나타났다. 앞서 살펴 보았듯이, 프랑스어의 순수성을 보전하고 정자법을 제정, 사전을 편찬하고 문법서를 간행하여 표준어로서 국어로 확립하기 위해 1635년 아카데미 프랑세즈를 설치한 이후 1789년 프랑스 대혁명을 통해 프랑스어를 대중화시켰다. 영어의 세계 확장으로 프랑스어도 영어의 영향력 아래에 놓이게 되는 위기를 겪게 되었지만 여러 조치를 통해 프랑스어를 보전하려는 노력을 다른 어느 나라보다도 적극적으로 시행하고 있다. 이는 주로 영어를 대상으로 한 외래어 추방 운동으로 구체화하였고, 영어 어휘가 과도하게 침투하여 생긴 영어와의 혼성어 프랑글레(Franglais)와 같은 오염을 제거하는데 목표를 두었다. 1960년대 각 정부 부처별 프랑스어 순화 및 보급 위원회를 설치하고 이를 위반할 때 법적 규제를 가했다.

예를 들어, 수상 직속의 '프랑스어 보호·확산위원회'를 설치하여 경제, 과학, 기술 각 분야로 유입된 영어 어휘를 프랑스어 어휘로 바꾸고 있다.

1975년 6월 '프랑글레 추방법'을 채택하여 프랑글레를 상품광고에서 사용하지 못하게 만들었고 그해 12월에는 바–로리올 법(Bas–Lauriol law)을 채택하여 언론 매체는 물론 산업 현장에서 프랑스어 사용을 의무화하였는데, 여기에는 각종 광고와 양식 그리고 사용 설명서 등도 프랑스어로 기술하도록 만들었다. 이에 따라, TV와 라디오 등 모든 매체의 구어나 문어 광고에서 영어를 사용하지 못하고 프랑스어 사용을 의무화했다. 1994년 8월 문화부장관 투봉(Jacques Toubon)이 제안하여 입법화된 '프랑스어 사용법'(소위 투봉법)에 따라 공공부문을 비롯한 사회 모든 부문에서 프랑스어 사용을 의무화했다. 여기에는 권장이 아닌 처벌 사항도 포함하고 있어, 국민들의 언어사용 실태를 감독하는 '언어경찰 제도' 같은 것을 두어 자국어 오·남용 현장을 적발해 법률적 제재를 가하기도 한다.

1992년 프랑스 헌법에서는, "공화국 언어인 프랑스어가 프랑스 정체성과 민족 자산의 근본적 요소이다. 프랑스어는 교육, 노동, 상업, 국가 공무의 언어이다. 프랑스어는 프랑코폰(Francophones)[65] 공동체를 형성하는 국가들의 독특한 결합이 된다."라고 정하고 있다.

프랑스어는 이렇게 헌법에서 공식적인 지위를 획득했고, 모든 공식 문서와 계약(조약)은 반드시 프랑스어로 작성되어야 하고, 외국어 어휘가 들어간 광고의 경우에는 반드시 프랑스어 번역이 들어가야 한다.

4) 프랑스어의 해외 확장 정책

프랑스 정부는 1차대전 이전까지 유럽의 외교와 문화의 언어로서 견고한 지위를 가졌지만 점진적으로 위축되어 가고 있던 프랑스어의 국제적 영향력을 복원하고, 프랑스문화, 프랑스 영광을 부활시키기 위해 프랑스어 신문, 서적 등의 출판물을 전 세계에 보급하려 노력하고 있다.

이미 1883년 민간 차원에서 '알리앙스 프랑세즈'(Alliance Française)를 세워 2014년 현재 137개국, 850개 센터에서 44만 명의 현지인들에게 프랑스어와 문화를 교육하고 있다.

또한, 1979년 프랑스어를 모어나 공용어, 행정언어로 사용하는 국가들로 구성된 국제기구인 '프랑스어권 국제기구'(Organisation internationale de la Francophonie, OIF), 즉 프랑코포니를 발족시켰다. 1987년부터 격년제로 프랑코 폰 정상회담을 개최하여 영연방과 영어에 대항하며 프랑스어권의 단합을 과시하고 있다. 1차 회담에는 41개국이 참여, 그 중

65 프랑코 폰은 프랑스어를 사용자를 의미한다.

에서 15개국은 국가원수, 12개국은 정부 수뇌, 장관, 대사가 참가했고, 미국의 루이지애나주도 특별 초대를 받았다.[66]

프랑스어는 현재 위축인가, 아니면 확장 중인가에 대해 의견의 차이가 있다. 모어 사용자 약 7천만 명 외에 과거 식민지 및 중등 교육기관, 대학교에서의 프랑스어 교육이 활발하게 이루어지고 국제연합과 유네스코, 국제올림픽 위원회 등 많은 수의 국제기구에서의 공식어 지위를 굳건히 하고 있지만 영어의 위세에 밀리고 있음은 분명하다.

5) 프랑스어를 알아야 하는 이유

프랑스 외교부는 다음과 같이 프랑스어를 세계 여러 나라 국민에게 배우도록 장려하고 있다.

1. 프랑스어는 5개 대륙의 2억 명 이상이 사용하는 세계적인 언어이다. 외국어로서 영어 다음으로 많이 학습하는 언어로 인기가 많고 사용자 수로 볼 때 세계 9위의 언어이다.
2. 프랑스어는 경력에 크게 도움되는 언어이다. 영어 외 프랑스어를 아는 것은 국제 노동시장에서 취업의 기회를 배가시킬 수 있는 특권이다. 프랑스어의 구사는 프랑스 외에 캐나다, 스위스, 벨기에, 아프리카 여러 나라의 프랑스 기업의 취업 기회를 열어준다. 프랑스는 세계 무역 5위이자 외국 투자의 2위 국가로서 가장 큰 규모의 현실적 파트너이다.
3. 프랑스어는 문화의 언어이다. 프랑스어는 국제적으로 잘 알려진 요리, 패션, 연극, 조형예술, 댄스, 건축의 언어이다. 프랑스어 구사는 위대한 문학과 영화, 가요를 원어로 접할 수 있게 해준다. 프랑스어는 빅토르 위고(Victor–Marie Hugo)[67], 에디트 피아프(Édith Piaf)[68], 장–폴 사르트르(Jean Paul Sartre)[69], 알랭 들롱(Alain Delon)[70], 지단(Zinedine Zidane)[71]의 모어이다.

---

66 현재 세계 54개국이 가입되어 있고 가입국의 인구는 10억 명에 달한다. 대한민국도 2016년 참관국이 되었다.

67 프랑스의 시인, 소설, 극작가로서 세계적 명작 노트르담의 꼽추(Notre–Dame de Paris, 1831), 레 미제라블(Les Misérables, 1862)을 썼다.

68 2차대전 이후 최고의 가수로 꼽히는 프랑스 여자가수로 사랑의 찬가(Hymne à l'amour)로 유명하고 영화 장밋빛 인생(La Vie en rose)의 실제 모델이다.

69 프랑스의 실존주의 철학자이자 작가로 인간의 존재 의미에 대한 철학적인 사색과 관찰로 당대 유럽의 사상계를 주도했다.

70 1960~70년대 프랑스를 대표하는 남자 배우이다.

71 부모가 알제리계인 축구선수로 1998년 프랑스 월드컵에서 프랑스의 우승을 이끌었다.

4. 프랑스어는 관광의 언어이다. 프랑스는 매년 7천만 명 이상이 방문하는 가장 큰 관광대국 중의 하나로서 프랑스어를 알면 파리, 지중해 해변, 알프스관광에 도움이 되고 프랑스 문화와 프랑스풍 유행을 더욱더 쉽게 이해하고 받아들일 수 있게 해준다. 프랑스어는 새로운 관광지로 떠오르고 있는 아프리카, 캐나다, 모나코, 세이셸 군도에서도 유용하게 사용할 수 있다.
5. 프랑스어는 고등교육의 언어이다. 프랑스어를 구사하면 프랑스의 명문대학교와 고등교육기관에 입학 할 수 있다. 프랑스어를 구사하는 학생은 프랑스 정부로부터 장학금과 학위를 받을 수 있다.
6. 프랑스어는 국제적 의사소통의 언어이다. 프랑스어는 국제연합, 유럽연합, 유네스코, 나토, 국제올림픽 위원회, 국제적십자사, 그리고 수많은 국제기구의 실무통용어이자 공식어이다. 유럽연합 주요 기관인 유럽의회(European Parliament)가 있는 프랑스의 스트라스부르(Strasbourg)[72], 유럽이사회(European Council)와 유럽연합집행위원회(European Commission)가 있는 벨기에의 브뤼셀(Brussels)[73], 그리고 유럽연합사법재판소(Court of Justice of the European Union)가 있는 룩셈부르크(Luxembourg)[74]시 모두 프랑스어로 의사소통하는 지역이다.
7. 프랑스어는 세계를 알게 해주는 언어이다. 프랑스어는 영어와 독일어 다음의 인터넷 3위의 언어이다. 프랑스어를 이해한다는 것은 프랑스어로 된 미디어(TV5, France 24, Radio France Internationale)를 접하고 세계의 프랑스어 사용자들과 의사소통 하면서 또 다른 세계를 알게 됨을 의미한다.
8. 프랑스어는 학습에 쉬운 언어이다. 프랑스어는 배우기 어렵지 않다. 큰 노력을 기울이지 않고도 빨리 의사소통할 수 있을 정도가 된다.
9. 프랑스어는 다른 언어로 가는 가교이다. 프랑스어를 알면 같은 로망스 제어인 스페인어, 이탈리아어, 포르투갈어, 루마니아어, 몰도바어를 쉽게 배울 수 있을 뿐만 아니라 영어도 쉽게 배울 수 있는데, 현대 영어 어휘의 50%는 프랑스어 어휘와 어원이 같기 때문이다.
10. 프랑스어는 사랑과 논리의 언어이다. 프랑스어는 아름답고, 풍부하고 운율이 있는 언어로 사랑의 언어로 불린다. 또 한편, 프랑스어는 분석적인 언어로 사고를 구조화하고 비판적 사유를 발전시켜 준다.

---

72 스트라스부르는 알퐁스 도데의 소설 '마지막 수업'의 배경이 된 프랑스 알자스 지역의 중심 도시로서 프랑스이지만 독일과 맞닿아 있는 국경 지역으로 한때 독일에 속한 적도 있었다.

73 벨기에의 수도로서 플랑드르어 사용지역 안에 있지만, 주민들은 대부분 프랑스어를 사용한다. 북대서양조약기구(NATO)본부도 위치한다.

74 프랑스어 명칭으로는 뤽상부르로 독일어의 방언인 룩셈부르크어, 프랑스어, 독일어가 사실상 공용어이다. 행정 및 사법 분야는 이 3개 언어를 사용하지만, 입법 활동은 프랑스어로만 한다. 룩셈부르크 전 국민의 97%가 프랑스어를 구사하기 때문에 프랑코포니의 정회원국이다.

4. 국제어로서의 중국어

중국어는 중국 한족의 모어이자, 55개 소수민족의 민족 간 의사소통어, 즉 링구아 프랑카이다. 중국어는 UN의 6개 공식어 중의 하나이고 중국어 표기체인 한자는 동아시아 한자 문화권에서의 지식인들 사이에서 공통의 문어 역할을 하고 있다. 고대로부터 중국은 서방의 열강들과는 달리 식민지 개척에 큰 관심을 두지 않아 중국어의 분포는 일부 기간(한무제 BC 140~87)을 제외하고는 중국과 동남아시아 일부 지역에 한정되어 있다. 이로 인해 중국어가 과연 국제어인가에 대해 부정적인 관점도 존재하는 것이 사실이다.

중국어는 사용인구가 약 13억 명으로 세계 최다이고 세계 각지에 퍼져 공동체를 형성하고 있는 화교 공동체가 있는데, 이들이 현지의 경제, 문화 부문에서 중요한 역할을 담당하고 본토 중국과 거주국 사이의 교류에도 적극적으로 참여하고 있다.

아편전쟁[75] 이후 19세기 중반부터 중국인의 해외 진출이 활발해져 세계 곳곳에 화교 공동체가 형성된 것이다.

처음에 오(粵)방언 사용자들이 호주, 뉴질랜드, 뉴기니, 싱가포르, 말레이, 버마(현재의 미얀마), 인도, 남아공, 피지, 카리브해 지역으로 이주했고, 이들과 함께 복건성의 민(閩)방언 사용자들과 객가인(客家人)들이 북미, 남미로 이주하게 되었다. 또한, 관화 방언사용자들이 버마, 타이 북부, 인도 동북부, 한국, 일본으로 이주했다. 전 세계적으로 화교의 수는 2,200~3,000만 명으로 추정되고, 지금도 중국어, 즉 한어를 모어로 간주하는 화교의 수는 870~1,300만 명에 달한다.

비록 국어나 공식어 지위를 가진 나라는 한족의 본토인 중국, 타이완 외에 싱가포르 정도이지만 세계의 공장이라는 별명을 가질 정도로 세계 최강국인 미국과 자웅을 겨루는 세계 최대의 경제력, 급속한 경제 발전, 그리고 국제연합, 상하이협력기구(上海合作組

75 제1차 중·영전쟁으로도 부르는데, 전쟁의 빌미가 된 것이 아편 문제였으므로 일반적으로는 아편전쟁이라고 부른다. 중국의 영국에 대한 최대수출품이 차였고, 영국의 수출품은 모직물과 면화였다. 영국이 차 수입을 결제할 은이 부족하자, 인도에서 재배한 아편을 청에 밀수출하여 벌어들인 은으로 차를 수입했다. 이는 청의 농촌경제 파탄과 국가 기능의 마비, 은 유출로 인한 재정 궁핍을 초래했다. 이에 황제는 임칙서를 광둥에 파견했고, 그가 아편을 모두 몰수·파기하는 단호한 조치를 취하자 전쟁이 일어났지만 영국의 승리로 끝나며 중국과 영국은 최초의 불평등 조약인 난징 조약을 체결했다. 아편전쟁은 중국에 대한 서구 열강의 제국주의적 침략의 발판이 되었다

織, Shanghai Cooperation Organisation (SCO), 또는 Shanghai Pact)[76] 등의 국제기구에서의 공식어로서 그 지위가 더 올라갈 가능성은 충분하다.

1) 중국의 어족과 언어

중국에는 56개 민족, 80여 개의 언어가 존재한다.

이를 크게 5개 어족으로 나누면 다음과 같다.

(1) 중국–티베트 어족((漢藏語族, Sino–Tibetan): 한어(漢語), 장면어(藏緬語, 티베트–버마어), 장동어(壯侗語, 캄보디아–타이어), 묘요어(苗瑤語, 묘어, 요어).

(2) 알타이 어족(阿爾泰語族, Altaic): 몽골어, 만주 지역 고대어, 투르크제어, 한국어 등.

(3) 오스트로–아시아 어족(南亞語族, Austro–Asiatic): 베트남어, 크메르어 등

(4) 오스트로네시아 어족(南島語族, Austronesian): 타이완 고산족

(5) 인도유럽 어족(印歐語系, Indo–European): 러시아어

그러나 이중에서 전 인구의 90% 이상을 한족(漢族)의 모어인 중국어가 차지하고 있다.

2) 중국의 55개 소수민족어

(1) 몽고족(蒙古族): 480만 명, '파스파'(八思巴)라는 고유문자를 가지고 있다.

(2) 후이족(回族): 860만 명, 좡족 다음으로 수가 많은 민족으로 모슬렘 한족으로 보기도 한다.

(3) 티베트족(藏族): 460만 명, 티베트 불교도이고, 티베트문자를 가지고 있다.

(4) 위구르족(維吾爾族): 720만 명, 모슬렘이고

후이족

76 1996년 러시아와 중앙아시아의 카자흐스탄, 키르기스스탄, 타지키스탄, 중국이 '국경지대의 군사적 신뢰강화 조약'을 체결하면서 상하이 5개국으로 결성되었고, 2001년 우즈베키스탄이 합류하면서 상하이 협력기구로 개편되었다. 인도, 파키스탄이 2017년에 가입하였다.

좡족

위구르문자를 가지고 있다.

(5) 묘족(苗族): 740만 명, 귀주(貴州)에 총 인구의 50%이 살고 있다. 고유문자를 가지고 있다.

(6) 이족(彝族): 658만 명, 중국의 가장 오랜 민족 중의 하나로서 고유문자를 가지고 있다.

(7) 좡족(壯族): 1,672만 명으로 소수민족 가운데 인구가 가장 많다. 광시좡족 자치구(廣西壯族自治區)에 집단거주하고 있다. 좡어·좡문과 한문이 통용된다.

(8) 부이족(布衣族): 254만 명, 부이어·부이문과 한문이 통용된다.

(9) 조선족(朝鮮族): 192만 명, 조선어와 조선글을 가지고 있다.

(10) 만족(滿族): 좡족 다음으로 수가 많아 984만 명에 달한다.

(11) 뚱족(侗族): 251만 명, 뚱어·뚱문과 한문이 통용된다.

(12) 요족(瑤族): 213만 명, 요어와 한문이 통용된다.

(13) 바이족(白族): 160만 명, 불교를 믿고, 한문이 통용된다.

(14) 투쟈족(土家族): 570만 명, 한문이 통용된다.

(15) 하니족(哈尼族): 125만 명, 고유문자를 가지고 있다.

(16) 카자흐족(哈薩克族): 111만 명, 러시아문자를 가지고 있다.

(17) 따이족(岱依族): 102만 명, 윈난성(雲南省) 시쐉반나(西雙版納)에 거주한다. 소승 불교를 믿으며 따이어·따이문과 한문이 통용된다.

(18) 리족(黎族): 111만 명, 리문과 한문이 통용된다.

(19) 리수족(傈僳族): 58만 명, 고유문자를 가지고 있다.

(20) 와족(佤族): 35만 명, 고유문자를 가지고 있다.

(21) 써족(畲族): 63만 명, 한어가 통용된다.

고산족

(22) 고산족(高山族): 40만 명, 타이완에 거주하며 고유언어를 가지고 있다.

(23) 라후족(拉祜族): 41만 명, 고유문자를 가지고 있다.

(24) 수이족(水族): 34만 명, 한문이 통용된다.

(25) 둥샹족(東鄕族): 37만 명, 한문이 통용된다.

(26) 징퍼족(景頗族): 12만 명, 고유문자를 가지고 있다.

(27) 부랑족(布朗族): 8만 명, 한문이 통용된다.

(28) 키르기스족(柯爾克孜族):14만 명, 러시아 문자를 가지고 있다.

(29) 투족(土族): 19만 명, 한문이 통용된다.

(30) 따고르족(達幹爾族): 12만 명, 한문이 통용 된다.

(31) 무로족(仫老族): 16만 명, 한문이 통용된 다.

우즈베크족

(32) 챵족(羌族): 19만 명, 오랜 전통을 가진 민족으로 3000년 전 중국 은나라 갑골문에 챵족에 관한 기록이 나온다. 한문이 통용된다.

(33) 쌀라족(撒拉族): 9만 명, 한문이 통용된다.

(34) 타지크족(塔吉克族): 3만 명, 타지크어와 위구르문이 통용된다

(35) 모난족(毛南族): 7만 명, 한문이 통용된다.

(36) 거로족(仡佬族): 44만 명, 한문이 통용된다.

(37) 시버족(錫伯族): 17만 명, 고유문자를 가지고 있다.

(38) 아창족(阿昌族): 27,000명, 한문이 통용된다.

(39) 프미족(普米族): 29,000명, 한문이 통용된다.

(40) 누족(怒族): 27,000명, 한문이 통용된다.

(41) 우즈벡족(烏孜別克族): 14,000명, 고유문자를 가지고 있다.

(42) 러시아족(俄羅斯族): 13,000명, 고유문자를 가지고 있다.

동파문자

(43) 어원커족(鄂溫克族): 26,000명, 중국에서 유일하게 순록을 사육한다. 몽고문·한문을 사용한다.

(44) 나시족(納西族): 27만 명, 1000년 전에 창조한 동파문(東巴文)은 현재 세계적으로 유일하게 완벽하게 보존된 상형 문자이다. 한문이 통용된다.

(45) 보안족(保安族): 12,000명. 원나라 이래 모슬렘이었던 몽고인이 회족, 한족, 티베트족, 그리고 투족과 장기간 교제하면서 혼인을 통해 점진적으로 형성된 새로운 민족이다. 한문이 통용된다.

(46) 더앙족(德昻族): 15,000명, 한문이 통용된다.

(47) 위구족(裕固族): 12,000명, 한문이 통용된다.

(48) 타타르족(塔塔爾族): 5,000명, 모슬렘으로 고유문자를 가지고 있다.

(49) 뤄바족(珞巴族): 2,900명, 티베트문자를 사용한다. 소수민족 중에서 가장 인구가 적다. 한문이 통용 된다.

(50) 지노족(基諾族): 18,000명, 한문이 통용된다.

(51) 드룽족(獨龍族): 5,800명, 한문이 통용된다.

(52) 오로촌족(鄂倫春族): 7,000명. 한문이 통용된다.

(53) 허저족(赫哲族): 4,600명, 러시아의 나나이족과 같은 민족으로 한문이 통용된다.

(54) 먼바족(門巴族): 8,900명, 티베트문자가 통용된다.

(55) 징족(京族): 22,000명, 한문과 베트남어가 통용된다.

이렇게 중국 내 소수민족 55개의 인구는 약 7천만 명에 달한다. 이들은 주로 동북, 서북, 서남, 남쪽의 변방 거주하고 이들이 거주하는 지역의 면적은 전 영토의 60%를 차지한다.

이 중에서 1백만 명 이상의 소수민족은 장족(1,300만 명), 몽고족, 회족, 티베트족, 위구르족 등 15개이고, 1백만 명 미만 ~ 10만 명 이상은 13개, 10만 명 미만이 27개이다.

2) 한어의 다양성

세계에서 세 번째로 넓은 영토와 다양한 민족이 거주하는 중국은 중국어, 즉 한어(漢語)도 많은 방언으로 나뉘었는데, 이를 크게 다음과 같이 분류할 수 있다.

(1) 관화(官話, Guānhuà)방언은 북방화(北方話, 베이팡화)로도 불리는데, 영어로 만다린 중국어

(Mandarin Chinese)라고 부른다. 이는 현재 중국의 표준어인 보통화(普通話, 푸퉁화)의 기반이 되었다. 전체 인구의 70%(약 8억 명 이상)가 사용한다. 창장(長江, 장강, 즉 揚子江, 양쯔강) 이북의 전 지역 및 장강 이북 중상류지역인 운남성(雲南省), 귀주성(貴州省) 전역, 광서성(廣西省) 서북부, 호남성(湖南省) 서북부의 광대한 지역에 분포한다. 관화방언은 다시 4개의 하위 방언으로 구분할 수 있다.

가) 북방관화: 북경(北京)을 중심으로 천진(天津), 하북성(河北省), 하남성(河南省), 산동성(山東省), 동북3성(東北3省), 내몽고(內蒙古)자치구 지역에서 사용한다.

나) 서북관화: 산서성(山西省), 섬서성(陝西省), 감숙성(甘肅省) 및 청해성(青海), 영하회족(寧夏回族)자치구, 신강위구르(新疆維吾爾)자치구, 내몽고의 일부 지역에서 사용한다.

다) 남방관화: 안휘성(安徽省), 강소성(江蘇省)와 이들 두 성의 장강 이북과 회하(淮河) 이남 지역 및 진강시(鎭江市) 이서 지역, 구강시(九江市) 이동의 장강 하류 연안 일대, 남경(南京)에서 사용한다.

라) 서남관화: 장강 중상류 유역 및 그 이남 지역으로 사천성(四川省), 운남성(雲南省), 귀주성(貴州省) 및 호북성(湖北省) 대부분 지역, 그리고 광서성(廣西省) 서북부 및 호남성(湖南省) 서북단 지역에서 사용한다.

(2) 오(吳)방언은 절강화(浙江話)로 불리는데, 약 8천만 명이 사용한다. 강소성(江蘇省)에서 장강 이남 지역, 진강 동쪽 지역으로 절강성(浙江省)의 대부분 지역에서 사용하는데, 상해어(上海語)와 소주어(蘇州語)가 대표적이다.

(3) 오(粵)방언은 광동어(Cantonese)라 불리는데, 약 5~7천만 명이 사용한다. 광동성 중부와 서남부 지역, 광서성의 동남부 및 홍콩, 마카오 지역의 방언이다. 전국(戰國)시대 말 절강성과 복건성(福建省) 북부에 있던 월(越)나라가 초(楚)나라에 패해 월인(越人)들이 남쪽으로 흩어져 광동(廣東) 등지에 살았는데, 이들을 통칭하여 백월(百越) 또는 백오(百粵)라 했고 이들의 언어를 오방언이라 한다. 동남아와 북미 화교들 대부분이 이 오방언 사용자들이다. 광주어(廣州語)가 대표적이다.

(4) 상(湘)방언은 약 4,600만 명이 사용하는데, 호남성 대부분 지역에 분포한다. 장사어(長沙語)가 대표적이다.

(5) 민(閩)방언은 약 4,000만 명이 사용하는데, 복건성과 타이완, 동남아 남태평양 여러 섬에 분포한다.

(6) 객가(客家)방언은 약 3,700만 명이 사용한다. 황하(黃河) 중하류 지역의 객가인(客家人)들의 선조가 남쪽으로 이동하여 강서성(江西省), 광동성, 광서성, 복건성, 해남성(海南省) 및 타이완 등지에 정착하여 형성된 방언이다. 광동성 남쪽의 매현어(梅縣語)가 대표적이다.

3) 표준어(普通話)와 주음(注音, 발음) 표기

중국에서는 위와 같은 다양한 방언들로 인한 의사소통에서의 혼란을 극복하기 위해 고대로부터 표준 공통어 개념인 아언(雅言)이 나왔다.

수(隋)나라, 당(唐)나라, 송(宋)나라 때에는 운서(韻書), 운도(韻圖)라는 발음 사전을 통한 정음(正音)개념을 수립하여 공통의 표준 발음을 완성하려 했으며, 명(明)나라, 청(淸)나라 시기에는 중앙정부의 통용어인 관화(官話)를 정하여 공식어로 삼았다. 1909년 이 관화를 국어(國語)로 개칭했고 중화민국 건국 후 전통적인 발음표기법인 한자로 된 반절(反切) 대신 주음자모(注音字母)(1918년)와 국어로마자표기법(1928)을 제정했고, 1932년 마침내 교육받은 북경주민들의 언어를 기반으로 만든 표준어를 정하게 되었다.

현재 중국의 표준어는 보통화(普通話, 푸퉁화)라는 명칭을 가지고 있고, 공식 발음표기법은 1958년에 제정한 한어병음(漢語拼音, 한위핀인)을 사용한다.

이 한어병음이 국제적 공인을 받아 1977년 국제연합의 지명표준화회의 및 1982년 국제표준화기구(ISO)에서 채택되었고, 타이완의 국민당 정부가 현재도 유지하고 있는 주음자모, 즉 웨이드–자일스 표기법(Wade–Giles System)[77]을 대신하게 되어 대륙에서는 인명과 지명 표기에 사용하고 있다.

4) 한어병음

중국어 표준어 어음을 기록하는 발음부호로서, 1949년 중화인민공화국 성립이후 중국문자개혁위원회가 한어병음방안 초안을 공포했고, 이를 수정하여, 마침내 1958년 정식으로 공포한 것이다.

한어병음방안은 성조를 표시하는 4개의 변음부호를 가지고 있다. 성조 표시 없는 병음은 라틴문자로 쓰인 언어들에서 중국 이름과 단어를 표기하거나 특정한 컴퓨터 입력방법으로 한자를 표기할 때 사용한다. 병음은 어두의 자음을 나타내는 성모(聲母) b, p,

77 중국어의 로마자 표기법으로, 19세기 중반에 토마스 웨이드(T.F. Wade)가 북경어를 기반으로 만들어 허버트 자일스(Herbert A. Giles)가 1892년에 완성하였다.

m, f, d, t, n, l, g, k, h, j, q, x, zh, ch, sh, r, z, c, s 등 21개, 성모를 제외한 나머지를 나타내는 운모(韻母) yi(–i), wu(–u), yu(–ü, –u), a, o, e, ai, ei, ao, ou, an, en, ang, eng, er 등 15개, 이렇게 36개로 구성되어 있다.

5) 중국의 언어정책

1954년 헌법에서 중국의 언어정책 방향이 나온다.

전문:

"중국은 통일된 다 언어 국가이다."

"각 민족은 모두 자기의 언어문자를 사용하고 발전시킬 자유가 있다."

"국가는 전국적으로 통용되는 보통화를 널리 보급시켜야 한다."

3장 6절 121조:

"자치지방(신강 위구르, 내몽고, 광서 장족, 티베트, 영하 회족 등 5개, 기타 한족 지구 내 31개 자치주, 83개 자치 현)의 자치기관에서 직무를 집행할 때, 조례나 규정에 따라 현지에서 통용되는 한 개 또는 몇 개의 언어문자를 사용한다."

또한, 민족구역 자치법으로 언어정책이 시행되고 있음 확인할 수 있다.

"민족자치지방의 자치기관에서는 각 민족 간부들은 서로 언어문자를 학습하는 것을 고무·격려하며, 한족 간부들은 해당 지역 소수민족의 언어문자를 배우는 동시에 전국에서 통용되는 한어와 한자를 학습하여야 한다."

이렇게 헌법과 하위법령을 볼 때, 중국은 명목상으로는 최소한 이중언어 사용, 이중문자 정책을 견지하고, 한어와 소수 민족어의 지위가 동등하다는 것을 알 수 있다.

6) 문자제정사업 전개

중국정부는 1956~58년 21개 소수민족에게 총 26개의 표기체를 제정해주고, 개조해주었거나, 선택하는 자유를 주었다. 즉 표기체가 없던 소수민족에게 로마자 발음표시 음소 문자를 보급하여 당시 한어의 로마자 병음 계획과 결부시켰다. 이는 한어 교육을 수월하게 만들려는 의도였다.

또한, 소련 국경과 인접한 지역에서 아랍문자나 고유문자를 사용하고 있던 소수민족에게는 러시아문자(키릴)를 선택하거나 개선하도록 강요했는데, 이는 소련 접경 지역의 소수민족을 달래는 유화정책이자, 특정 종교, 이슬람을 신봉하는 소수민족의 결속 방지하려는데 목적이 있었다.

그러나 이러한 표기체 제정, 개조, 선택이라는 소수민족 언어정책은 소련과의 결별[78], 문화혁명[79], 80년대 이후 개방정책으로 시기별로 다른 현상을 보여왔다.

문자제정사업으로 55개 소수민족 중 53개 민족이 고유언어를 보유할 수 있게 되었는데, 30개 민족이 47개의 문자 또는 병음문자방안(拼音文字方案)을 가질 수 있었다.

소수민족의 문자를 세 유형으로 나눌 수 있다.

통용형(通用型)은 오랜 창제시기를 가지고 광범위하게 통용되는, 완벽한 체계를 갖춘 표기체로서 출간하는 도서도 풍부하다. 여기에는 조선어, 몽골어, 티베트어, 위구르어, 카자흐어 등 7개 언어 문자가 속한다.

전용형(專用型)은 통용형과 마찬가지로 오랜 창제시기를 가지고 있지만, 통용범위가 종교와 같은 영역에 한정되어 있는 표기체이다. 여기에는 묘족의 언어 등 10개 언어 문

---

78 1956년 소련 공산당 제20차 대회 이후 소련 공산당과 중국 공산당 사이에 공산주의 이념의 원칙적인 여러 문제에 관해 벌인 분쟁으로 인해 소련과 중국은 멀어지게 되었다. 당시 소련은 평화공존론을, 중국은 마르크스-레닌주의를 주장하면서 개인숭배사상 문제, 알바니아 문제, 유고슬라비아 문제, 소련 공산당의 신강령, 개발도상국 민족해방운동 성격 규정, 핵무기 문제 등을 둘러싸고 전면적인 논란으로 확대되었다.

79 1966년 5월~1976년 12월까지 중화인민공화국에서 벌어졌던 사회·문화·정치상의 대변혁 또는 소란으로, 중국에 남은 전근대적인 문화와 자본주의 요소를 없애고, 오로지 공산주의에 적합한 새로운 문화를 만들어야 한다는 내용이었다. 당시 군사 조직처럼 구성된 학생 집단인 홍위병이 마오쩌둥을 지지하면서 마오쩌둥의 사상을 찬양하고 기존의 낡은 문화를 없앨 것을 주장하며 시위에 나섰다. 이들은 수도 베이징에 모여 대규모 집회를 열고 세력을 과시하였다. 이 과정에서 유교 사당과 불교 사찰 등 전통문화를 대표하는 유적과 유물들이 파괴되었고, 수십만 명의 지식인과 예술인이 공산주의에 반대하는 자로 몰려 처형되는 등 극심한 사회 혼란이 벌어졌다. 문화 대혁명은 마오쩌둥이 사망한 1976년까지 계속되었다

자가 속한다.

시용형(試用型)은 1949년 10월 1일 중화인민공화국 건국 이후 창제된 문자나 병음 방안으로, 장족의 언어 등 30개 언어 문자가 속한다.

이들 세 유형의 문자는 각급 학교에서 한어와 소수민족어를 가르칠 때 배울 수 있도록 하였다.

7) 동아시아 문어로서 한자의 확장

고대 중국과의 문화 접촉 중 고유문자를 갖지 못한 한국, 일본, 월남이 한자를 도입하여 공식문자로 사용하기 시작했다. 한(漢)나라 무제(武帝)때 고조선에 4군(四郡) 설치(기원전 108년), 월남에 9군(九郡) 설치(기원전 111년)되었고, 이 시기에 한자가 전래되었을 것으로 추측한다.

백제 14대 근구수왕(375~384년) 때 학자 왕인(王仁)이 일본에 논어(論語), 천자문(千字文)을 전해 주었다. 한국과 월남은 각각 958년, 1075년부터 과거 제도를 실시했는데, 이는 한학(漢學)에 능통한 인재를 선발, 등용하는데 목적이 있었다.

이렇게 중국의 정치적, 경제적, 군사적 영향 외에 중국의 문화, 학문 특히 한학(유학)은 한국, 일본, 월남 등 동양 3국에 커다란 영향을 주었다. 유학을 통치이념으로 삼고 유학을 선진학문으로 대우하면서 이를 표기한 한자, 한문의 도입으로 이들 세 나라는 많은 변화를 겪게 되었다.

일본은 과거 제도를 시행하지는 않았지만, 에도 바쿠(江戶 幕府)시대 때 유가사상을 강조하여 주자학(朱子學), 양명학(陽明學)이 성행하였고, 지방의 영주가 세운 반코(潘校), 교카쿠(鄕校)에서 사서오경(四書五經), 사기(史記), 소학(小學) 등을 교육했다.

비록 한국, 일본, 월남은 각각 자국 문자인 한글, 가나(假名), 쯔놈(字喃)을 제정하고 이의 사용을 장려했지만, 한자는 여전히 이들 나라 지식인들의 공통의 문어 역할 기능을 보유하고 있다. 한국은 한글 표기의 편리성과 완전성으로 인해 한자를 표기할 필요성이 거의 없어졌고 월남, 지금의 베트남은 프랑스 식민지배 시기에 라틴문자로 전환하여 한자 사용이 중단되었지만, 일본은 가나의 불완전성으로 인해 한자의 사용이 여전하다.

8) 동아시아 한자 문화권의 문제

동아시아에서 한자의 사용은 정보 교환에서 매우 중요하다. 많은 어휘가 한자에서 비롯되었기 때문이다. 이에 따라 중국을 비롯한 동양의 한자 사용 국가에서는 학교 교육에서 한자 사용을 중요하게 여기고 있다.

먼저 중국의 경우 우리의 초등학교에서 해당하는 소학교(小學校)에서 현대 한어 상용자(常用字) 2,500자를 교육하고, 중학교에서 차상용자(次常用字) 1,000자를 배우고 있다.

타이완(臺灣)에서는 1972년 교육부가 공표한 국자 표준자체표(國字 標準字體表)의 4,808자를 배우고 있다.

우리나라에서는 1972년부터 교육용 기초 한자 1,800자를 정해 배워오다가 2000년 이 중 일부를 교체했고 중고등학교에서 한자를 배우고 있다. 특히 북한에서는 일찌감치 한글전용 정책을 펴오고 있지만, 1968년부터 한자 교육을 시행, 1970년 보통 교육용 한자 2,000자, 대학용 한자 1,000자를 선정하여 교육하고 있다.

일본에서는 고유문자인 가나에 한자를 혼용할 수밖에 없어 중국이나 타이완 못지않게 한자의 사용이 활발하다.[80] 1981년 이전까지 교육한자 881자, 상용한자 969자 등 기본 한자 1,850자를 가르쳐왔고 1981년 이후부터 소학교에서 학년별로 1,006자, 중학교까지 상용한자 1,945자를 교육하고, 별도로 인명용 한자 166자를 선정해 교육하고 있다.

한자의 자형(字形) 문제도 논란이 되고 있다.

남·북한, 타이완은 전통적인 해서체(楷書體)[81]를 고수하고 있으나 중국, 일본은 단순화(簡化)시킨 자형을 사용하고 있어 문제가 되고 있다.[82] 또한, 단순화시킨 자형도 나라마다 다르고 어휘에서도 차이를 보인다.

예를 들어, 汽車는 우리말에서는 열차나 철도차량을 총칭하지만, 일본에서는 보통 증기기관차를 가리킨다. 일본의 철도는 거의 전철화가 되어 있어 덴샤(でんしゃ 電車)라고 하는데, 汽車는 잘 쓰이지 않는다. 중국에서는 汽車(qìchē)가 자동차를 나타내는데, 우리

80 더 정확히 말하면, 한자의 사용 빈도는 중화권(대만, 중국, 홍콩, 마카오, 싱가포르 등) > 일본 >>> 한국 > 베트남, 북한 순이다.

81 중국에서 전통적으로 써오던 방식 그대로의 한자 글자를 이르는 말로 번체자(繁體字)라고도 한다.

82 중국에서는 간체자(简体字) 또는 간화자(简化字)로 부른다.

말과 일본어에 해당하는 자동차의 한자어는 '火車(huǒchē)'이다.

한국과 일본의 사진(寫眞)은 중국과 타이완에서 조편(照片)에 해당한다.

한국에서는 미국을 美國이라는 한자로 나타내지만, 일본에서는 米國으로 나타낸다.

이렇게 동양 세 나라의 한자의 자형이 다르고 어휘도 차이를 보여 국제적으로 표준화된 한자를 정하는 것도 중요한 문제이다.

1990년대 들어 인터넷을 통한 국제적 정보교류가 활발해지자 영어권 외의 문화권역에서 여러 다른 언어를 인터넷에 올리는 문제가 대두되었다. 한자 문화권에서는 한국, 중국, 타이완, 일본이 독자적인 어문정책을 실행해 왔기 때문에 한자의 자형, 음, 의미에서 차이가 날 수밖에 없다. 이는 상호 간의 정보, 문화 교류에 장애가 되었다. 즉 한국에서는 KSC 5601을 통해 4,888자, 중국은 GB 2312의 6,763자, 타이완 BIG 5의 5,401자(확장 수준 7,652자), 일본이 JIS X 0208의 6,897자를 제정하여 나라마다 달랐던 것이다.

이렇게 되자 1998년 12월 한·중·일 3국이 국제표준화기구(ISO)를 중심으로 27,486자를 통일시키는 데 합의했고 위 글자들이 모두 국제 표준문자 코드(Universal Multiple-Octet Coded Character Set, 일명 Unicode)에 들어갈 수 있었다. 그러나 그 이후 한국은 기존의 KS C 5601의 확장이나 추가선정 계획이 없고 자형과 자음(字音)의 표준화도 아직 정해져 있지 않다.

이외에도 글자의 입력 방법도 해결해야 하는데, 이와 같은 문제는 중국 자체의 문자 정책과 직접 연관된 것이지만, 동아시아 한자 문화권 국가들의 적극적 대처가 필요한 것은 분명하다.

9) 중국어를 알아야 하는 이유

최근 중국의 경제를 비롯한 전 부문에서의 급속한 발전으로 중국어 학습과 구사 필요성이 커지고 있다.

중국어는 실제로 많은 세계인들의 인기를 얻고 비즈니스, 국제무역, 외교 부문에서 활동하는 사람들에게 매우 필요하다.

1. 중국어는 세계에서 가장 널리 확장된 언어이다.

중국어는 사용자는 12억 명에 달하고 이중에서 8억7천만 명이 북경관화 사용자이다. 중국어 사용자 수는 전 세계인구의 14%를 차지한다.

2. 북경관화는 중국에서만 사용하지 않는다.

중국어의 북경관화는 중국뿐 만 아니라 말레이시아, 싱가포르, 타이완, 인도네시아, 타이, 브루나이, 몽골, 필리핀에도 확장되어 있다. 중국어를 구사하면 이들 나라에서 공부하고 일할 수 있다.

3. 중국어를 배우는 것은 생각보다 쉽다.

세계인 대다수는 중국어가 매우 복잡하고 배우기 어렵다고 생각한다. 이는 어느 언어와도 다르기 때문이다. 그렇지만 중국어를 배우기를 두려워할 필요는 없는데, 배우기 쉽거나 어려운 언어는 없고 오직 심리적 기분에 좌우되기 때문이다. 중국어에는 동사도 없고 따라서 시제 활용도 없고, 수범주도 없다. 문자가 8만 개 이상이지만 일상생활에서는 3,500개 정도만 사용된다.

4. 중국어는 공부에 유용하다.

중국의 교육은 국제무대에서 꾸준히 빠르게 발전하고 있다. 이제 향후 몇 년 안에 중국은 세계의 주도적인 최상의 학술 센터와 경쟁할 수 있을 것이다. 오늘날 중국은 대학생들을 위한 현대적인 대학교, 훌륭한 교육 기관, 그리고 가능성을 보유하고 있다. 세계 방방곡곡에서 수천 명의 학생들이 공부하러 모여들고 있다.

매년 중국의 고등교육기관에서는 영어사용 교육프로그램이 더욱더 많아지고 있지만, 중국어를 구사하면 프로그램 선택의 폭을 넓힐 수 있을 뿐만 아니라 보다 더 수월하게 공부할 수 있다.

5. 중국어는 비즈니스에 유용하다.

중국은 현대적인 무역, 경제, 재정 및 세계적 비즈니스의 중심지로서 수많은 기업과 세계적 대기업들이 활동하고 있다. 중국은 세계 전역에 상품을 수출하고 지방의 공장에서 세계무역 상품을 생산해내고 있다.

중국과의 비즈니스는 기업 성장에 꼭 필요한 선택이다. 중국어를 구사하는 비즈니스맨은 중국에서 필수적인 전문적 유대를 쉽게 확보하고 상호협력에서도 큰 도움을 얻을 수 있다.

6. 중국어는 새로운 가능성을 열어준다.

굳이 중국에서 공부하지 않거나 지사를 개설하지 않더라도 중국어를 안다는 것은 직종에 상관없이 전문적 활동에 도움이 된다.

다수 외국어 구사는 그 자체로 세계 전역을 누비는 전문가로 높이 평가받는다. 특히 중국어의 구사는 경쟁자들 가운데 높이 주목받는 훌륭한 보너스임은 분명하다.

7. 교육의 쌍방형 방법이 많다.

중국어는 다른 유력 언어들처럼 교과서로 또는 강사로부터 배울 수 있고 온라인으로도 배울 수 있다.

이런 사이트는 Pleco, Memrise, Anki, FluentU로서 큰 어려움 없이 중국어를 배울 수 있게 해준다.

8. 중국문화와 역사를 접할 수 있게 한다.

중국의 역사와 문화는 세계에서 가장 오래되고 풍부하다. 예술, 영화, 문화도 발전하고 있다. 중국 전역에서는 수많은 역사 유적과 관광명소가 있다. 중국어를 구사하면 중국의 고유한 문화를 개인적으로 접할 수 있고 이에 빠져들게 한다.

9. 중국 전역을 여행할 수 있게 한다.

중국의 관광명소와 자연경관은 개인에 각인되기 때문에 공부, 일, 또는 관광목적으로 오면 중국의 여러 곳을 여행하고 구석구석을 다녀보고 찬란함을 알게 된다.

대도시에서 의사소통은 영어로도 가능하지만, 적잖은 역사적, 자연적 보고가 숨겨져 있는 지방에서는 영어가 잘 통하지 않는다. 지역 주민과의 소통, 호텔, 상점, 차를 렌트할 수 있게 해주는 중국어가 필요함은 물론이다.

10. 중국어는 재미있고 매력적이다.

많은 사람이 단지 흥미로써만 중국어를 배운다. 그러나 중국어는 신비롭고 이국적인 아시아문화 세계를 여는 문이다. 또한, 한자와 한문의 뜻을 익히면 인류 문명의 심오함을 표기한 문헌을 읽고 이해할 수 있다.

5. 국제어로서의 러시아어

러시아어는 소련(USSR)을 구성한 15개 연방 공화국 중 하나인 러시아소비에트연방사회주의공화국의 공식어이자 소련의 민족 간 의사 소통어, 즉 링구아 프랑카였고 현재도 러시아연방의 국어이자, 포스트소비에트공간(또는 유라시아) 14개 신생국들의 제2 국어나 링구아 프랑카로 사용되고, 법적 규정이 없어도 사실상의 공식어이다.

20세기 초 러시아제국의 1억5천만 명이 러시아어를 구사하고 있었다. 90년이 흐른 1991년 말 소련의 해체 전까지 약 3억5천만 명이 러시아어를 구사하게 되었는데, 이중에서 2억8천6백만 명이 소련 인민으로 러시아어는 이들의 사실상의 국어이자 모어였다.

또한 동부유럽과 발칸 제국, 아시아 국가들의 7천만 명 이상이 러시아어를 어느 정도 구사할 수 있었다.

2004년 러시아어 구사자는 2억7천8백만 명으로 줄었고, 러시아연방의 러시아어 사용자는 1억4천만 명 정도이다. 그러나 2006년에는 러시아어가 러시아연방 1억3천만 명 주민의 모어이자 독립국가연합[83]과 발트 지역의 2,640만 명, 독일과 여타 유럽 국가, 미국, 이스라엘 등에서의 740만 명 등 총 1억6천380만 명의 모어이다. 그리고 독립국가 연합과 발트 지역의 1억1천400만 명 이상의 제2언어로서, 그 외 국가에서는 외국어로서 러시아어를 구사하거나 알고 있다.

또한, 2013년 3월 W3Techs의 통계에 따르면 러시아어가 인터넷 사용에서 2위를 차지하고 있다.[84]

이와 같은 사용자 수로 볼 때, 중국어, 힌두-우르드어, 영어, 스페인어 다음이고 국제연합을 비롯한 많은 국제기구에서 공식어이자 실무통용어이다.

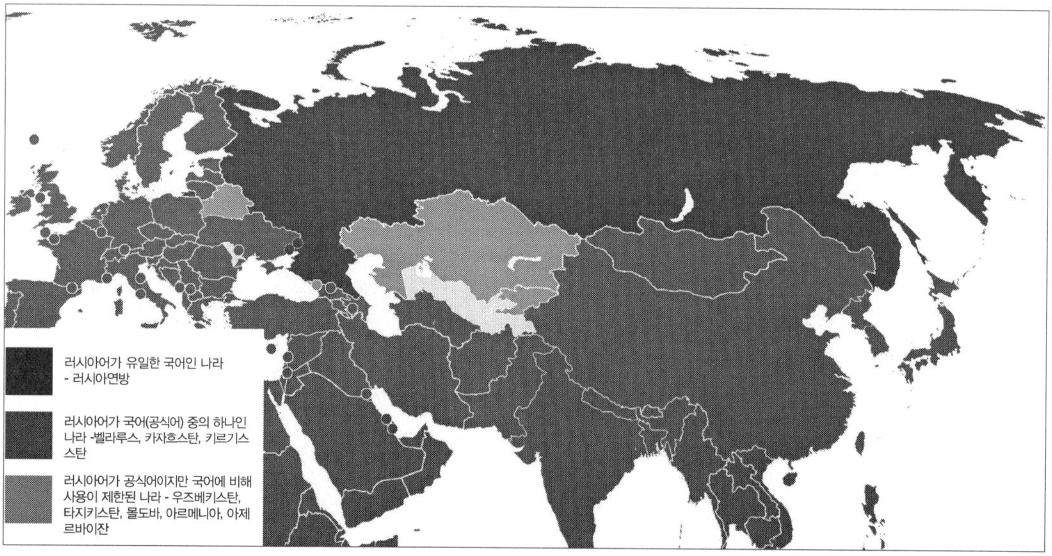

83 1991년 러시아, 벨라루스, 우크라이나 수반이 주도하여 소련의 해체로 탄생한 10개 독립국이 국가 간 협력을 위해 만든 국제기구이다. 모든 독립국이 가입한 것은 아니어서 러시아, 몰도바, 벨라루스, 아르메니아, 아제르바이잔, 우즈베키스탄, 카자흐스탄, 키르기스스탄, 타지키스탄이 공식 회원국으로 참여하고 있으며 투르크메니스탄, 몽골, 아프가니스탄은 비공식 참관국으로 참여하고 있다. 본부는 벨라루스 민스크에 있다.

84 Русский язык стал вторым по популярности в интернете. https://lenta.ru/news/2013/03/21/strussian/

1) 러시아어의 국제적 발돋움

러시아어는 1917년 소련 사회주의혁명 전까지 다민족국가인 러시아제국의 유일한 공식어였고, 혁명 이후 소련의 건국과 더불어 일련의 언어정책에 따라 15개 연방 공화국, 20개의 자치공화국, 8개의 자치주, 10개의 민족관구 등 소련 전역에서 링구아 프랑카였다. 1991년 소련의 해체로 러시아어 사용자 수는 감소하고 있음은 분명하다.

러시아제국 당시 모든 주민은 반드시 러시아어만을 배우고 사용하게 하는 강압적인 정책이 시행되었는데, 러시아민족 외에는 이민족 또는 외부인(러시아어 Инородец, 이노로데쓰)라고 부르며 차별했고 실제로도 이들 소수민족은 러시아제국의 백성으로 인정받지 못하고 있었다. 따라서 이들의 언어도 인정받지 못했고 모든 공공기관에서는 러시아어만을 사용하도록 되어있었다. 러시아어 외의 민족어 신문과 서적의 출판은 허용되지 않았고 학교에서도 사용이 금지되었다. 이는 제국이 추진한 러시아 동화 정책으로, 러시아 민족 외 다른 민족문화의 말살을 유도한 것으로서 부정적으로 평가받고 있지만, 모든 주민들이 러시아어를 알게 됨으로써 문맹이 퇴치되었다는 긍정적 시각도 존재한다.

그러나 1917년 혁명과 함께 유일한 국어로서의 러시아어 사용 정책은 폐기되었는데, 바로 1919년 공포한 “러시아 사회주의 공화국연방 인민의 문맹 퇴치법”의 채택에 의한 것이다.

여기서는 민족 자주권이 보장되어 있는데, 그 핵심 내용이 ‘문맹인 8~50세의 모든 인민은 자율에 의해 모어나 러시아어로 읽고 쓸 수 있어야 한다.’는 것이다.

1921년 10차 공산당대회 이후 본격적인 문맹퇴치 사업 전개되어 러시아인 외 소수민족이 자신의 모어로써 법, 행정, 경제를 발전시키고 출판, 학교, 연극, 클럽활동을 할 수 있게 지원하고 계몽 활동을 위해 모어사용 인력을 양성하는 운동이 펼쳐졌다.

또한, 민족어들의 문자화 사업이 이루어졌다. 당시 소련의 130개 민족 가운데 문자를 가진 민족어는 20개에 불과했고, 러시아, 우크라이나, 그루지야, 아르메니아만이 표준어와 고유문자를 보유했을 뿐이다.

이들 외에 혁명이전부터 기독교도인 모르드바인(Мордвины)[85], 오세트인(Осетины)[86], 추바쉬인(Чуваши)[87], 코미인(Коми)[88], 우드무르트인(Удмурты)[89], 야쿠트인(Якуты)[90]들이 키릴문자를 사용하고 있었고, 에스토니아인, 라트비아인, 리투아니아인들이 라틴문자를, 라마교도인 부랴트인(Буряты)[91], 칼므이크인(Калмыки)[92]들이 고대 위구르–몽골문자를, 유대교도인 카라임 유대인(카라임인 Караимы)[93], 크르임 유대인(크림착인 Крымчаки)[94], 그리고 중앙아시아와 동유럽의 유대인들이 고대유대문자를 사용하고 있었다.

마지막으로 중앙아시아와 캅카스(코카서스)지역의 모슬렘들이 아랍문자를 사용하고 있었지만, 그 사용영역은 성직자와 일부 귀족에 한정되어 있었다.

1917년 12월 키릴문자 개혁을[95] 단행하고, 1930년 8월 중앙아시아의 성직자와 극히 소수의 지배자들만이 사용하던 아랍문자를 라틴문자로 교체하기 시작했다. 동시에 표기체를 갖지 못한 북방민족에게 라틴문자를 보급하였다. 그러나 1936년부터 카바르다인(Кабардинцы)[96]들을 시작으로 1937~40년 사이에 아르메니아와 그루지야를 제외한 남캅

85 이들은 핀–우고르어파의 모르드바제어에 속하는 에르자어와 모크샤어를 사용하고, 에르자인과 모크샤인이라고 하는 두 개의 집단으로 나뉘어 있다. 다만 모르드바제어를 사용하는 인구는 90만 명 정도로, 일부 사람들이 러시아어를 사용하고 있다. 모르드바 공화국의 토착 주도 민족이다.

86 캅카스의 이란어파의 오세트어 사용 민족으로 러시아연방의 북오세티야공화국, 그리고 조지아의 사실상 독립국인 남오세티야공화국에 약 60만 명이 거주한다.

87 투르크어파의 언어를 사용하는 민족으로 추바쉬공화국에 약 150만 명이 살고 있다.

88 핀–우고르어파의 코미–즈이랸어(коми–зырянский)어를 사용하는 민족으로 약 35만 명이 코미공화국과 페름변경주에 거주한다.

89 핀–우고르어파의 우드무르트어를 사용하는 민족으로 약 55만 명이 우드무르트공화국에 거주하고 있다.

90 투르크어파의 야쿠트어를 사용하는 민족으로 약 48만 명이 사하–야쿠티야공화국에 거주한다. 자신들은 사하(Саха)인으로 부른다.

91 몽골어계의 민족으로 인구는 436,000명이 부랴트 공화국을 중심으로 거주하고 있다. 가장 북쪽에 거주하는 몽골인이다.

92 몽골어계의 민족으로 약 18만 명이 칼므이키야공화국을 중심으로 거주하고 있다.

93 유대교의 한 분파인 카라이테 유대교를 믿는 투르크계 민족으로 소련 당시 약 2천 명, 현재 러시아에는 200명 정도 거주하고 있다.

94 랍비유대교를 신봉하는 유대인들로 소련당시에는 1천 명 정도가 거주했고, 현재 러시아에는 약 300명 정도 있다.

95 고어적이거나 사용하지 않는 철자 Ѣ (ять), Ѳ (фита), І («и десятеричное») 대신 Е, Ф, И로 교체하고 문법에서의 오래되어 사용하지 않는 형태를 제거하는 등의 개혁을 1917년부터 1918년까지 단행했다.

96 북캅카스계 민족으로 러시아에 약 52만명이 거주하고 있다. 19세기 중반까지 표기체를 갖지 못하다가 1855년 아랍문자 기반의 표기체를 만들었다. 그러나 1924~1936년 소련정부에 의해 라틴문자로 바뀌었다

카스의 아제르바이잔, 다게스탄을 포함한 북캅카스, 그리고 중앙아시아 전역에서 라틴 문자를 키릴문자로 전면 교체했다. 이는 슬라브계를 제외한 모든 소수민족이 러시아어를 수월하게 익히는데 큰 도움을 주었다.

이렇게 하여 본격적으로 러시아어 교육이 시작되었다.

1938년 소련인민대표자대회와 전 러시아공산당중앙위원회에서 '모든 민족공화국들과 주 단위 지역학교에서의 러시아어 필수 교육법'[97]이 제정되었는데, 여기에는 러시아어의 우월적인 지위 내용은 없지만 일부 민족어의 사용제한 및 러시아어의 강제적인 교육 시행이 담겨있었다.

이후 민족 간 의사소통어(링구아 프랑카)로서 러시아어의 지위와 사용이 급격 증가하여 소련의 마지막 인구센서스에 따르면, 러시아인들 외 비러시아인들의 러시아어 사용자 수는 약 9천만 명에 달했다.

2) 국제어로서의 러시아어

러시아어는 사용자 수 1억8천만 명 이상으로 중국어, 힌두-우르드어, 영어, 스페인어 다음으로 5위를 차지하고, 사용자 분포의 세계화, 사용 국가 수, 그리고 각국 사회 주도 계층의 이해 정도에 따라 국제어의 기능과 지위를 보유하고 있음이 분명하다.

러시아어는 역사적, 지정학적 상황에서 정통성과 정체성을 유지하면서 서방과 동방의 여러 언어의 풍부한 어휘와 문체를 흡수했고, 988년 동방정교를 받아들이면서 그리스(비잔티움)어, 라틴어, 교회슬라브어[98]와 동슬라브어(러시아어, 우크라이나어, 벨라루스어)를 접목시켜 국제어로서의 발전 기반을 마련했고 이를 바탕으로 세계적으로 잘 알려진 우수한 문화, 과학, 학술, 정치, 기술, 문학 등의 업적을 창조해 내었다.

러시아어는 무선송수신, 항공-우주 통신의 세계적 의사소통 수단이며 세계적으로 지

가 결국 키릴문자를 사용하게 되었다.

97 Постановление "Об обязательном изучении русского языка в школах национальных республик и областей" (1938).

98 교회슬라브어는 동슬라브민족 최초의 국가인 키에프루스가 동방정교회를 받아들이며 성서와 교회서적을 기록한 남슬라브어 기반의 문어이다.

식의 확장과 보급의 매개체 역할을 하는 링구아 프랑카 기능을 수행하고 있다.

국제적으로 열강의 지위를 가진 러시아연방의 국어인 러시아어는 당연히 외교, 통상, 교통, 관광의 언어이기도 하다.

러시아어는 러시아제국이 강대국으로 등장한 19세기 이후부터 소련의 해제 전까지 세계 모든 대학에서 교육되었던 가장 중요한 외국어 중의 하나이다.

특히 2차 대전에서 승리한 소련의 군사 및 기초, 응용, 첨단 과학기술의 발달로 세계 91개국, 2억 명 이상의 학생, 대학생, 일반인들이 학습했던 중요 외국어였다.

러시아어는 1917년 러시아 사회주의 혁명 이후 건국한 소련의 15개 연방공화국, 그리고 1991년 소련의 해체와 함께 독립한 15개국의 국어, 공용어, 민족 간 의사소통어이자 제2 모어이다.

현재 포스트소비에트 공간을 제외한 국가에서 러시아어를 교육받는 인구는 1천만 명 정도이다. 과거 소련의 위성국이었던 동유럽 국가들에서는 국가의 강제로 러시아어의 교육과 사용이 줄었지만 서방에서는 경제적인 이유로 오히려 러시아어에 대한 관심이 자연스레 증가했다.

3) 국제기구에서의 러시아어의 지위

다음과 같은, 러시아가 가입한 많은 국제 기구에서 공식어 또는 실무통용어이다:

독립국가연합(Commonwealth of Independent States, CIS)

유럽안보협력기구(Organization for Security and Cooperation in Europe, OSCE)

국제연합(United Nations, UN)

국제원자력기구(International Atomic Energy Agency, IAEA)

국제민간항공기구(International Civil Aviation Organization, ICAO)

유네스코(유엔 교육 과학 문화 기구, United Nations Educational, Scientific and Cultural Organization, UNESCO)

세계보건기구(World Health Organization, WHO)[99]

---

99 소련 해체 후 사용이 일시적으로 제한되었으나 다시 부활했다.

세계지적재산권기구(World Intellectual Property Organization, WIPO)

국제통신연맹(International Telecommunication Union, ITU)[100]

세계기상기구(World Meteorological Organization, WMO)

세계관광기구(World Tourism Organization, UNWTO

유엔식량농업기구(Food and Agriculture Organization of the United Nations, FAO)

국제농업개발기금(International Fund for Agricultural Development, IFAD)

유라시아경제공동체(Eurasian Economic Community, EEC, 러시아어 Евразийское экономическое сообщество, ЕврАзЭС)

집단안보조약기구(Collective Security Treaty Organization, CSTO, 러시아어 Организация Договора о Коллективной Безопасности, ОДКБ)

상하이협력기구(Shanghai Cooperation Organization, SCO, 러시아어 Шанхайская организация сотрудничества, ШОС)

남극조약사무국(Antarctic Treaty Secretariat)

국제표준화기구(International Organization for Standardization, ISO)

국제형사재판소(International Criminal Court, ICC)

국제적십자·적신월운동(International Red Cross and Red Crescent Movement)

유엔난민고등판무관사무소(United Nation High Commissioner of Refugee

유엔아동기금(United Nations Children's Fund, UNICEF)

또한, 국제노동기구(International Labor Organization, ILO)에서는 공식어는 아니지만 문서, 총회, 행정위원회에서 러시아어를 사용한다.

전체적으로 볼 때, 소련 해체 후 국제기구에서 공식어로서의 러시아어의 지위는 여전하나 실무 통용어로서의 역할이 축소된 것은 사실이다.

러시아연방이 정치적, 경제적으로 안정을 찾자 과거 소련 당시의 권위를 찾기 위해 외교부가 국제기구에서의 기존의 지위 보유 및 새로운 가입 기구에서의 지위 확보에 많은 노력을 기울이고 있다.

100 소련 해체 후 사용이 일시적으로 제한되었으나 다시 부활했다.

2000년 UN의 러시아어 웹사이트가 만들어졌고, 2001년 UN 라디오 방송을 시작했다. 이는 미국 주도의 영어권 국가와 영어의 과도한 사용, 지배를 제한하려는 여타 회원국들의 노력이 수반된 것도 사실이다.

4) 과거 사회주의 진영에서의 지위변화

1990년대 후반 들어 러시아어에 대한 관심이 부활하기 시작했다.

전통적인 우호국인 불가리아는 500만 명에 달하는 국민 대부분이 러시아어를 구사한다. 비록 90년대 초 과거의 지위를 상실하면서 영어, 독일어 다음으로 추락했지만 2000년대 들어 관심이 고조되고 있다.

반소련, 반러시아 정서가 강한 폴란드에서는 90년대 초 사용영역이 급속히 축소되었고, 현재는 초중학생들이 영어, 독일어 다음으로 선호하는 언어가 러시아어이다. 역시 2000년대 들어 관심 부활하고 있다.

중국에서는 중등학교와 대학에서 러시아어 과목이 축소되었는데, 영어의 확장과 취업의 어려움 때문이다.

소련의 해체 전까지 러시아어가 가장 중요한 외국어였던 북한에서는 1991년 이후 교육시간이 축소되었고, 90년대 말에는 사용제한 조치까지 시행되었다. 그러나 러시아 푸틴 대통령 취임 이후 이전의 지위를 어느 정도 회복하는 중이다.

중국 만주 지역의 러시아어 표기 가게 간판

5) 서방진영에서의 러시아어의 지위

미국에서 러시아어의 구사인구는 120만 명에 달하는데, 대부분 소련 혁명 당시 탈출한 이주자들의 후손들이다. 1991년 이후 최근 20년간 러시아어, 러시아학 연구자 수가 급감했지만, 서서히 회복하고 있다.

영국은 러시아어의 구사인구가 5만 명 정도이고, 학교에서 8천 명이 배우고 있다. 외국어 의무

교육 정책으로 인해 러시아어를 배울 수 있지만, 국가재정의 교육비 지원 축소 영향을 받고 있다.

미국 뉴욕의 비라이튼 비치 애비뉴의 러시아 타운

러시아어 구사인구가 600만 명에 달하는 독일은 프랑스와 더불어 서방에서 러시아어 사용이 가장 활발하다. 러시아어 구사자의 절반은 소련 해체로 본국으로 귀환한 2차 세계대전 포로의 후손들과 러시아어를 모어로 간주하는 유대인들이고, 나머지는 동독주민들이다. 동독에서는 러시아어가 제1외국어로서 의무교육이었다.

1917년 소련 혁명을 피해 탈출한 40만 명(지식인과 예술인이 많았다)이 자리 잡은 프랑스에서는 현재 거의 전 지역에서 러시아어 교육이 이루어지고 있다.

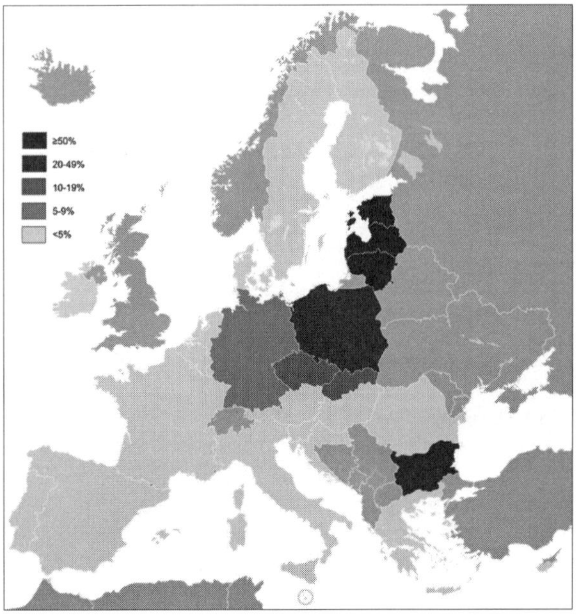

유럽의 러시아어 구사 비율

시베리아횡단열차

아시아에서는 일본이 러시아어 교육과 사용이 가장 확장되어있는데, 대륙으로의 진출(공격) 욕심이 커 전통적으로 러시아와 러시아어에 대한 관심이 크다.

대한민국은 1990년 외교관계 정상화 이후 러시아와 러시아어에 대한 관심이 급증했지만 소련의 해체와 1990년대 후반 양국의 IMF사태로 교류가 축소되었고 러시아어에 대한 관심도 줄어들었다. 이는 제1외국어로서 영어의 절대적 지위와 압도적 사용으로 제2외국어에 대한 관심이 적고 더욱이 다른 외국과 언어에 비해서도 양국 간의 교류 기간이 짧다는데에도 그 원인이 있다. 결국 러시아와 러시아어에 대한 인식이 부족하기 때문이다.

그러나 1999년 이후 시베리아횡단철도(Транссибирская магистраль, Trans–Siberian Railway TSR)[101]연결, 경제 협력 확대, 다양한 학술 교류 등으로 긍정적인 발전이 기대된다.

시베리아 횡단철도 노선도

101 러시아의 우랄산맥 동부의 첼랴빈스크(Челябинск)와 블라디보스토크(Владивосток)를 연결하는 약 9288km의 대륙횡단철도로 쉬지 않고 약 7일이 소요된다.

6) 포스트소비에트 독립국에서의 러시아어

(1) 남캅카스

남캅카스 3국 중에서 아제르바이잔의 러시아어 구사자는 전 인구의 70%에 달하는 550만 명이다(러시아인은 전 인구의 2%).

러시아어는 어떠한 법적지위도 갖지 못하고 국어는 아제르바이잔어로 규정되어 있다. 포스트소비에트 공간에서 가장 먼저 모든 교육기관에서 국어로의 전환이 이루어졌다. 또한 키릴문자에서 라틴문자 교체도 가장 먼저 이루어졌다.

아르메니아의 러시아어 구사자는 전 인구의 70%에 달하는 200만 명이다(러시아인은 전 인구의 3.5% 미만).

러시아어의 법적 지위는 없고 학교에서의 교육언어는 국어인 아르메니아어이다. 그러나 독립 초기 아제르바이잔과의 영토 분쟁으로 친 러시아 정책으로 전환하면서 1999년 "아르메니아의 교육체계와 사회-문화생활에서의 러시아어 개념"을 도입하여 러시아어 교육 필요성을 확인했다. 이미 1995년부터 러시아어가 모든 학교에서의 필수과목으로 지정되었다.

그루지야에서 국가명칭을 바꾼 조지아의 러시아어 구사자는 확인되지 않는데, 전 인구의 6%인 12~13만 명이 러시아계이다. 위 두나라와 더불어 러시아어 사용자는 상당한 비율을 차지하지만 반러시아 기운이 가장 강하여 러시아어 사용을 밖으로 드러내지는 못하고 있다.

조지아어가 국어이고 그 외의 언어는 모두 외국어로 간주한다.

각급 학교에서도 러시아어는 단순히 외국어일 뿐이다. 또한, 러시아어 학교가 폐교 당했고 러시아 관련 교과목 수도 급격히 줄었다. 그러나 학생들의 러시아어 선호도는 여전히 높다

(2) 슬라브권

러시아와 같은 동슬라브 민족 국가인 벨라루스에서 러시아어가 벨라루스어와 함께 국어이다. 러시아어 구사자는 전 인구의 80%이상에 달한다(러시아인은 전 인구의 11.4%로 약 100만 명). 실제로 모든 도시민이 러시아어를 구사하고 모어인 벨라루스어보다 더 많이 사용한다. 러시아어는 모든 학교에서 필수 과목이다.

우크라이나에서는 전 인구의 54%가 러시아어를 모어로 간주할 정도이다(러시아인은 전 인구의 22%). 또한, 인구의 80%가 사회활동에서 러시아어를 사용했다(1989년 통계).

그러나 2014년 러시아가 크림반도를 강제로 합병시키고 동부지역에서 내전을 부추기자 반 러시아로 돌아섰다. 현재 러시아어를 교육하는 학교 수는 급감했고, 전체적으로 러시아어 사용을 부정적 시각으로 본다. 2014년 이전까지도 러시아인이 다수인 크르임에서는 러시아어의 사용이 절대적이었고, 동부 지역도 사실상 러시아어권이다.

슬라브권에서 독특하게 로망스어 국가인 몰도바에서는 러시아인은 13%정도이고 이들은 대부분 사실상의 독립국인 프리드네스트로베(Приднестровье)[102]에 거주한다. 더욱이 전 인구의 68%가 러시아어를 모어 또는 제2의사소통어로 인식하고 있으며 법률로도 러시아어를 민족 간 의사소통어로 규정하고 있다. 정부 정책에 따라 학교에서의 러시아어 수요는 증가하고 있다.

(3) 중앙아시아

중앙아시아 5개국 중 먼저 카자흐스탄의 러시아어 구사자는 85%에 달한다(러시아인은 총 인구의 20% 정도). 카자흐스탄은 130개 이상의 다민족으로 구성된 국가로서 모든 민족의 평등을 보장한다는 정책을 기반으로, 러시아어가 사실상 지배적, 절대적인 의사소통수단이며 국어인 카자흐어와 동등한 지위를 가진다. 러시아어를 학습하는 학생과 대학생의 수가 꾸준히 증가하고 있다.

키르기스스탄의 러시아어 구사자는 32%이다(러시아인은 총 인구의 18% 정도). 포스트소비에트국가 중 러시아어를 가장 먼저 공식어, 민족 간 의사소통어로 규정했다. 실제로 러시아어가 모든 사회활동영역에서 사용되고, 교육, 학술, 과학, 문화의 기본 언어로 규정되어 있다. 모든 학교에서 국어인 키르기스어와 공식어인 러시아어가 필수 과목이다.

타지키스탄의 러시아어 구사자는 분명하게 확인되지는 않지만 상당한 비율을 차지할 것임은 분명하다(러시아인은 총 인구의 3.5%). 헌법에서 국어는 타지크어, 러시아어는 민족 간 의사소통어지만 러시아어가 사실상 행정, 경제 활동에 널리 사용되고 거의 모든 학교에서 러시아어 교육이 이루어지고 있다.

가장 폐쇄적이고 중립국인 투르크메니스탄에서는 러시아어 구사자가 70% 이상이다(러시아인은 총 인구의 12%). 소련 당시에도 러시아어 구사능력이 가장 높았다. 1990년 헌법에서는 러시아어는 민족 간 의사소통어로 규정되었지만 2001년 이후 모든 대학에서는 국어인 투르크멘어로만 강의하도록 의무화되었고, 사회 전 분야에서 러시아어 사용이 금지되었지만, 최근 러시아어의 사용이 조금씩 부활하고 있다.

중앙아시아에서 가장 인구가 많은 우즈베키스탄에서는 러시아어 구사자가 전 인구의 70%에 달한다(러시아인은 총 인구의 14.2%). 1995년 국어법에서 러시아어의 민족 간 의사소통어의 지위 규정을 폐기했고, 공식어로서의 러시아어 사용 영역을 축소하려 했지만 사실상 실패했다. 독립 초기 러시아어의 사용 축소 정책의 부정적 영향으로 러시아어 사용자들이 우즈베키스탄을 떠나버려 경제, 과학, 학술, 보건, 문화 부문에서의 국가적 침체가 두드러졌기 때문이다.

---

102 트란스니스트리아(Transnistria)로도 알려져있다. 이 지역은 몰도바 동쪽 드네스트르 강 동쪽 연안의 남북으로 길게 이어진 것으로 몰도바가 독립과 함께 루마니아와의 통합 정책을 펴자 러시아어 사용자들이 반발하여 독립을 선언한 곳이다.

(4) 발트지역

에스토니아의 러시아어 구사자는 전 인구의 32%(45만 명)로 추정한다(러시아인은 총 인구의 28%). 그러나 에스토니아계의 77%(70만 명)가 러시아어를 구사하지만 드러내지는 않는다. 이렇게 볼 때, 전체적으로 러시아어의 구사인구는 총 인구의 82%(115만 명)에 달한다. 정부는 에스토니아동화정책을 강력하게 추진하고 있다. 그러나 소련 시기 슬라브계 주민의 대규모 유입으로 우크라이나인(2.5%), 벨라루스인(1.5%)도 일정 규모로 존재하여 러시아어가 민족 간 의사소통어이다. 1998년 이후 학교에서 러시아어가 교과목으로 부활했는데, 이는 많은 수의 러시아인들이 관광목적으로 방문하는데 기인한다. 이는 발트 3국에 모두 해당한다.

라트비아의 러시아어 구사자는 전 인구의 85%(2001년)에 달한다(총 인구에서 러시아인 30%, 벨라루스인 4.1%, 우크라이나인 2.7%). 1999년 이후 학교 교육은 국어인 라트비아로만 이루어지고, 영어가 필수 제1외국어가 되었다. 러시아어는 제2외국어일 뿐인데, 가장 강력한 반러시아정책을 펴고 있기 때문이다. 다민족 국가인 라트비아에서 러시아어가 여전히 사실상의 민족 간 의사소통어의 지위를 유지하지만 국어법에 의해 공식적인 지위를 박탈당하고, 외국어의 하나로 간주되고 있다. 특히 매스컴에서 러시아어의 사용이 금지되었다.

리투아니아는 발트 국가 중 러시아인의 수가 인구의 8.4%로 가장 적지만, 러시아어 구사자가 60%에 달한다. 1995년 국어법에 따라 리투아니아어를 유일한 공식적 의사소통어로 규정했고, 사실상의 민족 간 의사소통언어인 러시아어는 공식적으로 인정하지 않는다. 그렇지만 최근 영어, 프랑스어, 독일어의 대안언어로 간주하기 시작했고, 실제로도 영어 다음으로 중요한 기본 언어로 인정하고 있다.

이렇게 볼 때, 포스트소비에트 독립국들에서 러시아어의 상황을 다음과 같이 세 유형으로 분류할 수 있다.

먼저 러시아어가 지위, 기능에서 독립국의 국어에 종속 된 유형으로 국어는 오직 하나이고 러시아어가 언어는 종속적인 지위로 추락하여 어떤 지위나 기능도 갖지 못하는 경우로서 발트 3국, 투르크메니스탄, 우즈베키스탄, 아르메니아이다.

둘째, 러시아어의 지위나 기능이 국어에 종속되기는 하지만, 실체는 유지하고 있는 경우로 몰도바, 우크라이나, 타지키스탄에서 볼 수 있다. 특히 타지키스탄에서 국어는 타지크어지만 러시아어가 사실상의 민족 간 의사소통어이고 몰도바와 우크라이나는 러시아어 사용지역이 분명하게 나눠져 있다.

마지막으로 국어가 2개로서 모어와 러시아어가 동등한 지위를 가지는 경우로서 벨라루스, 카자흐스탄, 키르기스스탄이다.

전체적으로 볼 때, 포스트소비에트 공간 독립국들의 탈 러시아, 러시아어 배제 정책은 그리 성공적이지 않았다. 이는 70년 이상의 소련 통치로 러시아어가 민족 간 의사소통어로서 확고하고, 소련은 해체 되었지만 러시아 영향력이 부활하고 증대되고 있는데, 러시아가 주도하는 독립국가연합이 존재하기 때문이다.

7) 러시아어의 미래

다양한 인종과 민족의 130개 이상의 언어가 공존하는 과거 소련, 현재의 러시아연방, 포스트소비에트 독립국들에서 러시아어의 지위와 기능은 여전한 것은 사실이다.

비록 소련 해체 후 초기에는 포스트소비에트 독립국들에서 러시아어 사용을 제한하거나 금지 조치가 나왔지만, 러시아의 안정 이후 다시 부활하는 과정에 있다.

소련 당시 민족 간 의사 소통어 기능을 가졌지만 15개 독립국에서 공식, 비공식 국어, 공용어, 민족 간 의사소통어가 되면서 사용 국가 수에서나 영향력 정도에 있어 국제어가 된 것임은 분명하다.

러시아의 영토, 인구, 표준성, 정치, 경제, 사회, 문화적 영향력이 세계적이지만 러시아의 경제력과 인문학적 비중, 대외 영향력이 과거 소련 당시에 미치지는 못해 영어와 경쟁했던 20세기 중반과 비교가 되지는 않는다.

8) 소련의 언어정책

1917년 사회주의 혁명 이후 창건한 소련은 130개 민족으로 구성된 다민족국가였다. 민족 간 의사소통어를 정하여 세계최초의 사회주의 국가건설을 수월하게 만드는 것은 당연했지만 건국 초기에는 러시아제국 시기 탄압받았던 소수민족에게 자율권을 주어 소비에트 공동체 형성에 우호적으로 참여하도록 유도했다. 이에 따라 소수 민족어를 표준화하고 표기체를 제정해주고 문맹퇴치운동을 전개하였지만 스탈린이 통치하면서 러시아어를 소련의 유일한 공용어, 공식어로 만드는 정책을 취하기 시작했다. 이렇게 하여 소련 시기 약 70년 간 러시아어의 지배가 확고해진 것으로 보였지만, 소련의 해체와 함께 러시아연방을 제외한 14개 독립국들은 자신의 모어를 국어로 정하고 러시아어를 배제하고 있다. 즉, 인위적인 언어 사용의 강요는 실패할 수 없음을 잘 보여주는 것으로 이는 35년 간 일제의 지배와 소위 '조선어 말살 정책'이 실패한 것과 비슷하다고 여길 수 있다.

소련의 언어상황은 비교적 짧은 기간 동안 언어정책이 어떻게 만들어지고 시행되고, 그 결과는 어떠했음을 잘 보여주는 전형적인 사례로 사회언어학의 주요 관심대상이다.

(1) 소련 초기의 언어정책

러시아제국은 1864년까지 시베리아, 중앙아시아, 캅카스 지역의 식민지화를 완료했다.

이에 따라 러시아제국의 영토를 승계한 소비에트 연방은 슬라브제어, 로망스어, 투르크제어, 이란어파, 몽골어, 만주–퉁구스어, 핀–우고르제어, 고아시아제어, 중국어, 티베트어, 아르메니아어, 캅카스제어, 한국어 등 130개 민족과 언어가 사용되는 다민족국가가 되었다.

(2) 레닌의 민족–언어정책

1917년 혁명을 주도한 레닌((1870~1924년)은 1917년 "러시아 영내에서의 제 민족 권리선언"을 공표하여 모든 소수민족의 사회주의국가 창건 참여를 유도했는데, 이 권리선언은 다음의 주요 내용을 가지고 있었다.

1. 러시아내 모든 민족의 평등과 주권재민
2. 독립국을 세울 정도의 자결권
3. 모든 민족적 특권의 폐지
4. 모든 민족들의 자유로운 발전

즉, 이는 사회주의 기치 하에 자발적인 민족동맹을 창출하여 소비에트 연방의 안정을 도모하기 위한 것이었다.

(3) 스탈린의 민족–언어정책

1924년 레닌이 사망하자 정책의 변화가 나타났다. 스탈린은(1879~1953년)은 비 러시아인들을 소련에 충성하게 만들고 이들을 공산주의 지도부에 끌어들이는데 목표를 두었는데, 이는 우선 소련체제를 안정시킨 뒤 세계 공산화를 추진한다는 순서를 정했기 때문이다. 이에 따라 레닌의 상대적으로 유연한 민족–언어정책은 수정될 수밖에 없었다. 스탈린은 소비에트 체제를 보다 더 강고히 만들기 위해 1인 독재, 중앙권체제를 강화하는 정책을 시행하고, 소수민족을 비롯한 여러 민족에 대한 탄압 정책을 추진하여 민족의 고유한 정체성을 말살하고 소비에트인간, 소비에트언어라는 인위적인 개념을 만들어 내었다.

1930년대 초부터 모든 연방공화국과 민족(자치)공화국은 중앙정부의 가혹한 통제 하에 들어가 문화적 다양성과 다원주의는 전체 소비에트화의 기운에서 통합이라는 명분에 자리를 내줄 수밖에 없게 되었다.

(4) 문맹퇴치운동

이와 동시에 소비에트 연방과 공산주의를 선전하기 위해 1920~30년대에 문맹 퇴치 운동이 전개되었다. 소련 창건 전 러시아 제국 당시 약 130여 개의 민족 중 20여 민족만이 문자를 보유하고 있었고 문자를 가졌어도 극소수를 제외하고는 대부분 문맹이었다.

소수의 언어들만이 표준어의 수준까지 격상되었지만, 사실상 몇몇 언어들만이 생존할 수밖에 없는 상황이었다. 이러한 상황에서 표준어와 표기체를 정하고 문해력을 키우는 언어 구축은 교육 기회의 확대로 가능할 뿐이었다. 또한, 다민족, 다언어 국가인 소련에서 여러 다른 민족 관계는 언어 자체와 언어들 간의 상호이해 관계와 긴밀히 연관되어 언어를 통한 그룹화를 확립하고 이를 바탕으로 민족정체성을 수립하게 되었다.

(5) 언어정책 추진 방향의 사례

캅카스의 아제르바이잔과 중앙아시아 5개국은 모슬렘이 토착주도민족이자, 타지크인을 제외하고는 투르크어 그룹의 언어를 사용하는 지역으로 소비에트 정부는 근대화의 세 추진 방향을 설정했다.

먼저 코드화와 표준화를 통해 지역 언어들의 표준화 및 어휘의 풍부화를 지원했다.

동시에 산업, 기술부문에서 아랍 및 투르크어 차용어를 제거하고 소위 국제주의(Internationlism)를 통한 첨단의 문명, 문화 어휘를 가진 러시아어와 국제 용어의 도입 추진했는데, 이는 사전 편찬과 이의 수차례의 개편작업을 통해서 가능했다.

그렇지만 이런 정책 추진에도 기대할 만한 성과를 거두지 못한다는 것을 이유로 들면서 민족, 인민의 융합, 소통을 위해 민족간 의사 소통어, 즉 모든 영역에서의 지배적인 링구아 프랑카로서 러시아어를 본격적으로 도입하고 확장시키기 시작했다.

이에 따라 러시아어가 행정, 산업, 상업, 의료, 교통, 통신의 유일한 언어이자 특수 중고등 교육기관(기술, 엔지니어, 의학교육기관)에서의 교육 언어로서 지역의 언어, 즉 민족어를 대체하기 시작하여 토착주민들의 언어와 문화의 추락은 피할 수 없었다.

(6) 표기체 교체

1929년부터 소련의 대부분의 민족어에서 사용되기 시작한 라틴문자(야날리프[103])는 1930년대 말부터 키릴문자 기반의 새로운 표기체로 교체되었다.

33개 철자와 변음 부호를 갖춘 변형 키릴문자만이 각 언어의 속성과 차이를 밝히고 잘 표현해 수 있고, 서방과는 다른 언어 그룹으로서의 언어 정체성을 확고히 할 목적으로 소련

---

103 신 문자를 의미하는 야날리프(Yañalif)는 처음에는 아랍문자를 사용하던 투르크계 민족의 언어를 표기하기 위한 것이었지만, 문자가 없던 북방 소수민족어의 표기체로 확대되었다.

내 수많은 언어의 문자 기반으로 정착되었다.

결국, 표준어가 일찍 정착하고 고유한 표기체를 가진 아르메니아어, 그루지야어를 제외하고는 모든 민족어가 키릴 기반 표기체를 가지게 되었다[104].

중앙아시아의 투르크-아랍문자

명칭	어말	어중	어두	현대 투르크제어 철자	발음
ا	ﺎ	—		a, e	[a], [e]
ء	—				
ب	ﺐ	ﺒ	ﺑ	b	[b]
پ	ﭗ	ﭙ	ﭘ	p	[p]
ت	ﺖ	ﺘ	ﺗ	t	[t]
ث	ﺚ	ﺜ	ﺛ	s	[s]
ج	ﺞ	ﺠ	ﺟ	c	[ʤ]
چ	ﭻ	ﭽ	ﭼ	ç	[ʧ]
ح	ﺢ	ﺤ	ﺣ	h	[ħ]
خ	ﺦ	ﺨ	ﺧ	h	[x]
د	ﺪ	—		d	[d]
ذ	ﺬ	—		z	[z]
ر	ﺮ	—		r	[r]
ز	ﺰ	—		z	[z]
ژ	ﮋ			j	[ʒ]
س	ﺲ	ﺴ	ﺳ	s	[s]
ش	ﺶ	ﺸ	ﺷ	ş	[ʃ]
ص	ﺺ	ﺼ	ﺻ	s	[s]
ض	ﺾ	ﻀ	ﺿ	d, z	[d]
ط	ﻂ	ﻄ	ﻃ	t	[t]
ظ	ﻆ	ﻈ	ﻇ	z	[z]
ع	ﻊ	ﻌ	ﻋ	', h	[ʕ]
غ	ﻎ	ﻐ	ﻏ	g, ğ	[ʁ]
ف	ﻒ	ﻔ	ﻓ	f	[f]

104 2차 대전 이후 소련에 병합된 발트 3국은 소련 시기에도 라틴문자를 그대로 사용했다

ق	ـق	ـقـ	قـ	k	[q]
ك	ـك	ـكـ	كـ	k, g, ğ, n	[k]
گ	ـگ	ـگـ	گـ	g, ğ	[g]
ڭ	ـڭ	ـڭـ	ڭـ	n	[ñ]
ل	ـل	ـلـ	لـ	l	[l]
م	ـم	ـمـ	مـ	m	[m]
ن	ـن	ـنـ	نـ	n	[n]
و	ـو			v, o, ö, u, ü	[v], [o], [œ], [u], [y]
ھ	ـه	ـهـ	هـ	h, e, a	[h], [æ]
ى	ـى	ـيـ	يـ	y, ı, i	[j], [ɯ]

우즈벡 아랍문자 (ئۇزبېك الفباسى)

ز	ر	د	خ	ح	چ	ج	ت	پ	ب	ە	ا
z	r	d	x	h	ch	j	t	p	b	e	a/o
[z]	[r]	[d]	[χ]	[h]	[ʧ]	[ʤ]	[t]	[p]	[b]	[ɛ]	[ɑ] [ɔ]
ن	م	ل	ڭ	گ	ك	ق	ف	غ	ش	س	ژ
n	m	l	ń	g	k	q	f	g'	sh	s	j
[n]	[m]	[l]	[ŋ]	[g]	[k]	[q]	[f]	[ɣ]	[ʃ]	[s]	[ʤ]
			ء	ئ	ې	ى	ي	ۋ	ۇ	و	ھ
			'	'	e	i	y	v	u/ö	o'	h
			[ʔ]	[ʔ]	[e]	[ɪ]	[j]	[v/w]	[u]	[o]	[h]

1929년 야날리프(신 문자)

Aa	Bb	Cc	Çç	Dd	Ee	Əə	Ff	Gg	Ƣƣ	Hh	Ii
Jj	Kk	Ll	Mm	Nn	Ꞑꞑ	Oo	Ɵɵ	Pp	Qq	Rr	S s
Şş	Tt	Uu	Vv	Xx	Yy	Zz	Ƶƶ	Ьь	’		

우즈벡 키릴문자

А а	Б б	В в	Г г	Д д	Е е	Ё ё	Ж ж	З з	И и	Й й	К к
а	бе	ве	ге	де	йе	йо	же	зе	и	йе	ка
a	b	v	g	d	e, ye	yo	j	z	i	y	k
[a, æ]	[b]	[w]	[g]	[d̪]	[je, e]	[jo]	[d͡ʒ]	[z]	[i, ɨ]	[j]	[k]
Л л	М м	Н н	О о	П п	Р р	С с	Т т	У у	Ф ф	Х х	(Ц ц)
эл	эм	эн	о	пе	эр	эс	те	у	эф	хе	(тсе)
l	m	n	o	p	r	s	t	u	f	x	ts
[l]	[m]	[n]	[ɒ, o]	[p]	[r]	[s]	[t̪]	[u, y]	[ɸ]	[χ]	[t͡s]
Ч ч	Ш ш	Ъ ъ	(Ь ь)	Э э	Ю ю	Я я	Ў ў	Қ қ	Ғ ғ	Ҳ ҳ	
че	ша			э	йу	йа	ў	қе	ғе	ҳе	
ch	sh	ʼ	ʼ	e	yu	ya	oʻ	q	gʻ	h	
[t͡ʃ]	[ʃ]	[ʔ]	-	[e]	[ju]	[ja]	[o, ø, ɤ]	[q]	[ʁ]	[h]	

독립 이후 1995년 우즈베키스탄의 라틴표기체

A a	B b	D d	E e	F f	G g	H h	I i	J j	K k
a	be	de	e	ef	ge	he	i	je	ke
[a, æ]	[b]	[d̪]	[e]	[ɸ]	[g]	[h]	[i, ɨ]	[ʒ]	[k]
L l	M m	N n	O o	P p	Q q	R r	S s	T t	U u
el	em	en	o	pe	qe	er	es	te	u
[l]	[m]	[n]	[o]	[p]	[q]	[r]	[s]	[t̪]	[u, y]
V v	X x	Y y	Z z	O' o'	G' g'	Sh sh	Ch ch	'	
ve	xe	ye	ze	o'	g'e	she	che	apostrof	
[v]	[χ]	[j]	[z]	[o, ø, ɤ]	[ʁ]	[ʃ]	[t͡ʃ]	[ʔ]	

(7) 러시아어 교육법 채택

앞에서 본 바와 같이 1938년 '모든 민족공화국들과 주 단위 지역학교에서의 러시아어 필수 교육법'채택으로 러시아인을 제외한 나머지 민족의 모어 외 제1언어, 제2모어로서의 러시아어의 교육이 소련 전 지역에서 의무화되었다.

2차 대전 당시 1941년 일시적으로 강제적인 러시아어 교육에 관한 법령의 시행을 유보했는데, 이는 부분적으로 재원의 부족을 이유로 들었지만 주된 이유는 전쟁기간 중 군대 징집에 대한 민족공화국들의 반발을 조금이나마 무마시키기 위해서였다.

(8) 흐루쇼프 시기의 언어정책

비록 흐루쇼프는 스탈린의 독재와 숙청, 민족의 탄압을 비판했지만, 오히려 그의 집권기(1953~1964)에 러시아어사용을 위한 급진적인 성과가 가시화되었다.

그는 1958~59년사이 일련의 법을 제정하여 학교교육에서 연방 공화국의 토착어를 이용한 러시아어 학습을 촉진했다. 더욱이 연방공화국의 토착주도민족의 언어는 러시아어학교에서는 사실상 선택과목으로 전락하여 러시아인과 비 토착주도 민족의 학생들이 토착주도민족의 언어를 교육 받을 가능성이 더욱더 작아졌다.

러시아어가 공식적인 국어는 아니었지만, 소련 인민 모두의 기본적인 화합 인자이자 가장 중요한 구성성분으로서의 중요한 역할을 했고 화합과 융합의 상징이 되었다.

각 연방공화국과 민족공화국의 학교에서 러시아어는 시간표에 들어간 외국어 중의 하나가 아니라 가장 중요한 교과목으로서, 환언하면 러시아어는 범국가적 링구아 프랑카가 되었고, 러시아인을 제외한 소련 모든 인민의 제2언어가 되었다.

(9) 브레즈네프 시기의 언어정책

브레즈네프 시기(1964~1982년)에는 러시아어를 범 민족적 자산으로 간주하고, 러시아어가 모든 민족들을 융합시키고 소련인민, 새로운 역사적 공동체로의 전환 과정을 지원하고 신속하게 만드는 등의 특별한 역할을 하고 있다는 지위를 부여했다.

특히 1960-1980년대에 제2언어로서의 러시아어의 구사 수준은 중앙아시아에서 크게 향상되었다.

헌법과 여타 법률에서는 명목상으로 소련 인민들 사이에는 완전한 평등이 존재했지만, 실제로 민족 간 의사소통어로서의 러시아어는 15개 연방공화국, 38개 자치공화국, 자치주/관구의 러시아어학교의 교육언어였고, 비 러시아어 학교에서는 모어 다음의 제2언어로서 널리 확장되었다.

많은 농촌지역의 학교에서는 지역어, 토착어가 사용되었지만, 도시의 모든 기술직업교육기관과 고등교육기관에서는 러시아어로서만 교육했고, 토착주도민족의 언어는 예술, 인문, 사회과학부문에서만 지배적일 뿐이었다.

(10) 러시아어교육의 강화

소련의 유일한 공용어로서의 러시아어의 사용은 더욱 강화되었는데, 이를 뒷받침하는 조치가 나왔다. 1978년 '연방공화국에서의 러시아어의 연구 및 교육의 계속적인 수행 조치'가 공표되어 러시아어 학교 외 모든 학교에서도 러시아어 교육용 지도서 및 교과서와 새로운 러시아어교육 프로그램을 제작, 도입했고, 특히 소수민족에게 심화된 러시아어 교육을 지원하기 시작했다.

이들 소수민족 학교에서 러시아어가 점진적으로 토착어를 배제하고 최대한 다양한 교과목을 가르치는 교육언어로서 러시아어를 의무적으로 사용하게 되었다.

더 나아가 유치원과 같은 취학 전 교육기관에서도 러시아어를 사용하게 만들어 러시아어를 보다 일찍이 접하게 만들었다.

러시아어 교육의 질을 향상시키기 위해 러시아어 문학 교사들을 전문적 수준에서 양성하고, 전문지식을 고양시키는 조치가 가장 엄격하게 시행되었다.

양질의 러시아어 습득을 위해 필요한 설비, 장치가 갖추어진 러시아어 문학센터를 모든 학교에 설치해 주었다.

(11) 러시아 교육강화 결과와 반발(6개 연방공화국의 사례)

학교에서 교육언어로서 토착 주도 민족어를 유지했던 모슬렘 주민이 중앙아시아 5개 연방공화국과 캅카스의 아제르바이잔연방공확국은 모두 자신들의 고유어에 대한 자부심과 애정이 커 토착주도민족의 약 90% 이상이 모어를 구사하고 있었다.

그러나 러시아어 교육의 강화로 인해 학교에서의 러시아어 교육 시간이 급격히 증가하게되어 1982년 카자흐공화국의 약 70%의 학생이 학교에서 러시아어로 교육 받을 정도가 되었다.

이에 따라 6개국 전역에서 모국어의 출판활동까지 정체되었는데, 모슬렘 주민들의 높은 인구 증가에도 불구하고 매년 토착주도민족의 언어로 발행되는 서적의 수는 약 30년 간(1958-1986년) 거의 변화가 없었다.

예를 들어, 키르기스공화국에서의 러시아어 출판물 수는 1970년 36%에서 1975년 50%까지 늘었고 1967~1977년 사이 러시아어로 기술한 학술서적의 수는 95%나 늘었다. 이에 따라 1980년대 말 국립도서관이 소장하고 있던 서적 중 키르기스어로 기술된 것은 4%에도 미치지 못할 정도가 되었다.

이런 상황은 각 공화국에서 많은 저항을 야기할 수밖에 없었다. 예를 들면, 1977년 10월 소련 연방 헌법의 개정안 초안에는 기존 헌법이 보장한, 아르메니아어, 그루지야어의 공화국 내 국어 지위를 박탈한다는 조항이 새로 들어갔다. 따라서 각 공화국들도 이 연방 헌법 초안에 기반을 두고 공화국 헌법을 개정해야 했는데, 이듬해인 1978년 아르메니아와 그루지야의 공화국 개정 헌법의 채택 과정에서 토착주도민족 출신 주민들의 저항이 발생하였다. 이에 두려움을 느낀 연방정부는 다시 본래의 아르메니아어와 그루지야어의 국어 지위를 회복시켜주었는데, 아제르바이잔도 아르메니아, 그루지야처럼 그 해에 채택된 신헌법에서 토착주도민족의 언어인 아제르바이잔어를 국어로 규정할 수 있게 되었다.

또한, 그루지야와 발트 3국에서는 취학 전 교육기관에서 러시아어로 가르치고 모든 학교에서 러시아어의 수업시간을 늘리는 것에 대한 강력한 비판이 나왔다. 더욱이 행정적인 어려움으로 인해 러시아어교육 강화정책도 전면적으로 실행되지 않았고 주민들의 저항은 계속 커졌는데, 이는 주민들이 러시아어도 모어도 습득할 수 없는 상황이 만들어지고 있다는 불만을 확산시키게 되었다.

5. 국제어로서의 아랍어

1) 국제어로서의 아랍어의 지위

아랍어는 전 세계 약 3억1천만 명의 모어(전 세계 인구의 3% 이상)이자, 약 2억7천만 명이 제2언어로 사용하고 있다.

문어인 고전 아랍어는 이슬람 경전 쿠란(Qur'an, Koran)의 언어[105]로서 전 세계 모슬렘들이 종교적 목적으로 배우고 사용하는데, 전 세계의 모슬렘은 15억7천만 명에 달한다.

아랍어는 아랍문자로 표기한다.

아랍어는 국제연합과 이의 산하 기구에서 6개 공식어 및 실무통용어 중의 하나이다.[106]

그 외 아랍연맹(League of Arab States)[107], 걸프협력회의(Gulf Cooperation Council, GCC)[108] 그리고 이슬람개발은행(Islamic Development Bank)[109]의 유일한 공식어이며 아프리카연맹

105 정통 모슬렘은 쿠란을 번역하는 것을 거부한다. 그러나 현재 여러 언어로 번역되어 있으며, 대개 아랍어와 번역문을 병행해 인쇄한 번역판도 이슬람 세계 전체에 널리 퍼져있다.

106 이집트의 외교관 부트로스 부트로스갈리(بطرس بطرس غالي 1922~2016년)가 1992년 1월부터 1996년 12월까지 제6대 유엔 사무총장을 지냈다. 그가 유엔 사무총장으로 있는 동안 유고연방 해체와 르완다 집단살해와 같은 국제 위기를 처리했다. 1997년 11월 16일부터 2002년 12월 31일까지 제1대 프랑코포니 사무총장을 지내기도 했다.

107 1945년 3월 22일 이집트 왕국, 이라크 왕국, 트란스요르단, 레바논, 사우디아라비아, 시리아 공화국이 이집트 카이로에 모여 결성한 조직으로 회원국은 알제리, 바레인, 지부티, 이집트, 요르단, 이라크, 예멘, 카타르, 코모로 제도, 쿠웨이트, 레바논, 리비아, 모리타니, 모로코, 아랍에미리트연합, 오만, 팔레스타인 국, 사우디아라비아, 시리아, 소말리아, 수단, 튀니지 22개국이지만, 시리아는 2011년 11월 시리아 내전의 영향으로 자격이 정지되었다. 아랍 연맹의 결성 목적은 "회원국 사이의 관계를 밀접하게 만들고 협력 증진과 독립, 주권을 보장하고, 아랍 국가들의 문제와 이익을 공공적으로 고려하는 데 있다." 아랍연맹 교육·문화 및 과학기구, 아랍 경제연합위원회와 같은 산하 기구를 통해 아랍권의 이익을 증진시키기 위해 노력하고 있다.

108 1081년 결성한 걸프지역 아랍 국가들의 국제경제협력체로서, 바레인, 쿠웨이트, 오만, 카타르, 아랍에미리트, 사우디아라비아가 회원국이다.

109 1957년 창설된 국제적인 재정지원 기관으로 세계 57개국이 회원국이다. 유일한 공식어는 아랍어이지만

(African Union, AU)[110], 이슬람협력기구(Organisation of Islamic Cooperation, OIC)[111] 공식어 중의 하나이다.

모든 아랍국가(알제리, 바레인, 지부티, 이집트, 서사하라, 예멘, 요르단, 이라크, 카타르, 코모로 제도, 쿠웨이트, 레바논, 리비아, 모리타니, 모로코, 아랍에미리트연합, 오만, 팔레스타인 국, 사우디아라비아, 시리아, 소말리아, 수단, 튀니지)[112]와 차드, 에리트레아, 소말릴랜드, 즉 26개국의 공식어이다.

알제리, 바레인, 이집트, 서사하라, 요르단, 이라크, 예멘, 카타르, 쿠웨이트, 레바논, 리비아, 모로코, 아랍에미리트연합, 오만, 팔레스타인 국가, 사우디, 시리아, 튀니지, 모리타니의 국민 대부분이 아랍어 사용자이다.

수단, 터키, 이스라엘, 지부티, 소말리야, 코모로제도에서는 상당수 주민들이 아랍어를 사용한다.

차드, 말리, 니제르, 중앙아프리카공화국, 케냐, 탄자니아, 나이지리아, 세네갈, 중앙아시아의 우즈베키스탄, 타지키스탄, 아프가니스탄, 그리고 남아메리카의 몇몇 국가의 소수 주민들이 아랍어를 사용한다.

아랍인이 소수인 지부티와 모리타니에서는 프랑스어와 더불어, 코모로제도에서는 코모로어와 프랑스어와 더불어, 소말리아에서는 소말리아어와 더불어, 수단에서는 영어와 더불어 아랍어가 공식어이다.

2) 아랍어의 방언과 표준아랍어

아랍어는 방언이 많기에 표준아랍어(Modern Standard Arabic, اللغة العربية الفصحى, al-fuṣ-ḥā)가 아

영어와 프랑스어가 실무통용어이다.

110 1963년 결성한 아프리카통일기구(Organisation of African Unity OAU)를 2002년 승계한, 아프리카 55개국 정부 간 국제기구이다. 공용어는 영어, 프랑스어, 아랍어, 포르투갈어, 스페인어, 스와힐리어이다.

111 1969년 9월 25일에 창설된 이슬람교 국가들의 국제기구로 전 세계 57개 회원국이 참여하고 있다. 2011년 6월 이슬람회의기구(Organisation of the Islamic Conference)를 현재 이름으로 개명한 것이다. 공식어는 아랍어, 영어 프랑스어이다.

112 이를 아랍세계라고 하는데, 아랍세계는 아랍연맹에 속하는 근동, 북아프리카, 동아프리카의 23개 나라들로서 아랍어를 공식어 중의 하나로 정하고 있다. 총 면적은 1천 3백만 ㎢이상(유럽 면적은 1천만 ㎢), 인구는 3억7천만 명에 달한다.

랍민족을 단결시키고 아랍세계의 문화를 보전하고 발전시키는 수단으로 인식한다.

현대 아랍어는 크게 서부와 동부방언으로 나누고 그 아래 다시 5개의 방언으로 나눈다. 이중 마그레브 방언들이 서부방언이고 나머지는 동부방언인데, 사실상 언어학적 시각에서는 별개의 언어로까지 보기도 한다:

마그레브방언: 모로코, 튀니지, 알제리, 리비아, 모리타니 등 북아프리카 사하라 사막 국가의 방언들이다.

이집트-수단 아랍어: 나일 강을 따라 형성된 거주지 주민들의 이집트 방언과 수단, 차드 아랍어(방언)이다.

시리아-메소포타미아 아랍어: 시리아, 레바논, 요르단, 팔레스타인 아랍어(방언)과 이라크 아랍어로 다시 나뉜다.

아라비아반도 방언: 사우디, 예멘, 오만, 페르시아만(쿠웨이트, 바레인), 시나이 반도 방언들이다.

중앙아시아 방언[113]과 키프로스 방언.

표준아랍어는 과거(7~9세기)에 사용했던 고전문어와 현대문어로 다시 나뉜다. 현대문어의 어휘들이 현대 세계의 많은 일상 및 학술어휘를 포괄하지만 각각의 아랍 국가의 일상어에서는 그리 많이 사용하지 않는다.

여러 나라에서의 아랍방언들은 서로 아주 다르고 서로 의사소통이 안될 경우도 많다.

각 아랍 국가에서 영화, TV방송, 신문 등은 대부분 표준 아랍어를 사용한다.

---

113 중앙아시아에서 아랍어는 타지키스탄, 우즈베키스탄, 그리고 아프가니스탄에 방언으로 분포하고 있는데, 소멸되어 가는 과정에 있다. 이들 방언은 여타 아랍어 방언들과 아주 다르지만 아라비아반도와 이라크의 베두윈들의 방언과는 공통점이 많다. 중앙아시아 우즈베키스탄의 사마르칸드, 카슈카다리야, 수르한다리야와 타지키스탄의 하틀론 지역, 그리고 아프가니스탄에서 유목 생활을 하는 아랍인들의 모어로서 이들의 인구는 1만 명 이하이다. 8세기에 아랍인들이 중앙아시아로 들어와 지역을 통치하고 이슬람을 주민들에게 전파하면서 아랍어가 문학과 학술의 언어가 되었다. 이 지역의 아랍인들의 다수가 고립되어 거주하고 지역주민과 거의 혼융되지 않아 1960년대까지 아랍어를 그대로 보전할 수 있었다. 19세기말 러시아제국의 지배가 시작되자 아랍 유목민들 다수는 우즈베키스탄과 타지키스탄을 떠나 아프가니스탄으로 이주했다. 현재 이들 다수는 아랍어를 구사하지 못하고 다리어(아프간어)나 우즈벡어로 말한다. 소련이 창건하자 우즈벡과 타지크의 아랍인들은 유목생활을 버려야 했고 우즈벡인, 타지크인, 투르크멘인들과 섞일 수밖에 없었다. 1959년 소련 인구센서스에 따르면, 이들의 34%만이 아랍어를 구사할 수 있었고 나머지는 우즈벡어나 타지크어를 모어로 간주했다. 현재 우즈베키스탄의 수르한다리야, 카슈카다리야, 부하라 지역의 5개 마을에 사는 노년층이 아랍어를 사용하고 있다고 한다.

여러 방언 사용자들의 문어를 통일시켜온 것이 고전문어를 보전하고 있는 이슬람과 쿠란이다. 이 문어의 형성에서 이슬람의 역할을 몰타어를 통해 살펴볼 수 있는데, 기독교가 지배적인 몰타에서는 마그레브 방언 중 하나인 몰타어가 오래전부터 개별적으로 발전해 왔다.

쿠란이 1천년 이상 고전문어를 보전하는 동안 현대의 교육받은 아랍인들이 가정에서 개별적인 방언을 사용하고 사회생활에서는 표준아랍어를 사용하면서 계속해서 문법을 단순화하고 새로운 어휘를 만들어내고 있다.

아랍어는 비 아랍계 3개국, 즉 이스라엘(히브리어), 차드(프랑스어), 에리트리아(영어, 티그레어)에서도 둘 또는 세 공식어 중의 하나이다.

3) 아랍어의 분포

아랍어가 확장된 지역은 독특하여 서남아시아 대부분 지역과 북아프리카(마그레브) 전역, 중부 아프리카와 남아프리카 일부 지역에 걸쳐 분포하고 이에 따라 아랍어는 사용자 수와 사용 국가에서 볼 때 세계적으로 가장 확장된 언어 중의 하나이다.

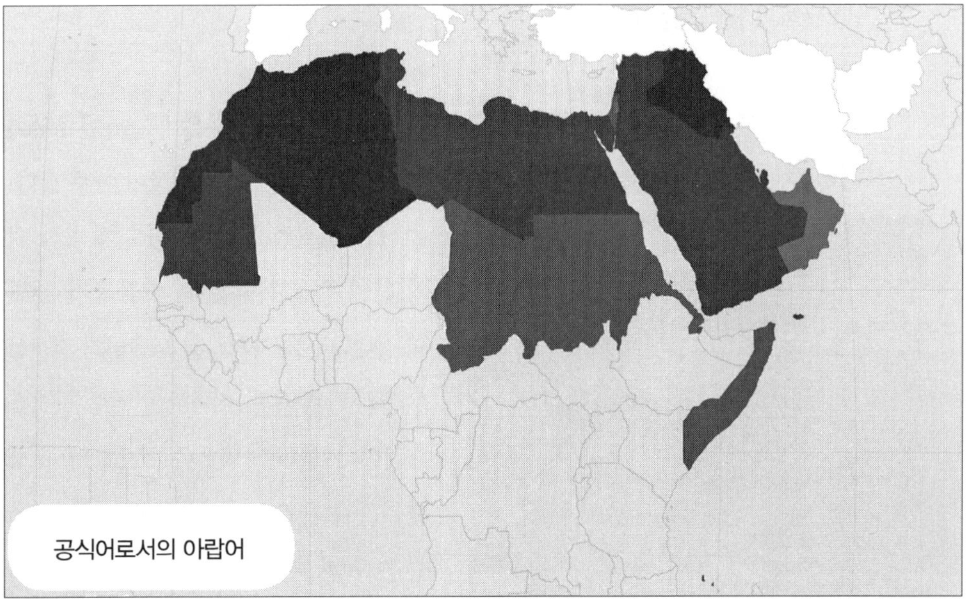

영어가 76개국에서 공식어, 프랑스어 34개국, 스페인어 21개국, 포르투갈어 8개국, 독일어 6개국, 말레이-인도네시아어 4개국, 중국어 3개국에서의 공식어지만, 아랍어는 26개국의 공식어로서 영어와 프랑스어 다음으로 스페인어보다 우위에 있다.

4) 아랍어의 경제력

아랍 경제의 중심지인 중동의 경제적 기반은 오랜 기간 원유생산과 수출에 의한 것이다. 중동을 포함한 아랍국가의 석유매장량은 전 세계의 60%를 차지할 정도로 거대하다. 석유수출국기구(OPEC) 12개 회원국 중 7개국(알제리, 이라크, 카타르, 쿠웨이트, 리비아, 아랍에미리트연합, 사우디아라비아)이 아랍어 사용국이다. 또한 석유 외에도 아랍–중동 지역에는 거대한 천연가스가 매장되어 있다. 아라비아반도의 소국인 카타르의 천연가스 매장량이 러시아, 이란 다음으로 세계 3위를 차지한다. 원유와 천연가스 자원을 기반으로 사우디, 아랍에미리트연합, 카타르, 바레인, 쿠웨이트는 다양한 분야에서의 발전을 추진하고 있어, 전 세계 자본과 노동력, 관광객들을 끌어들이고 있다. 이는 곧 아랍어에 대한 관심을 확장시키는 것이 된다.

5) 아랍문화의 원천 아랍어

아랍 여러 나라에는 메카의 카바를 포함한 8개의 이슬람 성지와 유네스코 인류문화 자연유산 61개를 비롯하여 독특한 유적, 기념물, 자연 환경 등의 관광 대상이 아주 많다.

아랍어는 종교부문에서도 특별한 위치를 차지하고 있는데, 아랍국가 주민의 절대다수를 차지하는 모슬렘의 경전인 쿠란은 아랍어 외 어떠한 번역도 원전을 대신할 수 없다는 믿음을 가지고 있다. 모슬렘은 쿠란의 번역을 단순한 해설로서만 간주할 뿐인데, 이들의 수는 현재 15

억7천만 명에 달해 지구 전체 인구의 19%를 차지하는 영향력이 큰 종교이다.

아랍어는 기독교 성경을 완전히 번역한 언어 중의 하나이고, 기독교를 신봉하는 아랍인들도 있는데, 이들은 주로 근동 국가에 거주하고 있다. 이들은 레바논에서 전 인구의 40%를 차지하고 수단에서는 20%를 차지하는 등 많은 수가 있다. 이집트(10%), 시리아(10%), 요르단(5%), 팔레스타인(3%), 이스라엘(2%), 이라크(2%)에도 기독교를 믿는 아랍인들이 상당수 존재한다.

로마제국이 멸망한 이후 로마제국과 그리스 영토의 많은 지역을 차지한 아랍인들이 그리스, 로마의 문화와 지적 유산을 아랍어로 번역해 보전했기 때문에 인류의 귀중한 많은 문헌들이 현재까지 남을 수 있었다.

1천 5백 년 이상의 역사를 가진 아랍문학은 가장 풍부한 문학 중의 하나이다.

이집트 작가인 나기브 마흐푸즈(Nagīb Mahfūz, 1911~2006년)가 1988년 노벨 문학상을 수상했는데, 그는 아랍어권 작가로서는 유일한 노벨 문학상 수상자이다.

6) 이슬람의 신성한 언어 아랍어

이슬람이라는 말은 복종을 의미하는 아랍어이다. 모슬렘은 이슬람을 믿는 사람(신을 믿는 이들)이라는 의미인데, 무슬림이라고도 한다.

마호메트의 가르침인 수나(Sunna)가 정신적, 도덕적, 사회적 생활을 지도하고, 신이 마호메트에게 말한 것으로 구성한 쿠란(Qur'an), 그리고 마호메트의 말과 가르침인 하디트(Hadith)로 구성되어있다.

전통적으로 모슬렘은 이슬람의 다섯 기둥으로 알려진 것을 반드시 수행하여야 한다.

1. 신앙고백(교리 암송, 샤하다 Shahada): '알라 신 외에는 다른 신이 없으며 마호메트는 알라 신의 사도이다'라는 구절을 매번 기도하기 전에 반복하여 암송한다. 기도하기 전 순결함을 나타내기 위하여 손과 발, 귀를 씻는 것을 우디(Wudi)라고 한다.

2. 일일 기도(살라트 Salat): 하루에 5번씩 메카를 향하여 기도한다. 메카(Mecca)는 마호메트의 고향으로 사우디아라비아의 홍해 가까이 있는 이슬람의 성지이다.

기도 시간은 모스크(Mosque 사원)의 미나렛(Minaret, 높은 탑 종각)에서 타종을 통해 알려준다.

① 동틀 녘부터 해 뜨기 전까지(Fajr)–아침 기도

② 낮 12시부터 오후(Zuhr)–정오 기도

③ 늦은 오후부터 해지기 전까지(Asr)–오후 기도

④ 해진 후부터 어두워질 때까지(Maghib)–해진 후(일몰 기도)

⑤ 어두워진 후부터 자정까지(Isha)–잠자기 전(밤 기도)

모든 모스크는 메카(Mecca)를 향해있고, 기도는 항상 메카를 향하여 무릎을 꿇고 코가 땅에 닿도록 엎드린다.

3. 기부 (자카 Zakah)

모슬렘들은 수입의 2.5%를 정기적으로 모스크에 바치며, 그 외 매년 수입의 1%를 가난한 자들을 위한 구제금으로 사용한다.

4. 단식(라마단 Ramadan 금식하는 달)

모슬렘은 이슬람 음력 9월(Ramadan) 한 달 동안 해 뜰 때부터 해질 때까지 음식을 먹지 않고 성관계, 욕설, 화내는 것 등을 금한다. 해가 지면 음식을 먹을 수 있고 금요일이 안식일이다.

5. 메카(성지) 순례 (하즈 Hajj)

모든 모슬렘은 평생에 한 번은 꼭 이슬람력 12월에 성지 메카를 순례하여 카바 신전을 찾아야 한다. 순례가 이슬람의 가장 중요한 종교 활동이다.

그 외 지하드(Jihad)라는 성전(聖戰)도 포함시키기도 한다. 지하드는 아랍어로 싸움 또

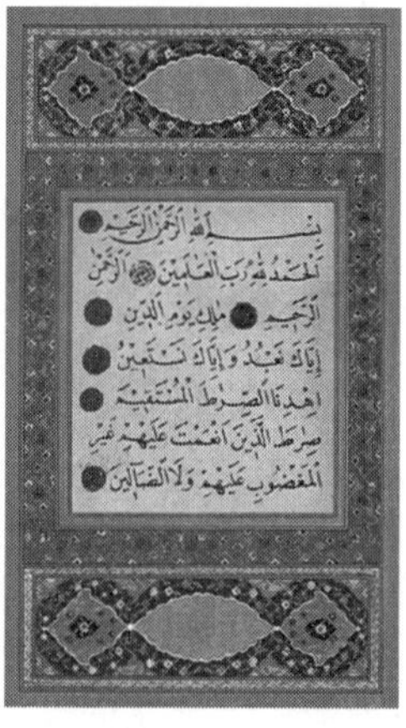

는 전쟁을 뜻한다. 이슬람 교파 중 쉬이트파(Shiite Muslims)가 가장 과격한 테러 단체로 그들은 이슬람의 원수들을 타도하는 것이 모슬렘의 의무를 다 하는 것으로 생각하고 알라(Allah)와 이슬람교를 위한 것이라면 전 세계 어느 곳이라도 달려가 알라 신을 위하여 목숨을 기꺼이 바치는 테러를 자행하기도 한다. 이들이 이슬람 5기둥에 지하드를 더하여 이슬람의 6기둥으로 정하기도 한 것이다.

7) 아랍문자

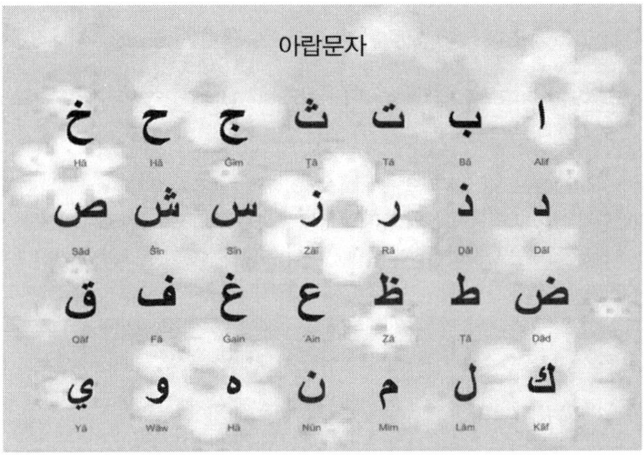

아랍문자는 기원전 2세기 지금의 이스라엘, 레바논, 팔레스타인 지역에 살던 나바테아인들(Nabataeans)이 사용하던 나바테아 문자를 4세기부터 발전시켜 6세기에 완성시킨 것이다.

아랍문자는 모두 28자로 구성되어 있으며, 한글, 라틴문자를 비롯한 세계 대부분의 문자체계와는 달리 오른쪽에서 왼쪽으로 쓴다. 글자는 1개를 제외하고는 모두 자음을 나타낸다. 글자 모양은 어두, 어말이나 어중에 따라 다르다. 단어를 이루는 모든 글자는 합쳐 쓰지만, 다음에 이어지는 글자와 결합하지 않는 6개 글자 ألف (알리프), دال (달), ذال(잘), رَاء (라), زَاي (자인), وَاو (밥)만 예외이다. ‘ألف’ 알리프는 자음을 의미하지 않는 유일한 문자로서 문맥에 따라 장모음 /ā/ 나 특정한 음을 나타내지 않는 보조 철자일 뿐이다.

아랍문자는 이슬람의 확장과 더불어 퍼져나갔다. 아랍문자는 순수하게 이슬람적인 것으로 인식되어 아시아와 아프리카의 많은 언어가 표기체로 사용하기 시작했는데, 이미 고유의 표기체를 가졌던 페르시아어도 아랍문자를 사용하고 있다.

인도네시아와 말레이시아에서는 라틴문자를 사용하고 있지만 일부 종교문헌은 여전히 아랍문자로 발행하고 있다.

소련에서는 타타르어, 바슈키르어, 크림–타타르어, 중앙아시아와 캅카스의 여러 언어가 1920년대 중반 부터 라틴문자로 전환하여 아랍문자는 더 이상 사용하지 않게 되었다. 이는 거의 같은 시기의 라틴문자 전환과 관련 있다.

현재 아랍어와 페르시아어(이란어) 외에 우르두어(Urdu)[114], 파슈토어(Pashto)[115], 다리어(Dari)[116], 카슈미르어(Kashmiri)[117], 펀자브어(Punjabi)[118], 신드어(Sindhi)[119], 하우사(Hausa)어[120], 풀라(Fula)어[121], 쿠르드어(Kurdish)[122], 중국의 위구르어(Uyghur)[123] 등이 아랍문자 기반의 표기체

---

114 우르두어는 인도의 고대어 산스크리트어를 기반으로 아랍어와 페르시아어의 영향을 받아 발달한 인도–셈족–아리안계의 독특한 언어이다. 약 6100만 명이 우르두어 모어사용자로서 이는 전 세계에서 21번째로 많은 것이다. 제2외국어 사용자까지 포함하면 1억4백만 명에 달한다. 우르두어를 힌디어의 하나로 보기도 하여 힌두스탄어라고도 부른다. 현재 파키스탄의 공용어로 사용하고 있으며, 인도에서도 22개의 공용어 중 하나이다. 인도의 우르두어 사용자가 4,810만 명으로 전체 우르두어 사용인구의 약 80%를 차지한다.

115 아프가니스탄의 공용어 중 하나로 아프가니스탄의 남동부와 북부 파키스탄의 파슈툰 족이 사용한다. 아프가니스탄 동부와 남부에 1,200만 명), 파키스탄 서부에 2,800만 명이 분포한다.

116 아프가니스탄에서 파슈토어와 함께 공용어로서 1963년 이래 페르시아어를 부르는 명칭이다. 아프간 페르시아어로도 부른다. 다리어 사용자는 약 15~18백만 명으로 아프가니스탄에서 제일 많이 사용되는 언어이고 아프가니스탄의 링구아 프랑카로서 인구의 약 80%가 구사할 수 있다.

117 인도유럽어족에 속하는 언어로 인도의 잠무 카슈미르 주와 파키스탄의 아자드 카슈미르의 카슈미르인들 710만 명이 사용한다. 데바나가리 문자와 아랍 문자 외에 데바나가리 문자도 사용한다.

118 인도유럽어족에 속하는 언어로 인도와 파키스탄의 펀자브인 1억2천5백 만 명이 사용한다.

119 인도유럽어족에 속하며 파키스탄 및 인도에 거주하는 7천5백 만 명의 신드인들의 모어로 데바나가리 문자도 사용한다. 파키스탄과 인도 양국의 공용어 중 하나로 지정되어 있다. 파키스탄에서는 사용자 수로는 펀자브어, 파슈툰어 다음으로 세 번째로 널리 쓰이는 언어로서 신드 주에 사용자가 집중되어 있다.

120 아프리카 나이지리아 북부에서 니제르남쪽에 걸쳐 거주하는 하우사 족의 언어로 아프리카아시아어족의 차드어파에 속한다. 사용자 수는 3,400만 명에 달하는데, 라틴문자도 병용한다.

121 아프리카 니제르콩고어족의 세네감비아어군에 속하는 언어로 풀라족의 모어이다. 사용자 수는 1천만~1천5백만 명이다. 라틴문자도 병용한다.

122 인도유럽어족 이란어 그룹의 언어로 중동을 중심으로 전 세계에 13백만 명~2천만 명의 쿠르드인들이 사용한다. 쿠르드민족은 독립을 얻지 못한 민족 중에서 가장 인구가 많고 대부분의 거주국에서 탄압 받고 있다. 이란과 이라크의 쿠르드인은 아랍문자 터키와 시리아의 쿠르드인은 라틴문자, 러시아어 사용지역의 쿠르드인은 키릴문자를 사용한다.

123 알타이어족의 투르크어파의 언어로 약 1천만 명에 달하는 위구르인들이 중국의 신장위구르자치구를 중

를 사용하고 있다.

8) 아랍어의 영향

아랍어는 영어에 적잖은 영향을 끼쳐 많은 어휘가 아랍어 차용어이다.

이는 단순히 언어학적 차원에서 뿐 만 아니라 문화, 과학, 사상적 측면에서도 큰 의미를 가지는 것이다.

중세는 유럽에게는 문화와 정보, 지식의 암흑기로서 그리스, 로마의 문헌과 사상, 전통이 사라질 위기에 처해있었지만, 발칸과 동유럽, 지중해 연안을 지배하고 있던 아랍세계는 이를 보전하며 발전시켜 천문학, 철학, 과학, 수학 등 여러 영역에서 유럽세계보다 앞서 가게 되었다.

영어의 대수학(algebra ← al–jabr), 연금술(alchemy ← al-kīmiyā)과 같은 어휘가 아랍어에서 왔다는 사실이 이를 증명하고 있다.

그렇지만 1436~1446년 구텐베르크의 인쇄술 발전과 서적의 대규모 출판, 그리고 이로 인한 정보의 분배의 결정적인 역할로 유럽이 아랍 이슬람세계를 앞지르기 시작했다. 당시 이슬람세계에서는 쿠란을 복사하고 인쇄한다는 것을 율법 상 어긋나는 것으로 간주하여 오스만 제국으로 대표되는 아랍세계는 인쇄술 도입에 크게 뒤처지게 되었다. 즉 인쇄술이 지식의 재분배, 재생산, 교육의 대중화, 보편화를 가져와 유럽이 근대이후 지금까지 세계를 지배하게 된 중요한 기반이 되었다.

영어의 아랍어 차용어 중 일부는 이베리아반도(스페인)를 아랍 무어인들에게 700년간 점령당하면서 들어온 것인데, 이는 스페인어가 영어에 영향을 끼치면서 자연스레 아랍어 어휘가 영어에 도입된 것이다.

특히, 영어의 al, a로 시작되는 영어 어휘가 아랍어에 기원을 두고 있는데, 이때 al은 아랍어의 정관사이다.

영어의 아랍어 차용어 중 대표적인 어휘는 다음과 같다.

심으로 중앙아시아의 카자흐스탄, 키르기스스탄, 투르크메니스탄에 주로 거주하고 있다. 중국의 위구르인들은 아랍문자, 중앙아시아의 위구르인들은 키릴문자를 사용하고 있다.

admiral, adobe, albatrose, alchemy, alcohol, algebra, algorithm, alkali, almanac, amber, antimon, apricot, arsenal, assassin, azure...

candy, carat, chemistry, coffee, cotton, crimson...

gazelle, gauze, giraffe, hashish, hazard, jar, jasmine, kebab, lacquer, lilac, lemon, lime...

magazine, mascara, mattress, minaret, monsoon, mosque, mummy, muslin, orange, ottoman, racquet, safari, safran, Sahara, scarlet, sesame, sherbet, soda, sofa, spinach, sugar, sultan, Swahili, syrup, tambourine, tariff, typhoon, zenith, zero.

아프리카 고유어인 스와힐리어(swahili)[124]라는 명칭도 해안가를 의미하는 아랍어에서 나온 것으로 스와힐리어가 동아프리카의 탄자니아 해안가를 따라 사용되는 언어이기 때문이다.

1차 대전 이후 오스만 투르크제국이 무너지면서 아랍 이슬람 세계도 동반 추락하여 서방이 자기 중심의 세계사를 다시 쓰게 되면서 아랍문화와 이슬람이 각각 저급한 문화와 종교로 간주되었지만 영어, 프랑스어, 스페인어와 같은 서유럽 여러 언어들에는 자신들이 인정하고 싶지 않은 많은 수의 아랍어 어휘가 존재하는 것이 분명한 사실이다.

아랍 국가들의 국제적, 경제적, 종교적 위상의 강화로 지금도 아래와 같은 많은 수의 아랍어가 우리말에도 들어오고 있다.

알라(الله) – 신

베두인(البدو) – 유목 생활하는 민족 명칭.

칼리파(خليفة) – '뒤따르는 자'라는 뜻으로 마호메트 사후 이슬람 공동체와 이슬람 국가의 지도자 또는 최고 종교 권위자의 칭호.

카스바(قصبة) – 성채라는 뜻으로 지배자가 거주하는데, 마그레브의 주민들이 거주하는 미로 지역을 의미하기도.

아미르(أمير) – 왕이나 사령관이라는 뜻으로 에미르라고도.

이맘(إمام) – 지도자, 모범이 되어야 할 것을 의미하는데, 이슬람의 종교 공동체를 지도하는 통솔자.

124 아프리카 반투어파의 언어로 500만 명이 모어로 1억5천만 명이 제2언어로 사용하고 있다.

지하드(الجهاد) – 노력, 분투라는 뜻으로 반드시 성전(聖戰)을 의미하는 것은 아니다.

무자히드(مجاهد) – 지하드에 참가하는 사람으로 흔히 복수형인 무자헤딘(مجاهدين), 즉 전사(戰士)로 더 많이 알려져있다.

수라(سورة) – 쿠란 114장을 지칭하는데, 9장을 제외하고는 '자비롭고 인정 많은 알라의 이름으로'로 시작한다.

와디(وادي) – 사막이 평소에는 말라있다가 큰비가 내리면 홍수가 되어 물이 흐르는 곳.

9) 아랍어의 전반적인 특징

아랍어는 세계에서 배우기 가장 난해한 언어 중의 하나로서 아랍인들 자신도 배우기가 쉽지 않다고 느낄 정도라 한다.

아랍어가 모어인 인구는 약 2억4천만 명 이상이다.

아랍어는 26개국에서 공식어의 지위를 가지고 있고, 30여 개 국에서 사용한다.

아랍문자는 오른쪽에서 왼쪽으로 쓰는데, 대부분의 문자와는 반대이다.

아랍문자의 형태도 독특하여 캘리그래피(caligraphy, 아랍어 خط اليد 카트 울-야드 khatt ul-yad)와 같은 예술성 있는 서예로 발전했다.[125]

아랍어 철자는 오른쪽에서 왼쪽으로 쓰지만 숫자는 반대로 왼쪽에서 오른쪽으로 쓴다.

'신의 이름으로'라는 아랍어의 캘리그래피

아랍인들이 사용하는 숫자 자체도 우리가 쓰는 숫

125 아랍(또는 이슬람) 캘리그래피는 아랍문자에 기반을 두고 있지만 여타 국가의 민족문화라기보다는 모슬렘 작가 개인의 작품으로 봐야 한다. 이들의 캘리그래피는 모스크 벽과 천장 뿐 아니라 종이 위의 기하학적 예술 아라베스크와 결부되어 있다. 모슬렘들은 캘리그래피를 가장 최고의 예술, 정신세계 예술의 가시적 표현으로 간주한다. 캘리그래피는 모슬렘의 언어 즉 아랍어와 이슬람을 이어주기 때문에 가장 숭배하는 이슬람 예술형태가 되었다. 쿠란이 아랍어의 발전에서 중요한 역할을 해왔고 이 역할은 캘리그래피로 더 확장해 나가고 있다. 금언과 쿠란의 말씀이 캘리그래피의 원천이다.

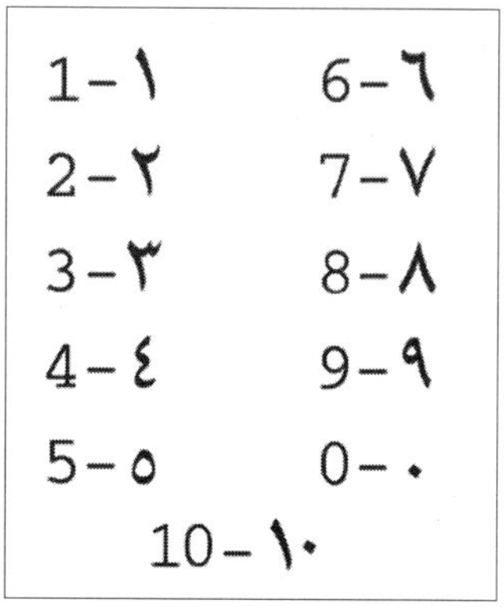

아랍인들이 사용하는 숫자

자와 다르다. 우리가 알고 있는 아라비아 숫자가 아니다.

10) 아랍어를 알아야 하는 이유

1. 아랍어는 사용인구가 3억 명 이상으로 세계 5위를 차지하고 20개국 이상에서 공식어이다. 사용자 다수가 주로 근동에 집중되어 있지만 전 세계에 퍼져있다.
아랍어는 또한 국제연합과 아랍연맹, 이슬람협력기구, 아프리카연맹과 같은 국제기구의 공식어이다.
2. 아랍어는 세계 전역에 퍼져있는 이슬람의 예배언어이다. 아랍어가 모어가 아니지만 수천만 명의 모슬렘이 알고 있고, 쿠란의 언어로서, 이슬람 종교와 문화에 관심을 가진 세계 사람들이 주요 외국어로서 아랍어를 배우고 알고 있다. 아랍어는 전 세계 모슬렘들이 약간이라도 이해한다.
3. 아랍어를 구사할 수 있는 전문가가 태부족하다. 서방에서는 아랍어를 배우는 학생과 일반인들의 수가 적고 이 때문에 중동과 아랍세계의 역할이 증대하고 있는 이때 아랍어와 아랍 이슬람 문화에 정통한 전문가들의 확보가 시급하다.
아랍어를 배우고 아는 사람들은 언론, 비즈니스, 산업, 교육, 재정, 금융, 통번역, 컨설팅, 외교, 정보 등의 다양한 분야에서 더 나은 경력을 쌓을 수 있다. 미국 연방수사국(FBI)의 요원 1만 2천 명 중 아랍어를 단어만이라도 아는 사람은 1% 미만일 정도로 극히 적다.
4. 아랍어를 사용하는 국가들의 무역이 빠르게 성장하고 있다. 아랍세계를 통합할 수 있는 주도권을 가진 사우디아라비아, 아랍에미리트연합, 이집트 등이 글로벌 경제권으로 진입하면서 이들 국가의 비즈니스 잠재 가능성도 커지고 있음은 분명하다.
아랍어 사용지역은 빠른 인구 증가와 더불어 거대한 상품과 서비스 시장이 되고 있다. 연간 1조 6천억 달러 이상의 국내총생산(GDP)을 가진 걸프협력기구회원국들을 포함한 이 지역은 세계적인 시장이 되었다. 이들 국가와의 비즈니스를 효과적으로 행하기 위해서는 상담과 무역 파트너인 아랍인들의 언어와 문화를 알아야 한다.
5. 아랍민족은 세계문명의 발전에 크나큰 기여를 해왔다. 유럽이 중세 당시 지적 정체에 빠져있을 때 아랍 이슬람 문명이 최절정에 도달해 있었고 아랍인들이 인류의 과학, 의학, 철학의 발전에 커다란 기여를 했다. 아랍인들이 설립한 도서관을 통해 그리스, 로마, 비잔티움 제국이 축적한 거대한 양의 지식과 정보가 아랍어를 통해 인류에 전승될 수 있었다.
아랍인들은 아라비안나이트로 대표되는 문학, 그리고 수학, 항해술, 천문학, 건축 분야에서도 큰 기여를 했는데. 아랍어를 통해 아랍어 원전의 이 거대한 지식을 배우고 연구할 수 있다.

6. 아랍어 사용세계는 풍부한 문화적 전통을 가지고 있다. 아랍세계는 독특한 예술, 음악, 문학, 요리, 생활양식을 가지고 있다. 우리는 아라비안나이트를 읽고 카바압(كباب)[126], 샤르바트(شربات)[127]와 같은 아랍 기원의 요리를 만들고 있다. 그러나 아랍인의 생활양식에 대한 서방의 영향은 겉으로는 제한적으로 보인다.
   아랍어를 알고 아랍세계를 공부하면 그 독특한 문화적 요소와 전통을 알게 되고 아랍인들의 명예, 품위, 손님환대와 같은 개념들의 높은 가치를 알게 된다.
7. 아랍어를 통해 문화의 상호작용을 알 수 있게 된다. 아랍문화에 대한 실제 정보가 제한적이고, 서방 중심의 매스컴, 헐리웃 영화 등으로 인해 아랍인들에 대한 부정적인 시각이 많은 것이 사실이고 근동에서의 사건들(걸프전쟁, 이라크 사태, 북아프리카 혼란)로 인해 불편한 일상생활(유가상승)을 영위한다고 생각한다. 이렇게 잘못되고 피상적인 정보에 따라 불신과 몰이해, 협력과 협상, 화해를 불가능하게 만들고 결국에는 전쟁 상황까지 초래하는 것이다.
   아랍어를 공부하는 사람은 아랍인들의 문화적, 정치적, 종교적 가치를 보다 더 깊이 이해할 수 있을 것이다. 아랍어를 아는 사람은 여러 민족 간의 문화적, 언어적 장벽과 문화 간의 분쟁을 허물고 성공적인 국제 관계를 조성하고 국제 무역에 종사하는 기업에 도움을 줄 수 있다.
8. 아랍어는 다른 많은 언어에 흔적을 남겼다. 따라서 아랍어 어휘, 특히 산물, 개념, 문화적 현상과 같은 어휘들을 다른 언어에서 쉽게 찾을 수 있다. 예를 들어, 대수학을 의미하는 알게브라(algebra)는 중세 아랍 수학자들이 만든 것이고 커피, 재스민, 레몬, 라임과 같은 산물이 아랍세계로부터 유럽에 전해졌다.
   아랍문화 관련 어휘가 영어뿐만 아니라 페르시아어, 터키어, 쿠르드어, 스페인어, 스와힐리어, 우르드어 등에도 영행을 끼쳤다.

---

126 터키어로 케밥, 케바브라 하는데, 구운 고기라는 의미이다. 과거 아라비아 사막과 중앙아시아 초원지대를 누비던 유목민들이 쉽고 간단하게 육류를 요리해 먹던 것이 발전한 것이다. 지금은 터키의 대표적인 음식으로 유명하다.

127 샤르바트란 아랍어로 음료, 주스라는 말인데, 영어의 셔벗(sherbet), 프랑스어의 소르베(sorbet)의 기원이다. 우리는 샤베트라고도 하는데, 이는 과즙에 물, 우유, 크림, 설탕, 달걀흰자 또는 젤라틴 등을 넣어 만든 아이스크림 일종이다.

III. 영어 공용어화 문제

1. 우리나라의 영어 공용어화

이렇게 세계어로서의 영어가 국제어인 스페인어, 프랑스어, 중국어, 러시아어, 아랍어를 압도하고 국제어의 위상에 접근하고 있는 포르투갈어, 독일어, 힌두—우르드어를 저만치 따돌리고 있다.

영어는 세계인의 의사소통, 첨단정보와 지식 보급의 가장 유용하고도 확장된 수단일 뿐만 아니라 교육, 취업, 승진의 척도로 활용되고 있다. 이에 우리나라를 비롯한 거의 모든 나라에서 영어 교육이 중시되고 이를 위해 각국 정부와 국민이 큰 노력을 기울이고 있다.

영어 교육에 들이는 시간과 재원을 절약하고 개인의 희생을 막기 위해 아예 영어를 국어와 같은 지위와 사용영역을 공식적으로 보장하는 공용어화가 한 대안으로 모색되고 있는데, 우리나라에서는 1998년에 본격적으로 영어 공용어화 주장이 나왔다.

1998년 6월 소설가 복거일이 '국제어 시대의 민족어'(문학과 지성사)를 통해 영어 공용어화를 제기했고 조선일보가 이를 소개하면서 논란이 시작되었다. 영어를 공용어로 지정하면 영어교육의 문제점을 자연스레 해결할 수 있다는 것이었다.[128] 당시 조선일보는 1998년 7월 15일–7월 26일 37,071명 대상으로 영어 공용어화에 대한 여론을 물었고, 찬성 16,722명(45.1%), 반대 20,349명(54.9%)으로 반대가 조금 많았지만, 이듬해 1999년 11월 교육 방송에서 영어 공용어론 찬반 토론 후 시청자의 62%가 영어 공용어화에 찬성하는

128 복거일은 영어 공용어화 주장의 논거를 다음과 같이 들고 있다: 지구제국의 출현으로 세계어로서의 영어를 자유로이 사용하는 능력이 필요하지만 우리나라에서는 막대한 재정과 시간, 노력을 투자해도 영어를 능숙하게 구사하지 못하고 있다. 이를 해결하는 방법으로는 먼저 영어를 공용어로 만들고 궁극적으로 우리의 모어로 바꾸어야 한다. 이를 위해서는 우리의 민족주의 성향을 바꾸어야 한다.

것으로 나타났다.

영어 공용어화는 우리나라가 1996년 10월 경제협력개발기구(Organization for Economic Cooperation and Development)에 가입하여 세계화에 나섰지만, 시장개방과 자본 유출로 인해 1997년의 국제통화기금(IMF) 구제금융 신청이라는 상황에서 나온 것이다. 이런 상황에서 국가는 고립될 수 없고 지구 제국이라는 구조 안에 존재하는데, 이 지국 제국의 공용어가 바로 영어라는 것이다. 영어가 공용어로서 기능하기 때문에 다른 언어들은 당연히 소멸할 것으로 예상하지만, 영어가 모어가 아닌 우리는 영어 교육에 힘을 써야 할 수밖에 없다. 그러나 영어를 배우는데 기대할 만한 결과는 얻지 못하는 것이 사실로 이는 영어교육 투자의 비효율성때문이라는 것이다. 따라서 영어를 공용어로 만들고 행정과 교육, 매스컴에서 한국어와 영어의 이중언어사용(bilingualism)을 조성하면서 점진적으로 영어를 모어 수준으로 만들어야 하고 이를 위해서는 우리가 닫힌 민족주의를 배격하고 열린 민족주의를 가져야 가능하다는 것이었다.

이에 대해 우리 민족 정체성의 가장 중요한 상징인 한국어 외에 영어의 공용어화 주장은 우리 민족 자체와 민족정신의 쇠퇴, 소멸을 일으킬 것이라고 여기며 많은 이들의 반발과 저항을 불러온 것은 너무나도 명백한 것이었다.

이에 우리나라의 민족 정체성과 한국어에 대한 미래에 대해 다음과 같이 극단적인 주장도 나오게 되었다.

1. 세계와의 교류, 즉 세계화를 멈추고 고립주의로 나아가는 자력갱생
2. 아예 미국의 51번째 주로 가입하는 국가 주권의 포기
3. 우리나라 국민 다수의 영어권 사용국, 즉 미국이나 캐나다 현지 노동자화
4. 강대국으로 발전
5. 강대국은 아니지만 주체적인 국가, 즉 강소국으로 발전

또 한편으로 모어-영어 이중언어사용이 축소할 것이라는 예상도 있었다. 지구상에서 지난 200년 동안 서방국가들과 이들의 식민지에서는 주민들의 교육 문제가 중요시되었고 문맹 타파에 큰 노력을 기울였는데, 일반 대중 교육을 식민지 본국이나 신생독립 정부가 통제하면서 확대해 나갔다. 이와 동시에 교육 언어 선택의 문제가 대두하여 식민지

본국이나 신생독립 정부를 구성한 통치 권력이 사용한 언어를 국어(State language)로 선택함으로써, 우리나라와 같은 오랜 언어문화 전통을 보전한 소수의 나라를 제외하고는 대부분 국가에서는 소수민족이나 통치 권력에 밀려난 집단, 대부분 소수민족의 언어들은 배제되어 식민지 본국의 언어인 영어나 프랑스어 단일 언어사용지역이 되었다.

그리고 위에서부터의 이중언어정책의 급진적이고도 강제적인 시행이 결코 성공하는 것은 아니라는 주장이 나왔는데, 당시 소련에서 독립한 중앙아시아, 캅카스, 발트 지역 국가들의 언어정책을 예로 들었다. 독립 초기인 1990년대 초 러시아연방을 제외한 모든 포스트소비에트 국가에서 모어를 국어로 정하고 러시아어의 지위를 격하시키거나 삭제하고 사용을 축소, 금지시켰기 때문이다.

마지막으로 국어-영어의 이중언어 사용국이나 영어가 국어인 나라 모두가 선진국은 아니라는 사례를 얼마든지 들 수 있다는 주장도 나왔다.

2. 일본의 영어 공용어화

이에 뒤이어 일본에서도 유사한 상황이 전개되었는데, 우리나라와는 달리 영어와의 이중언어 사용을 공식화하여 모어인 일본어를 국제어로 만들어보려는 숨은 의도가 있었다.

2001년 총리 자문기관인 '21세기 일본의 구상'이라는 위원회의 최종 보고서에서 영어를 제2 공식어로 만들 것을 제안했다. 아시아에서 주로 통하는 언어가 영어임에도 불구하고 아시아의 수도에서 영어가 거의 통하지 않는 곳은 일본뿐이고, 일본 외교 정책의 확산에서도 언어로 인한 핸디캡이 크다고 지적했다. 동시에 당시 일본은 세계 2위의 경제대국으로서 국익을 보호하기 위해 일본어를 국제어의 지위를 갖추어 세계에 보급하고 국제연합의 공식어로 만드는 지원을 강화해야한다고 주장했다.

이렇게 일본이 영어를 공식어로 만들자고 했던 배경에는 다음과 같은 요인이 있었다. 먼저 일본이 고도 경제 성장으로 유럽을 추월했고 미국에 필적할 만큼 되었다는 자신감이었다. 둘째, 경제력 외에 여타 일본과 일본문화의 국제적 인지도를 향상시키려는 욕구가 있었다. 셋째, 일본의 국익을 지키기 위해 지구화를 주도하는 영어를 무기로 삼는, 즉 일본어와 영어의 이중언어 사용을 통해 자국민이 세계를 알고 세계에 일본어와 문화를 드러내게 하는 적극적인 민족주의의 발로였다. 결국, 영어의 제2 공식어 규정을 통해 법적으로 명문화되지 않은 일본어에 국어의 지위를 부여하고 1999년 법률을 통해 기미가요(국가)와 히노마루(일장기)를 공식적으로 인정하는 것이 서로 결부되어 있는 것으로 이들의 공식적인 사용만이 국민의 의무라는 것이다.

3. 일본의 이중언어 사용과 언어 중력 모델

일본의 일본어-영어 이중언어 사용 구상은 언어중력 모델(또는 언어의 계층구조)이라는 이론을 이용하고 있었다.

언어중력 모델은 4개의 층위로 구성되는데, 먼저 제1층위는 모든 것을 빨아들이는 단 하나의 초중심언어(hyper–central language)로서 영어가 있고, 제2층위는 수퍼(대)중심언어(super–central languages)로서 아랍어, 스페인어, 중국어, 러시아어 등 10 여개가 있고, 제3층위는 100~200개 정도의 중심언어(central languages)로서 한국어와 일본어, 이탈리아어 등이 있다. 마지막으로 제4층위는 나머지 주변언어들(peripheral languaes)이다.

예를 들어, 1884년 독일의 보호령이었다가 제1차 세계 대전에서 독일의 패배로 프랑스와 영국이 분할 점령한 카메룬이 있다. 1960년 프랑스령 카메룬이 먼저 독립하고선 1961년에 영국령 카메룬의 남쪽 지역을 합병한 카메룬 공화국은 영어와 프랑스어가 공용어이지만 프랑스어가 80%로 더 확장되어 있다. 카메룬 정부는 영어와 프랑스어 이중언어 사용을 권장하고 있지만 250개의 토착어, 그리고 이들 토착어와 영어가 결합한 피진 영어, 프랑스어와 결합한 피진 프랑스어가 링구아 프랑카로 사용되고 있다. 이를 언어 중력 모델에 대입시켜 보면 다음과 같다: 250개의 토착 언어는 제4층위인 주변어, 피진영어와 피진프랑스어는 제3층위인 중심어, 영어가 제2층위인 대중심어, 프랑스어가 제1층위인 초중심어이다.[129]

---

129 그러나 영어의 세계적 지위와 사용으로 인해 제1층위로, 프랑스어는 제2층위로 교체하고 있는 과정이다.

이 언어중력모델은 외국어 학습에도 적용할 수 있는데, 언어사용자가 외국어를 배울 때, 특별한 경우를 제외하고는 자기의 모어와 같거나 더 높은 층위의 언어를 배우려는 것이 자연스러우므로, 한국인은 제1층위의 영어나 제2층위의 중국어, 프랑스어, 러시아어, 스페인어 또는 한국어와 동급의 일본어나 독일어를 배우려 하지만 보다 더 낮은 층위의 타일랜드어, 몽골어를 배우는 경우는 많지 않은 것이 사실이다.

여기서 일본의 구상을 보면, 제1층위(초중심어)인 영어를 일본인들에게 거부감이 들지 않도록 문화적으로 중성화시키면서 보편적인 의사소통 수단으로 만들어 일본의 제2 언어로 만들고, 동시에 경제력을 바탕으로 일본어를 제2층위인(국제적인 중심어)로 키운다는 것이다. 이는 바로 일본이 영어가 통하지 않는다는 언어적 고립에서 탈피하면서 일본어를 국제어로 진출시키는, 즉 국제어로 만들려는 명백한 의도가 있는 것이다.

그렇지만 당시 이런 일본어와 영어의 이중언어 사용은 영어 외의 다른 외국어의 효용성을 무시하고 영어 구사 수준으로 국민을 서열화하고, 소수자를 배려하지 않고 이들의 언어와 문화의 다양성을 무시하게 만든다는 비판을 받았다.

4. 영어공용어화의 비판

이렇게 영어가 초중심어로서 나머지 다른 언어들을 흡수하고 유일한 언어가 된다는 미국 주도의 지구제국이라는 것이 과연 존재하는가의 의문이 들지만, 다음의 예를 들어 보면, 긍정적인 시각도 존재한다.

먼저, 정치적으로 UN과 그 외의 국제기구들이 세계를 통제하고 있다고 주장한다. 정치적, 경제적, 군사적 사건이 발생할 때마다 UN을 비롯한 국제기구의 회의가 소집되어 이의 해결을 위해 노력하고 있는 것은 다 아는 사실이다.

둘째, 세계 거의 모든 나라는 경제적으로 세계무역기구(WTO), 국제통화기금(IMF)에 종속되어 있다. 미국의 전임 대통령 트럼프의 세계무역기구의 역할에 대한 불만과 이의 탈퇴 시사 발언, 우리나라 유명희 통상교섭본부장의 사무총장 후보와 관련된 논란, 그리고 1997년의 우리나라의 구제금융 신청, 1998년의 러시아의 모라토리움 선언이 그 좋은 사례가 된다.

셋째, 첨단 과학, 신기술, 예술, 종교(특히 기독교의 프로테스탄트)는 최근까지 미국 중심의 서구가 주도하고 있다.

넷째, 미국국방부의 '선진연구사업기관네트워크'(Advanced Research Projects Agency Network/ARPANet)라는 프로그램을 그 모태로 탄생한 인터넷은 1983년 TCP/IP가 개발되면서 처음에는 주로 학술적인 용도로 사용되었지만, 곧 바로 상업적이고 대중적인 매체로 빠르게 성장하여 1990년대 중반까지 전 세계 컴퓨터 수백만 대를 연결하면서 통신 수단의 국제적인 유기체가 되었다. 인터넷은 정보교환의 시간과 공간을 단축하고 전 세계 모든 사람에게 정보를 공유하게 해주어 민주적 발전을 촉진하고 있는데, 이 고급 정보는 대부분 미국에서 나오고 영어로 기술되어 있어 영어습득이 인터넷에서의 정보 습득을 쉽게 만든다.

이에 대한 반박도 나오는데, 정치적 공동체인 UN과 국제기구, 경제 공동체인 WTO와 IMF, 그리고 과학, 기술, 예술, 종교 각 분야의 공동체는 오직 미국과 서구가 지배하는 제국주의적 성격을 띠지 않는다는 것이다.

예를 들어, UN이 과연 정치적인 제국인가의 문제는 불명확하다. UN은 세계 평화를 위한 기구로서 지배나 통치기구가 아니다. 오히려 미국 중심이라기보다는 다원적 국제권력이 부딪치고 있는 무대이고 국제적이나 지역적 층위 문제에 대해 한 목소리가 결코 나오지 않는다. 즉, UN을 기반으로 모든 국가가 하나의 국가체로 통합하기는 불가능하고, 미국에 대항하는 다양한 견제 세력이 존재한다는 것이 일련의 사태에 대한 안전보장이사회와 총회에서의 갈등을 보면 분명하다.

또한, 경제적으로도 미국 중심의 경제 제국의 성립이 불가능한데, 2차 대전 이후 미국과 소련 두 초강대국의 자본주의와 사회주의 대립, 소련 해체 후 중국의 경제력 부상으로 미국과 중국 G2체제의 수립과 이들의 이해관계에 따른 세계 경제 구조 재편 과정에서 미국 경제의 취약성이 드러나고 있다.

종교의 경우 가톨릭이 제국에 근접하는 것으로 보인다. 로마 교황 중심의 교황청과 그 아래 전 세계에 교구 조직을 가진, 겉으로 보기에 국가와 비슷한 조직이지만, 최소한 계율로 가톨릭의 질서를 유지할 뿐으로 어떠한 구속력이 없고 사실상 교구는 독자적으로 운용되고 있다. 또한 기독교 성서도 세계 100여개 언어로 번역되어 있고, 각 지역별로 그 관습과 언어에 따른 자유로운 신앙생활을 추구하고 있다.

마지막으로 교통과 통신의 발달이 물리적, 시간적 공간이 가까워졌음을 의미할 뿐, 인간의 지혜와 경제가 발전함에 따라 오히려 다양한 문화가 창조되어 세계인이 누리는 문화적 공간은 오히려 넓어지고 있는데, 현재 K-Pop 중심의 한류, 인터넷 게임의 중국 지배가 그 좋은 예이다.

이렇게 볼 때, 미국과 영어 중심의 지구제국은 존재하지 않고 앞으로도 없을 것이라는 예상이 가능하다.

5. 영어만 생존할 것인가?

먼저, 영어의 세계어화로 인해 UN의 6개 공식어는 사라지고 세계가 영어 하나로 단일화될 것인가의 문제가 대두된다.

UN에서는 2010년 언어와 문화적 다양성을 지원하고 6개 모든 공식어의 균등한 사용을 협력하는 틀 안에서 6개 공식어의 날을 정해 기념하고 있다. 매년 4월 23일 영어의 날(셰익스피어 탄생일)과 스페인어의 날, 12월 18일 아랍어의 날(1973년 UN의 공식어가 됨), 6월 6일 러시아어의 날(푸쉬킨 탄생일), 4월 20일 중국어의 날(5천년 전 창힐(倉頡)의 한자 발명), 3월 20일 프랑스어의 날(1971년 결성한 프랑코포니 40주년 기념)이다. 이 6개 공식어 기념일에 벌어지는 행사는 6개 공식어의 평등, UN의 역사와 언어발전에 대한 UN 직원들의 정보화 향상에 목표를 두고 있다.

또한, 6개 공식어 외에 독일어, 일본어, 포르투갈어(브라질 방언)를 UN의 공용어로 추가하자는 주장도 나오고 있다.

이렇게 명목상으로나마 영어의 독주를 막으려 하고 동시에 민족과 언어의 다양성을 보전하기 위해 소수민족어 보호 정책을 시행하고 있다.

국제 모어의 날(영어 International Mother Language Day, 프랑스어 la Journée internationale de la langue maternelle, 아랍어 اليوم العالمي للغة الأم, 스페인어 Día Internacional de la Lengua Materna, 중국어 國

際母語日, 러시아어 Международный день родного языка)은 1999년 11월 30차 유네스코(UNESCO)총회에서 확정되었는데, 2000년부터 매년 2월 21일을 언어 및 문화 다양성의 보호를 목적으로 기념하고 있다.

현재 유네스코가 소멸 위기의 언어 상황을 모니터링하고 상황개선을 위해 협력하도록 유도하고 있다.

유네스코에 따르면, 세계 6천 개의 언어 중 절반이 소멸 위기에 있다. 2009년 유네스코는 러시아연방 안에서만 136개 언어가 소멸 위기에 있다고 경고하기도 했다.

국제 모어의 날은 벵골어의 날과 일치하는데, 이날은 1952년 벵골어를 동파키스탄(현재의 방글라데시)의 공식어로 인정해달라는 시위대에 파키스탄 경찰이 총격을 가해 벌어진 유혈 사태의 날로서, 1971년부터 방글라데시가 이 날을 기념하고 있다.

UN총회는 국제 모어의 날 공표 결의안을 지지하고 UN회원국들과 사무국에 세계 모든 민족어를 보호하고 보전할 것을 촉구했다.

덴마크, 핀란드, 네덜란드 등의 유럽 강소국에서는 전 국민이 영어 능통하지만, 자국민 간의 의사소통은 모어를 사용하고 있는데, 여전히 모어의 사용이 더 중요하고 편리하다는 것을 알기 때문이다.

21세기에는 세계 언어의 95%가 소멸할 것이라고 예상하지만, 모든 언어가 다 소멸하여 문헌 기록으로만 남는 것이 아니다.

예를 들어, 뉴질랜드의 원주민인 마오리족의 마오리어가 서서히 부활하고 있다. 실제로 마오리족은 뉴질랜드 인구의 15%를 차지하고 많은 수가 다문화가정을 이루고 있다.

마오리어는 1987년에 영어와 함께 뉴질랜드의 국어로 정해졌다. 1970년대 초까지만 해도 마오리어 사용자는 64,000명뿐이었지만, 현재는 10만 명 이상의 아동이 학교에서 교육받고 있다. 마오리어와 마오리 민족 전통을 초급 수준에서 초등학교(8년제) 3학년부터 8학년까지 거의 모든 학생이 교육받고 있다.

이렇게 하여 마오리어 사용자는 16만 명까지 늘었다.

또한, 영국의 오랜 식민지였던 아일랜드어도 소멸할 것으로 예상했지만, 현재는 독립 아일랜드의 국어로서 그 기능과 사용영역을 확대하고 있다. 1172년 영국 헨리 2세가 아일랜드를 침공하여 수도인 더블린을 함락시키면서 영국의 식민지로 만들었다. 비록 아일랜드민족이 끈질기게 저항하여 영국의 식민지배를 서서히 몰아내기도 했지만, 1534년 헨리 8세가 마침내 대대적인 아일랜드 침공을 감행하였고 이후 아일랜드는 1937년 정식으로 독립할 때까지 약 400년 동안이나 영국의 식민 통치를 받았다. 헨리 2세 침공부터 보면 아일랜드는 약 800년간 영국의 식민지였다. 이렇게 오랫동안 영국의 식민 통치 기간 동안 아일랜드어는 소멸할 것으로 예상했지만, 독립과 함께 국어의 지위를 얻고 정부가 국어 중시 정책을 펴면서 영어의 독점적 지배에서 벗어나고 있다. 1997년 이후 60개 이상의 국어 강좌가 개설되었고, 아일랜드어 TV 방송국도 개국하게 되어, 그 사용영역에서도 영어와 대등한 수준이 될 것으로 기대하고 있다.

마지막으로 브라질의 크레나크 어(Krenak language 또는 보토쿠도 어 Botocudo)를 들 수 있다. 크레나크 어는 브라질 남동부의 미나스-제라이(Minas Gerais) 주에 거주하는 보토쿠도 족[130] 언어로서 크레나크 어파의 언어 중 유일하게 보전된 언어이다. 1997년 당시 70명 정도가 사용하고 있었는데, 1993년 러시아학술원 민속박물관에 소장된 언어 자료를 발견하여 현재 언어 복원 작업을 진행 중이다.

6. 영어 공용어화의 가능성은?

지금도 영어를 잘 구사하거나 영어를 배우기를 원하는 사람들은 많지만, 영어의 능통자가 생각만큼 그리 많지 않다는 것을 우리 주위를 보면 알 수 있다. 이는 어느 정도 수긍이 가는데, 세계의 이중언어사용, 다중언어사용 국가의 모든 국민이 이중언어, 다중언어사용자가 아니라는 점, 이들 국가의 개별적인 언어 사용지역이 명확히 구분되어 있다는 점을 보면 알 수 있다. 한 개인이 두 언어, 또는 그 이상 언어의 구사가 결코 같은 수준일 수 없다는 점은 잘 알려져 있고 균등한 언어 구사를 위한 재정 투입 및 교육에도 한계가 있다. 즉 이중언어사용, 다중언어사용은 현실적으로 불가능한 것이다.

언어는 해당 언어 사용 민족의 정체성과 그 정신의 발현이자 민족문화로서, 이에 반

130 보토쿠도(포르투갈어 Botocudos, 포르투갈어 botoque는 입술과 귀에 걸치고 다는 나무 판이나 반지를 의미)는 브라질 동부에 거주하는 남아메리카 인디어의 부족 명칭이다.

하는 영어의 공용어화는 민족 정체성, 민족문화의 쇠퇴, 소멸을 초래할 것이다. 특히 우리나라에서는 아직도 한자어 사용의 극복이 여전히 현재 진행 중이고 실제로 이는 거의 불가능한 것으로 보인다. 또한, 1945년 35년간의 일제 극복은 75년이 넘어가지만, 국어에는 아직도 많은 수의 일본어 잔재가 있다. 여기에다 영어의 공용어화는 한자, 일본어 외에 또 다른 위협이다.

IV. 영어제국주의

1. 영어의 제국주의 속성

영어의 전 세계적인 확산은 영국 내의 지배 언어 강화 경험과 이를 바탕으로 이루어졌다. 원래 켈트족이 선주 해있던 영국 본토 브리튼(Britain) 섬에 게르만계의 앵글족과 색슨족이 침입해 서부의 웨일스를 시작으로 스코틀랜드, 아일랜드 지역을 합병하면서 게르만어 그룹의 영어가 켈트인들에게 확장되기 시작한 것이다.

이후 앵글로-색슨족의 영국이 북아메리카와 오스트레일리아, 뉴질랜드를 식민지로 만들면서 각각 아메리카 인디언, 에버리진(Aboriginal Australians 또는 Aborigines), 마오리(Maori)인들을 집단학살하고 이들의 소멸시키려 한 것이다.

2. 식민지시대의 영어제국주의

이렇게 영국이 세계 전역의 식민지를 확보하고 세계 최강국으로 등장하면서 19세기부터 식민지를 문명화하고 개화시키는 도구로서의 영어의 우월성을 주장하기 시작했다.

그 예로 메컬리(Thomas Babington B. Macaulay, 1834)는 다음과 같이 인도와 힌두어를 조롱하고 영국과 영어의 기능을 정당화하고 있다:

"힌두어에서는 사람을 혈통과 피부색으로 분류하지만, 영어에서는 기호, 견해, 품행, 지성을 기준으로 분류한다."[131]

그는 또한 영국 식민성은 "영어에 대한 지식이 식민지의 유색인종 집단을 문명화시키

131 Khubchandani(1983: 120) 재인용

는 동인이다"라고 영어의 우위를 강조했다.

게스트(Edwin Guest, 1838)는 더 나아가 세계어로서의 진입을 위한 영어의 전방위적 기능을 지적하고 있다.

"강하고, 조화롭고, 귀족적인 언어로서… 현재의 증가율로 볼 때, 또 한 세기가 지나기 전에 수억 명이 영어를 말할 것이다. 영어는 빠른 속도로 문명의 중요한 매개체가 되고 있다. 예를 들어 인도인들에게는 법과 문학의 언어이고, 아프리카 인들에게는 상업, 교역의 언어이며, 태평양 도서 인들에게는 종교의 언어이다."

전 세계 대영제국의 식민지에서 실시한 교육에서는 어느 정도 다채로운 식민지 행정권과 지역 선교사들의 주도권이 반영되어 다양성이 존재했지만, 영어는 어느 곳에서나 "공식적 의사소통 수단이자 식민지에서 인텔리가 될 수 있는 마법의 공식"이었다.

결국 영어의 문명개화적 특성들이 식민지 모든 지역에서 전 방위적으로 선전되고 이를 교육에 이용하면서 식민지 주민의 언어를 멸시하고 이의 사용을 점진적으로 제한하고 더 나아가 배제시키는 정책을 본격적으로 펴게되었다.

영국의 식민지 교육은 다음과 같은 특성을 가졌는데, 이를 일본이 우리나라를 식민지배한 35년 동안 답습한 것이다.

먼저, 식민지 주민의 언어는 식민지배 초기에는 초등교육에서 사용하도록 했지만, 그 지위는 영어에 비해 턱없이 낮았다.

식민지의 고유 전통과 교육 시스템과 관행은 무시되고 철폐되기 시작했다.

식민지 주민 중에서 극소수의 영국 지배에 호응하는 부역 가담자들이나 자녀들만이 영국식 고등교육을 받을 수 있었다.

식민지의 공동체가 가졌던 전통적이며 유익한 교육은 무시되고 낯선 영국식 식민지 교육이 실시되어 영국과 식민정부에 순종적인 관리와 어용 지식인을 양성하는 것이 중시되었다.

그나마 이들에게 제공하는 고급 전문 지식은 영어로서만 얻을 수 있었고 이것도 오로지 영국 본토에 가야만 가능한 것으로, 영어의 완벽한 구사가 필요한 것은 너무나도 당연했다.

교육과 문명개화라는 미명으로 식민지의 주민 대부분을 영국을 선진국으로, 최고선으로 인식하게끔 세뇌시켜 영어를 조금이라도 구사하는 것이 문명개화의 시발점이 된 것이다.

또한, 식민지에서의 교육 시스템을 통한 영어의 보급 외에 해외에서의 영어 보급과 영국의 생활과 문화의 소개를 목적으로, 영국 정부가 후원하여 영국문화원(British Council)이 1935년 창설되었는데, 현재 전 세계 100여국에서 운영되고 있다.[132]

이후 2차 대전과 1950년대 탈식민지 시대에도 영국이 자국의 이익을 보전하기 위해 영어 중심의 학문적 기반을 확고히 하고 있음을 볼 때, 이는 영어의 확장이 정치적 영향력을 나타내고 프랑스, 독일, 소련과 같은 유럽의 제국주의에 승리하기 위한 가장 중요한 수단임을 알았기 때문이다.

3. 탈식민시대와 현재의 영어제국주의

이처럼 식민지배를 통해 영어를 특권을 가진 표준 언어로 정해 해 다른 모든 언어를 배제해 왔고, 이는 식민지가 독립한 이후 각 나라에서 이 정책을 그대로 이어 받아 영어의 위세는 계속되고 있다. 영국에서 독립한 나라는 거의 모두 명목상으로는 단일한 민족어를 국어로 정하고 이를 교육 시스템을 통해 사용하도록 강요하고 있지만, 항상 제1외국어인 영어교육을 수반하고 있다. 오랜 식민 통치 기간 동안 민족어(모어)의 표현력 부족(특히 어휘의 부족)과 특권적 계층의 영어 사용, 그리고 시장의 힘과 국민국가 이념때문에 영어의 국제적 위상은 더욱 강해지고 있다.

지금도 전 세계에서 영어가 극단적으로 확장하고 있는데, 외국어로서의 영어 학습 동기는 지적 호기심에서 보다는 자본주의의 종주국인 미국이 가진 유무형의 풍요를 갈망하기 때문이다. 이는 영어를 모어로 갖지 못한, 경제적으로 낙후한 나라의 비영어권 화

132 영국문화원은 형식적으로 영국 외교부 소속이지만, 행정과 업무는 독립적이다. 2006-2007년 영국문화원의 수입은 5억5천1백만 파운드로 이중에서 1억9천5백만 파운드를 영국정부로부터 받았다. 나머지는 주로 여러 나라에서 영어 교육으로 벌어들인 것으로 이 때문에 문화 외교이자 비정부 기구로 보게 된다.

자들의 이중언어 사용을 초래하고 있다.

이들 화자는 점진적으로 모어를 버리고 영어 단일어 사용자가 될 것이라는 예측도 가능하다. 그렇다면 영어로 인해 세계의 거의 모든 언어가 소멸할 것이고 이는 언어와 연결되어 있는 각 민족의 고유한 세계관도 같이 소멸할 것이다. 모어와 영어의 이중언어 사용이 영어와 모어의 이중언어 사용으로 바뀌고, 이후 영어를 우위에 두는 차별적인 언어사용, 결국 영어만의 단일언어 사용으로 이어질 것이라는 예상이다. 그렇지만 인류역사를 통해 강력한 제국이 영원하지 않다는 것을 알고 있고, 따라서 미국 영어의 주도권도 영속할 수 없음을 예측할 수 있다.

과거의 언어는 이주, 교역과 정복으로 확장되었지만, 현재는 불가능하다. 특히, 국경을 넘는 군사적 침공과 이로 인한 국경의 변화, 지배세력과 피지배 민족 간의 유혈 분규는 이제는 거의 눈에 띄지 않는다.

선사 시대의 인도유럽어 조어, 아프리카의 반투어, 남아메리카 동부의 투피–과라니어, 북아메리카 동부의 이로쿼이어와 알곤킨어 등이 바로 이주와 정복으로 인해 확장된 것이다. 역사시대에 들어와서는 메소포타미아의 아람어, 지중해의 그리스어, 라틴어, 남아메리카 잉카제국의 케추아어, 중국어, 영어 등이 주로 정복과 교역을 통해 인근 지역, 더 나아가 세계 전역으로 퍼져 나갔다. 이들 언어의 확장에서는 국경도 장애가 될 수 없었다.

20세기 중반 이후는 상대적으로 평화로운 이주가 계속되고 있는데 바로 스페인어 화자인 히스패닉이 중남미 각국에서 미국으로 이주가 계속되고 있지만 세계 전체로 볼 때, 과거보다 그 수와 지역 범위는 한정되어 있다.

2차 대전 이후 군사적 외에도 정치적, 경제적으로 초강대국이 된 미국은 대외 경제 원조를 수단으로 종주국인 영국과 함께 영어를 세계 곳곳에서 사용하도록 만들어 왔다. 바로 대외 원조의 목적 가운데 하나가 바로 영어 보급이었는데, 이는 1950~70년대 미국 정부와 민간 재단이 기금을 갹출하면서 빠르게 진행되었다. 한 언어를 보급하기 위한 지출로는 역사상 최대였고, 미국과 영국의 여러 대학에서 응용언어학, 제2언어 또는 외국어로서의 영어교육 방법을 크게 발전시켜 원조 수혜국에 보급했다. 이는 교재 출판, 영어 교육센터, 해외 원조 과정에서의 일자리, 영국이나 미국 문화센터 개설 및 부속 도서관 등을 마련하여 영어의 보급을 쉽게 만들었다.

1950년대에 영국 정부는 탈식민지 시대에도 영국의 이익이 보호되고 유지되려면 정치, 군사가 아닌 학문적 사회기반시설에 투자해야 한다고 보았다. 영어의 보급을 바탕으로 정치적 영향력을 행사하고 영어의 확장을 다른 제국주의 세력들을 제압하는 방법으로 여겨졌다. 이 사명은 영국문화협회의 연례 보고서(1960~1961)에 다음과 같이 나온다:

'세계를 대상으로 영어를 가르치는 것은 식민지였던 미국에서 영어를 이주민 집단 사이의 공용어로 확립하는 과정에서 발생한 과제를 해결하는 것과 별반 다를 것이 없다.'

즉 세계 곳곳에서 영어를 계속 사용하게 만드는 것은 영국과 미국의 이익에 들어맞는다고 보았으며, 그 자체가 대외 원조의 가장 중요한 목적이었다.

1960년 이후 본격적으로 여러 학술지, 학회 등의 국제적 학술 분야에서 영어의 사용영역도 확대되었다. 예를 들면, 프랑스에서 창설된 국제응용언어학회(Association Internationale de Linguistique Appliquee)도 영어만을 사용하고 있다.[133] 이는 사회언어학, 응용언어학에 대한 미국 여러 재단의 지원이 많아졌기 때문으로 이의 배후에는 대개 미국중앙정보부(CIA)가 있었다.

이렇게 되자 영어는 제국주의적 속성을 뚜렷하게 나타내기 시작했다.

예를 들어, 영·미의 TESOL(Teaching of English to Speakers of Other Languages)이라는, 영어를 외국어로 배우는 학생들을 위한 효과적인 교수 방법을 연구, 개발하고 이를 통해 영어 전문교사를 양성하는 과정 자체가 바로 다른 문화에 대해 여전히 식민주의적, 오리엔탈리즘(Orientalism)[134] 관점을 유지하고 있다는 것이다. 바로 영어가 비영어권 국가에서 엘

---

133 1964년 프랑스 낭시 대학(University of Nancy)에서 결성된 이 학회는 현재, 전 세계 8,000명 이상의 회원과 35개 지부를 보유하고 있다.

134 서유럽인의 시각, 또는 유럽 중심주의에 입각하여 서유럽인, 즉 백인들이 동양에 대해 갖는 편향된 사고·인식·표현의 방식을 가리키는 개념이다. 이에 대한 문제의식이 1978년 팔레스타인계 미국인 에드워드 사이드(Edward W. Said)가 '오리엔트' 사회, 특히 아랍세계를 바라보는 서구인들의 태도에 대해 비판적으로 연구하면서 본격적으로 제기되기 시작했다. 여기서 그는 '계몽화한 서유럽'이 '신비의 오리엔트', 특히 아랍을 비롯한 이슬람 세계를 대하는 태도에서 자기 우월적 인식의 전통을 만들어냈다고 결론지었고, 이런 전통이 근대 서유럽의 정치적 및 지적 문화의 중요한 일부를 구성하고 있음을 주장하였다.
사이드의 이 문제를 제기하자 서양인들의 동양에 대한 태도는 단순히 아랍 세계에만 국한되지 않고 비서방 전반을 대하는 관점으로 확대·인식되기에 이르렀다. 현재 오리엔탈리즘을 서양의 문화적 자기중심주의, 인종적 우월감, 제국주의 지배와 연관된 동양에 대한 광범한 지배 욕구로서 비판적 인식이 퍼져 있다. 서유럽, 백인 중심의 세계 인식을 극복하는 세계사를 만들어야 한다는 점에서 오리엔탈리즘의 중요

리트의 언어라는 것을 강조하며 영어 습득을 자극하고 있다. 최근까지도 우리나라에서도 영어가 엘리트들의 언어로 간주 되어 고등 교육기관인 한국외대, 이화여대, 숙명여대, 성균관대 등에 TESOL 석사과정이 있으며 한국외대 일반대학원에는 박사과정까지 있을 정도이다.

영어가 세계어로 기능하고 있지만, 전 세계 많은 사람이 영어를 자유롭게 구사하는 것이 아니라는 반론도 만만치 않다. 예를 들어, 인도에서는 영어를 공용어로 사용하지만 10억 인구에서 영어를 자유롭게 사용하는 사람은 전체 인도 인구의 2%인 2천만 명 정도라고 한다. 최근까지 우리나라에서는 영어가 엘리트들의 언어로 간주 되었다.

1917년 소련 혁명을 주도한 레닌(Lenin)에 따르면 제국주의란 "독점자본주의의 논리적 발전"이며 "자본주의 발전의 최고의 단계"이므로 영·미가 자신들의 이익을 위해 영어 보급에 힘쓰는 것은 영어의 독점자본주의로서 일종의 제국주의라고 할 수 있다. 이 독점이라는 것은 "자유경쟁의 직접적 대립물"이면서도 역사적으로 자유경쟁은 쉽게 "독점으로 진화"하는 모습을 보였던 것이 사실로서 이를 언어에 적용하면, 수많은 언어가 자유로이 '경쟁'하는 것으로 보이지만, 실제로는 그런 '자유경쟁'으로 인해 한 두 개의 특정 거대 언어가 나머지 작은 언어들을 지배하게 되고 결국은 소멸시킬 것이라고 보는 언어제국주의, 결국 현재의 영어제국주의라는 현상을 보고 있다.

영어제국주의는 북반구의 선진국과 남반구의 개발도상국 사이의 관계를 구성하는 핵심 요소로서, 문화제국주의와 맞물려 전 세계적인 선진, 최첨단이라는 미명 하에 영어와 영어교육의 수출, 세계적 확장과 밀접한 관계가 있다.

성이 더욱 커지고 있다.

V. 모어, 국어, 국가어, 공식어

세계어와 국제어 외에 현재 특정 국가나 지역에서 특정 언어의 지위와 기능을 나타내는 개념 중에서 모어, 국어, 국가어, 공식어와 같은 용어가 사용된다. 영어로 각각 first language(mother tongue, native tongue), state language, national languages, official languages 라고 하는데, 이를 보다 명확하게 정의하여 그 혼동을 방지할 필요가 있다.

먼저 모어와 모국어를 혼용하고 있는데, 언어가 항상 국가라는 틀 안에서만 사용하는 것이 아니기 때문에 굳이 모국어라고 할 필요는 없다. 모어는 대개 다음의 특징을 가진다:

1. 습득 순서와 유형이라는 기준에서 볼 때, 모어는 대개 특별한 교육 없이 부모로부터 자연스레 가장 먼저 습득하는 언어이다;
2. 질로 볼 때, 모어는 개인이 사고 활동을 수행하는데 가장 좋은 언어이다;
3. 사용 폭으로 볼 때, 모어는 가장 사용성이 큰 언어이다;
4. 언어와의 내적인 정서적 연관의 존재 여부로 볼 때, 모어는 시와 같은 예술 창작을 가장 잘 이해할 수 있는, 정서적으로 이에 가장 가까운 연관을 가진 언어이다;
5. 모어는 사용자의 외부 정체성을 규정하는 언어이다.

둘째로, 국어는 법적으로 정해진 영토, 즉 국가 안에서 다른 언어들과 비교하여 법률이 정하는 가장 높은 법적 지위를 가진 언어이다.

이에 따라 국어는 해당 국가의 최고 법인 헌법을 기술한 언어이다. 따라서 성문헌법을 갖지 않은 나라는 국어가 없다고 할 수 있다. 우리나라처럼 단일민족 국가에서도 굳이 헌법에서 정하지 않고 있지만 그 민족의 모어가 국어임은 당연하고 다민족 국가에서는 국어가 여러 개 규정될 수 있다. 따라서 다민족 국가에서 정한 모든 국어는 국가어로 부르는 것이 보다 더 타당하다. 법적인 국가어의 층위를 넘어 수적으로 가장 많은 민족의 언어가 국어로서 사실상 민족 간 의사소통 수단으로 사용한다.

공식어는 법적인 층위가 아닌 기능 측면에서 보는 언어의 지위로서 국가나 국제기구에서 특권적 지위를 가지고 있는 언어를 말한다.

국어와 공식어를 구분할 때, 국어는 해당 국가 내 정치적, 사회적, 문화적 영역에서 통합 기능을 수행하고 해당 국가의 상징이 되는 언어이지만, 공식어는 단순히 국가 행정, 입법, 사법 영역에서 사용되는 언어로 보면된다.

그러나 이들 두 개념은 모든 나라에서 법적인 강제성을 띠지 않고 단지 해석적이고 편의적인 것이다.

예를 들어, 국어 외에 공식적으로 인정된 소수민족어, 즉 지역의 학교에서 교육 언어로 사용되고 지역의 공공업무를 작성할 수 있는 공식어가 있는데, 이탈리아의 사르디니아어가 바로 지역에서의 공식어인 것이다.

세계 178개 국가에 국어나 공식어가 있다. 알바니아, 프랑스, 우크라이나, 독일과 라트비아 같은 나라에서는 국어가 하나이지만, 아프가니스탄, 벨라루스, 벨기에, 볼리비아, 인도, 파라과이, 핀란드, 스위스, 남아공과 같은 나라에서는 국어가 둘 이상이다.

이라크, 이탈리아, 스페인, 러시아와 같은 나라에서는 국어와 개별 지역의 국어, 즉 국가어가 존재하는데, 예를 들어 러시아연방의 타타르스탄공화국에는 연방 국어인 러시아어 외에 타타르어를 공화국의 국어로 정하고 있다.

미국, 영국, 오스트레일리아와 같은 나라는 법적으로는 국어가 없지만, 개별 지역의 공식어는 있다. 그러나 이 같은 경우, 대부분 실제로는 국어에 상당하는 하나의 언어가 존재하고 여러 공식어의 사용영역을 정한 일련의 공식문서가 있다.

또한, 아시아와 아프리카의 일부 국가는 국어나 민족의 모어가 아니지만, 식민지 과거의 유산으로 인해 국민 대부분이 사용하는 교육 언어들, 주로 영어, 프랑스어 또는 스페인어, 포르투갈어를 보전하고 있다.

이와 반대로 아일랜드의 주민의 1/3 이하가 사용하는 아일랜드어는 아일랜드인의 모어이자 국어이고, 국민 대다수가 사용하는 영어는 헌법에서 제2 공식어로서만 정하고 있다.

현재 일부 국가에서는 어떤 언어를 의사소통의 어느 영역에서 사용해야 하는가의 문제가 심각한 정치적 문제로 비화했는데, 이는 포스트 소비에트 공간 신생 독립국에서 러시아어가 대표적이다. 이는 이들 국가가 토착주도민족의 정체성과 주권 확립, 친 서방 강화를 목표로 러시아어와 러시아어사용 문화로부터 거리를 두는 과정에서 나타나고 있는 것이다.

실제로, 국어(공식어)의 특권적 지위는 법률이 정한 경우에서의 사용 강제성을 의미하지만 다른 언어나 그 표기체 사용의 금지를 의미하는 것은 아니다.

국어의 지위가 항상 법으로 정한 공식업무에서의 광범위한 사용을 뜻하는 것은 아니다. 즉 대부분의 나라에서는 실제로 영어가 보조언어로 공식적인 층위에서 많이 사용되고 있다. 과거 프랑스의 아랍어 사용 식민지(모로코, 알제리, 튀니지, 모리타니, 리비아)에서는 공식업무에서 대개 프랑스어를 아랍어에 비해 훨씬 더 많이 사용하고 있음에도 불구하고, 공식적으로는 프랑스어를 국어나 공식어로 인정하지 않는다. 다른 한편으로, 남아프리카공화국에는 11개의 공식어, 볼리비아에서는 35개의 공식어가 있지만 실제로는 몇 개만이 공식적인 층위에서 사용할 뿐이다. 포스트소비에트 공간의 경우 몰도바, 우크라이나, 아르메니아, 북캅카스, 아제르바이잔, 우즈베키스탄 등에서는 공식적인 층위에서 광범위하게 사용되는 러시아어가 국어 지위를 갖지 못한다는 것이 특징이다. 이와 반대로 공식적 층위에서는 사실상 거의 사용하지는 않지만 해당 국가나 지역의 토착주민들의 모어가 명목상으로 국어 지위를 가진 곳이 있는데, 바로 벨라루스, 러시아연방의 민족 공화국들, 그리고 친러시아 비공인 국가인 압하지야, 남오세티아, 프리드네스트로볘이다. 즉 벨라루스에서는 제1 국어는 벨라루스어이지만 사용영역과 기능이 러시아어에 미치지 못하고 러시아연방의 민족공화국에서도 공화국 명칭과 같은 민족의 모어가 공화국 국어로 규정되어있지만 연방 국어인 러시아어와는 감히 비교의 대상이 될 수 없다. 캅카스의 압하지야, 남오세티아 그리고 몰도바의 프르드네스트로볘는 국가의 안위를 러시아연방에 의지하고 국정전반과 교육 시스템도 러시아연방과 거의 같아 사실상 러시아어 공동체이다.

캐나다, 벨기에, 스위스에서는 연방 층위의 공식어가 일정한 연방주체나 지방자치체 차원에서는 공식적인 지위를 갖지 못하고 더 나아가 이의 사용도 제한적이다.

핀란드에서는 두 개의 국어가 있음에도 각각의 행정 단위는 핀란드어 사용지역, 스웨덴어 사용지역, 이중언어사용(핀란드어-스웨덴어, 핀란드어-사암어)지역으로 나뉜다.

마지막으로 국가가 아닌 국제기구에서 특권적 지위를 가지고 있는 공식어를 살펴 본다. 국제기구에서는 공식어와 더불어 유사한 개념의 실무어(working languages)라는 용어도 많이 사용하고 있는데, 실무어란 공식어의 지위 규정은 가지지 않지만, 국제기구 안에서 실제 업무에서 사용하는 언어로서, 사실상 공식어로 취급하기 때문이다.

1. 영어와 프랑스어가 공식어인 국제기구

세계 거의 모든 국제기구에서 영어가 공식어이고, 영어에는 미치지 못하지만 과거 유럽에서의 외교와 문화언어로서의 전통으로 인해 프랑스어도 많은 국제기구에서의 공식어이다. 국제형사재판소(International Criminal Court)는 두 실무어인 영어와 프랑스어를 가진다. 유엔의 사무총장은 비공식적으로 이 두 언어에 능통해야 한다. 유럽평의회(Council of Europe)과 나토(NATO)도 두 실무어인 영어와 프랑스어를 가진다.

세계스카우트연맹(World Organization of the Scout Movement)은 영어, 프랑스어가 실무어이고, 아랍어, 러시아어, 스페인어는 보조적인 실무어이다.

2. 영어, 프랑스어 외 다른 언어도 공식어인 국제기구

북극 협의회 원주민 사무국(Arctic Council Indigenous Peoples Secretariat)은 영어가 유일한 공식어이지만, 의사소통은 러시아어로도 이루어진다. 비록 많은 수의 극지 주민들이 이누이트어 그룹, 사암어 또는 우랄 제어, 알타이 제어를 구사하지만, 영어가 많은 이들의 제2, 제3의 언어로서 공식어이다.

상하이 협력기구에서는 러시아어와 중국어가 공식어이다.

남미공동시장(Mercosur)에서는 포르투갈어와 스페인어가 공식어이다.

동남아시아 국가 연합(ASEAN)의 공식어이자 실무어는 영어 하나이다.

그 외에 국제기구는 아니지만, 동티모르에서는 테툰어(Tetun)와 포르투갈어가 공식어이지만 인도네시아어와 영어가 실무어 역할을 하고 있다.

인도의 28개의 주 가운데 가장 면적이 작은 고아주(State of Goa)에서는 실무어로서 마라티어(Marathi)를 사용하지만, 콘칸어(Konkani)만이 공식어의 지위를 가진다.

덴마크 자치령인 그린랜드(Greenland)는 2009년 덴마크어를 공식어에서 실무어로 강등시키고 그린랜드어(이누이트어)만을 공식어로 정했지만, 덴마크 문어와 구어는 여전히 보건과 고등교육과 같은 여러 사회영역에서 지배적이다.

3. 영어, 프랑스어 그리고 스페인어가 공식어인 국제기구

WTO, 국제전기통신연합(International Telecommunications Union), 국제해사기구(International Maritime Organization), ILO, NAFTA, 미주자유무역지대(Free Trade Area of the Americas)는 모두 3개 실무어(영어, 프랑스어, 스페인어)를 가진다.

4. 그 외 셋 이상의 실무어를 가진 국제기구

유럽위원회(European Commission)는 영어, 프랑스어, 독일어 등 실무어가 셋이다.

국제축구연맹(FIFA)은 영어, 프랑스어, 독일어, 스페인어 등 실무어가 4개이다. 이전에는 프랑스어가 유일한 공식어였다. 현재 영어가 의사록, 통신문(서신), 발표문의 공식어이다.

아프리카연맹(African Union)은 현재 아랍어, 영어, 프랑스어, 포르투갈어, 스페인어, 스와힐리어 등 여섯개 실무어를 사용한다.

남아프리카개발공동체(Southern African Development Community)는 아프리카안스어(Afrikaans)[135], 영어, 프랑스어, 포르투갈어 등 실무어가 4개이다.

---

135 남아프리카 공화국과 나미비아에서 주로 쓰이는 서게르만어군 언어이다. 16세기 ~ 17세기에 네덜란드 출

북유럽이사회(Nordic Council)는 덴마크어, 스웨덴어, 노르웨이어 등 실무어가 3개이다. 이사회는 이 세 언어를 통합스칸디나비아어 방언으로 지칭한다.

이렇게 볼 때, 우리 대한민국의 한민족의 모어는 한국어이고, 국어는 하나의 민족이 국가를 건국하여 그 민족의 모어가 국가 구성국민의 언어가 되는 경우, 즉 한국어는 대한민국의 사실상의 유일한 국어이자 다민족화 과정에 있는 현재 상황에서 유일한 공식어이기도 하다.

다민족 국가인 러시아연방의 경우 러시아연방의 가장 큰 주류 민족인 러시아인의 모어가 러시아어이고 연방 국가의 국어가 역시 러시아어이고, 22개 민족공화국에서 각각 정한 공화국 국어가 존재하는데, 이를 국가어로 볼 수 있는 것이다.

신 이주자들의 후손이 써오던 네덜란드어가 독자적인 변화를 거치면서 성립된 언어이다. 네덜란드 본국의 언어와 교류가 단절되고, 이후 이주자들에 의해 유입된 프랑스어, 포르투갈어, 영어, 말레이어 등의 언어와 아프리카 토착 언어인 반투어가 혼합되어 형성된 크리올어의 일종이다

VI. 다중언어 사용의 미래

사실상 단일언어 사용국인 미국, 영국, 호주는 원래 수많은 토착 원주민 부족이 오래 전부터 거주해 온 다언어 사용지역이었고, 캐나다, 남아프리카공화국은 현재도 다언어 사용지역이다. 인도의 모든 성인은 둘 이상의 언어 사용이 가능한 이중언어사용자 또는 다중언어사용자로서, 그 수는 약 10억 명에 달하여 전 세계 인구의 1/6을 차지할 정도이다. 그 외 호주 원주민, 탄자니아, 나이지리아, 케냐의 원주민들과 집시, 유대인들도 다중언어사용자들이다.

세계적으로 유랑민족으로서 잘 알려진 집시와 유대인은 해당 유랑국가의 언어를 사용함으로써 다중언어사용자가 되고 결국 모어를 잃어버릴 것으로 예상했지만, 현재까지 모어를 잘 보전해오고 있다.

1. 집시어(Gypsy language)

집시어는 인도-아리아어족의 펀자브어(Panjabi)와 유사한 언어로 추측하는데, 집시들이 유랑생활을 하면서 집시어는 언어들과 혼용되어 그 고유한 정체성이 희미해졌다.

집시는 원주지였던 인도 북부를 떠나 14세기에 비잔틴 제국으로 들어왔다. 당시 이들을 이집트인으로 오인하여 이 집시라는 명칭도 이집트인(Egyptian)에서 나온 것이다. 이들은 15세기에 프랑스 파리에 도착하였고 유럽 전역으로 퍼져나가기 시작했다. 이후 집시는 유랑 지역 국가의 민족말살정책으로 인해 학살당하여 민족과 언어의 소멸이 예상되었다. 그러나 전통적 생활방식을 고수하고, 타민족과의 혼인도 제약받으면서도 모어를 전승하여 자신들끼리만 통하는 비밀언어로 만들어 현재도 유지하고 있다.

집시라는 말은 비하의 의미를 갖는 타칭으로 자신들은 롬(Rom)으로 칭하는데, 현재 2백만 명 이상(때로는 2천만 명)이 전 세계에 분포하는 것으로 추측한다. 이중에서 이집트 170만 명, 미국 약 1백만 명, 브라질 678,000명, 스페인 650,000명, 루마니아 621,573명, 불가리아 353,000명, 아르헨티나 300,000명, 러시아 220,000명, 알바니아 120,000명, 세르비아 108,000명이 거주하는 것으로 추측한다.

15세기에 스위스 베른 성 밖에 최초로 도착한 집시들을 그린 그림으로, 당시 연대기에서는 세례 받은 이교들로 기술했다. 검은 피부로 사라센 복장을 하고 무기를 든 것으로 그리고 있다(Diebold Schilling the Elder 1445~1485).

2. 이디시어(Yiddish)

이디시라는 말은 유대인을 의미하는 독일어의 Jüdisch에서 나왔다. 독일에 거주하던 유대인 아슈케나지의 언어인 이디시어는 10~14세기에 고지 독일어 방언을 기반으로 슬라브어(약 15%), 히브리어(고대 유대어와 아람어, 약 15-20%)가 섞여 생긴 언어로 히브리 문자를 사용한다. 아슈케나지들은 11~19세기 헝가리, 폴란드, 벨라루스, 리투아니아, 러시아, 우크라이나 등을 포함한 동유럽 국가들로 이주하여 비독일어권 지역에서 특히 큰 공동체를 형성하였다.

이렇게 중부유럽의 유대인의 언어인 이디시어는 10세기 독일의 라인란트[136]의 유대인

136 라인란트(Rheinland, 프랑스어: Rhénanie)는 일반적으로 독일과 프랑스, 룩셈부르크, 벨기에, 네덜란드 사이의 국경으로부터 라인강에 이르는 지역을 가리킨다. 역사적으로 라인란트의 일부였지만 현재 프랑스령인 알자스-로렌지방을 제외하고는 현재 독일영토이다.

상업공동체의 링구아 프랑카가 되었고, 13세기 이후 공존하는 독일어와는 다른 별개의 언어로 발전하기 시작했다.

유대인들이 폴란드, 벨라루스, 러시아 남부까지 진출하여 정착하자 이들을 따라온 독일인들도 정착하게 되었다. 그 후 유대인과 독일인은 러시아제국과 소비에트 정권의 탄압과 언어적 다수로부터의 횡포를 피해 미국으로 이주하게 되었는데, 유대인은 뉴욕과 같은 도시에 정착했고 이들을 따라온 독일인은 펜실베니아 주의 농촌에 정착하여 펜실베니아 독일인(Pennsylvania Dutch)으로 불리게 되었다.

1차 대전 중 자유를 찾아 미국에 도착한 유대인들

이디시어 사용자는 지식인으로서 종교의식과 성서 언어인 히브리어, 학문과 법률 언어인 아람어, 거주 지역의 언어인 독일어, 폴란드어, 러시아어, 헝가리어를 구사할 수 있는 인텔리였다. 그러나 독일에서는 이디시어의 배제 운동이 일어나, 유대인의 언어도 독일어가 되어야 한다는 독일인들의 인식이 널리 퍼졌다. 이에 1900년 이후 이디시어 사용이 축소되기 시작했다.

1940년대 초 독일 나치의 인종학살로 동유럽과 러시아 서남부의 이디시어 공동체는 파괴되고 절멸되었는데, 볼가 강 유역의 독일어 사용자들은 독일로 귀환하거나 카자흐스탄까지 강제로 이주당했다. 러시아의 이디시어 공동체는 독일 나치의 침공으로 이스라엘이나 세계 여러 다른 지역으로 이주하면서 결국 이디시어는 절멸하거나 독일어 사용자로 전환할 수밖에 없었다.

현재 이디시어는 이스라엘에서도 히브리어에 비해 열세인 상황이고, 가정 언어로 전락했다. 미국과 아르헨티나 등지에서는 정통파 유대교도에 의해 부활했지만 이들은 전체 유대인 공동체 가운데 소수일 뿐이다.

러시아제국이 점령하고 있던 폴란드의 비아위스토크(Białystok, 러시아어 벨로스토크)에서 태어난 유대인 자멘호프(이디시어 לייזער יול זאַמענהאָף, Ludwik Lejzer Zamenhof, 1859~1917)는

에스페란토어를 창제한 자멘호프

안과의사로서 이디시어를 기반으로 보편적인 제2 언어 구상했는데, 바로 이 언어가 1887년에 나온 인공언어 에스페란토(Esperanto)이다. 그의 필명이기도 한 에스페란토는 "희망하는 사람"이라는 의미이다.

그가 에스페란토어를 만든 이유는 이디시어가 유대인 중심의 국제어로서 러시아, 유럽, 아메리카에서 사용하고 있었지만, 유대인의 언어라는 한계를 극복하고 바로 국제적 의사소통을 위해서, 배우기 쉽고 중립적인 언어를 만드는데 있었다. 원래는 국제어(Lingvo Internacia)라고 불렀다.

이 국제어라는 명칭의 에스페란토어 교과서(Unua Libro)는 1887년 7월 26일 바르샤바에서 러시아어로 발행되었고 이때가 바로 에스페란토어 탄생일로 간주한다. 저자는 독또르 에스페란토(Д-ръ Эсперанто)라고 되었는데, 바로 자멘호프 박사의 필명이다. 이후 프랑스어, 폴란드어, 독일어 판이 나왔다.

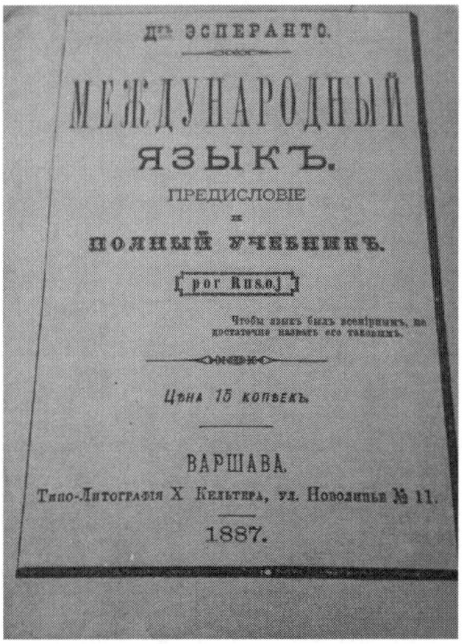

최초의 에스페란토어 교과서

VII. 다중언어 교육의 필요성

문화에서의 신 중역(新 重譯) 시대가 도래하고 있다. 즉 세계 도처의 비영어권의 상황을 영어로써 형성된 세계관으로 보고, 이 영어 기반의 세계상이 표준으로 간주하고 이의 문화만 유입되고 있는 상황이다. 이와 같은 영어 종속 현상을 클로드 아제주(Claude Hagege)[137]가 1996년 "유럽을 위한 언어"(Welche sprache für Europa?)라는 글에서 분석하고 있다.

"다양한 민족, 언어, 문화 배경을 갖는 유럽에서는 이민자의 국가인 미국과는 달리 하나의 언어가 출현할 수 없다. 유럽의 독자성은 바로 여러 언어와 이의 표출 형태인 다양한 문화에 있다. 이러한 다양성은 유럽제 언어의 공통적인 미래에 대해서 일종의 방해가 되기도 하지만 다양성과 단일성은 서로 상충되는 것이 아니다. 다양성은 단일성의 전제가 되는 것이다. 이 조화를 위해 유럽인들은 가능한 한 많은 이웃의 언어를 습득해야 한다. 미국의 단일 언어 위험성을 피해야 한다. 영어에 대한 전적인 의존은 다른 사람들의 욕구에 대해 자칫 무감각하기 쉽기 때문이다."

또한 '세계화시대의 문화와 언어' 좌담에서 이를 단일언어 사용의 위험성을 다음과 같이 밝히고 있다.[138]

– 언어학자로서 아제주 박사는 수많은 토착 언어가 급속히 사멸하는 문제에 천착하고 있다. 이 문제가 세계화 추세와 관련이 있다고 보는가?

클로드 아제주 박사 : 물론이다. 미국의 한 유명 사립대학 동창 모임에 우연히 참석할 기

---

137 아제주(1936~)는 튀니지에서 태어난 현대 프랑스 언어학자이자 동방학 연구자로서 이탈리아어, 영어, 아랍어, 중국어, 헤브라이어, 러시아어, 그리스어, 과라니어, 헝가리어, 나바호어, 펀자브어, 페르시아어, 말레이어, 힌두어, 말라가시어, 퀘추아어, 타밀어, 터키어, 일본어 등 50개 언어를 구사하거나 알고 있는 것으로 유명하다.

138 "영어에만 매달리는 한국인에 놀라"[출처: 중앙일보] ['세계화시대의 문화와 언어' 좌담], 2005. 3. 27.

회가 있었다. 각계에서 상당한 영향력을 행사하는 유력 인사들이 대거 모였는데 그중 이름만 대면 알만한 정치인이 이런 얘기를 하는 것을 들었다. '세계화는 바로 우리다(Globalization is us).' 미국화가 세계화라는 얘기다. 미국이 힘을 바탕으로 자기 언어를 확산하는 점도 있지만, 영어 이외의 언어를 모국어로 사용하는 사람들이 자기 언어를 홀대하고 영어를 자발적으로 수용하고 있는 점도 문제다. 한국어 어휘의 60% 이상이 한자어인데도 한국인들이 한자어를 버리고, 대신 영어 어휘에 문을 활짝 열고 있는 것은 깜짝 놀랄 현상이다.

– 영어는 의사소통의 보편적 수단이 됐다. 오늘날 세계를 지배하고 있는 미국의 정치·경제·문화적 힘의 불가피한 결과라고 보는데.

아제주 : 영어가 보편적 의사소통 수단이 됐다고 보는 것은 언론이 만들어낸 허구다. 영어의 지배를 거부할 수 없는 숙명으로 받아들일 것이 아니라 각자 자기 언어를 보존하고 지키려는 노력을 강화해야 한다.

– 언어적 다양성을 보존하려면?

아제주 : 현재 전 세계에는 구어(口語)를 기준으로 약 5,000개의 언어가 있다. 그중 매년 25개 정도가 사라지고, 그 속도는 점점 빨라지고 있다. 이런 추세라면 2100년이면 500개 언어만 남게 될 것이다. 아주 어릴 때부터 학교에서 다중(多重)언어교육을 실시해야 한다. 아시아권에서는 3중 언어교육이 필요하다고 본다. 한국 같으면 모어인 한국어에 영어, 그리고 다른 외국어 하나를 추가할 수 있을 것이다. 하지만 모어는 학교에서 배우는 언어가 아니라 태어나면서부터 집에서 배우는 언어다. 따라서 학교에서 가르치는 외국어를 기준으로 3중 언어교육을 실시할 수도 있다고 본다.

– 언어학적으로 가장 발달한 언어가 무엇이라고 보는가?

아제주 : 모든 언어 사용자에게 가장 발달한 언어는 자신의 모국어다.

1. 복수 외국어 학습어 학습의 필요성

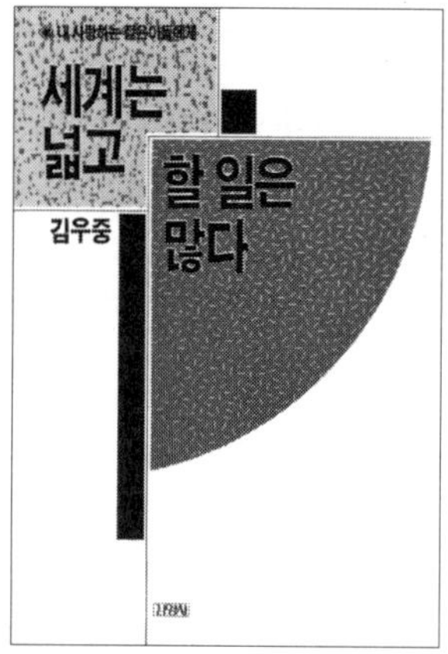

1998년 유네스코 스톡홀름에서 열린 '발전을 위한 문화 정책'에 관한 정부 간 회의에서 다음과 같이 단일성을 피하고 다양성을 보전해야 함을 합의했는데, 이는 언어, 즉 미국 중심의 영어와 문화의 단일화를 경계한 것이었다.

"오늘날의 세계화는 문화의 연계성을 높이고 상호교류를 증진하지만, 인류의 창의성과 문화 다원주의를 저해할 수 있다"

"영어 중심, 미국 중심의 세계화는 창의성과 문화 다원주의를 해치며 세계적 매스컴이 지역성을 파괴하고 있다."

또한, 김우중 전 대우 그룹 회장은 1989년 펴낸 "세계는 넓고 할 일은 많다"에서 우리나라 젊은이들이 영어 외 또 다른 외국어 학습과 구사, 지역전문가 양성 필요성을 주장했다.

"최소한의 영어 회화 구사 외 인구가 많은 외국어 하나는 구사해야 한다."

1962년 9월 프랑스 드골 대통령은 1, 2차 대전 중 적대국이었지만 패전국 서독을 방문하여 독일어로 연설했다.

1963년 6월 26일 미국 존 F. 케네디 대통령이 서베를린을 방문, 시의회 건물인 라타우스 쇠네베르크(Rathaus Schöneberg)에서 그 "Ich bin ein Berliner"(나는 베를린 시민입니다) 통해 베를린 봉쇄와 동독의 침략에 불안과 어려움을 겪던 서독 국민과 베를린 시민을 격려했다. 이 말은 그 당시 했던 연설 전체를 가리키기도 하는데, 이는 케네디가 한 연설 중 최고라 여겨진다:

Two thousand years ago, the proudest boast was "Civis romanus sum"(I am a Roman citizen). Today, in the world of freedom, the proudest boast is "Ich bin ein Berliner!"... All free men, wherever they may live, are citizens of Berlin, and therefore, as a free man, I take pride in the words "Ich bin ein Berliner!"

2000년 전에 가장 자랑스러운 말은 "Civis romanus sum"(로마 시민입니다)이었습니다. 오늘날, 자유 세계에서 가장 자랑스러운 말은 바로 "Ich bin ein Berliner"(나는 베를린 시민입니다)입니다. ... 모든 자유민은, 그가 어디에 살건 간에, 베를린의 시민이고, 그러므로 한 자유민으로서, 저는 "Ich bin ein Berliner"라는 말을 자랑스레 여길 겁니다!

케네디 대통령의 서베를린 연설.

2. 우리나라 고등교육에서의 영어(미국) 중심의 문제

2000~2007년 8월까지 외국 박사 국가별 신고 현황 분석 결과 미국 박사 취득자가 52.8%로 절반이상을 차지하고 그외 일본 17.7% 독일 7.1%, 영국 5.5%, 중국 4.6% 순으로 나타났다. (국회 최순영의원은 국정감사 자료) 또한, 같은 시기인 2000년~2007년 1학기까지 국내 97개 주요 대학교의 해외 박사 교수 임용의 박사학위 국적별 현황도 이와 거의 비슷하여 미국 58%, 일본 13.6%, 독일 8.4%, 영국 5.7%, 중국 3.45%, 프랑스 3.2%, 러시아 1.2%로 미국 박사가 압도적으로 많았다.

미국 박사 출신 신임 교수가 60%에 가까운, 이런 상황은 한국의 학문이 미국 학문에 편중, 종속됨을 의미하는 것으로 학문의 대미 종속 정도가 심각한 수준을 넘어선 것이다. 북유럽, 이슬람권, 남미, 아프리카 등에서 박사학위를 한 경우는 극소수이다. 학문간 국가 편중을 줄이기 위해서는 국가의 장학지원, 교원 임용시 특정 국가의 박사학위 출신이 일정 비율을 넘지 못하게 하는 상한제, 국내박사 쿼터제를 두는 등, 적극적인 조치들을 통해서 학문의 다변화와 미국종속의 탈피, 국내학문의 자생력 강화를 이루어야 하는 등 박사학위 취득국가의 다변화 정책이 필요하다는 일부 여론도 만들어지고 있다.

3. 외교 분야에서의 현지어 구사 부족 문제

1995년 재외공관의 현지 언어 구사인력은 특정 언어에 치우쳐 있었다. 당시 전체 외교관 900여 명 중 영어, 일본어는 각각 150명, 프랑스어와 스페인어 각각 132명, 110명, 중국어 70명, 독일어 59명, 러시아어 43명, 아랍어 17명, 그 외 언어는 10명 미만 구사자가 있었을 뿐이다.

당시 중동, 아프리카, 남미 등 43개 공관의 148명 외교관 중 현지어 구사 가능자 28명(19%)뿐이었다. 이후에도 나아지지 않고 있다.

2004년 일본어, 독일어, 러시아어, 프랑스어, 스페인어, 아랍어 사용 지역의 재외공관에서는 외교통상부 내부의 어학 등급 자격 최하위 단계(5급)를 통과한 외교인력이 없는 곳도 있었다.

일본어의 경우 후쿠오카 총영사관, 독일어는 스위스 대사관·프랑크푸르트 총영사관, 러시아어는 카자흐스탄 대사관, 프랑스어는 알제리·튀니지·레바논·코트디브와르 대사관·몬트리올 총영사관, 스페인어는 코스타리카·에쿠아도르 대사관, 아랍어는 이라크·카타르·요르단·쿠웨이트·레바논·오만·리비아·모르코·알제리 대사관이 어학 5급 이상 취득자가 한 명도 없었다.

그 이유는 우리나라 외교관들은 2~3년을 주기로 이른바 양지 및 음지 공관을 번갈아 근무하기 때문에 현지어 습득에 소홀할 수 밖에 없다.

재외공관에 근무하는 우리나라 외교관들의 현지 언어 구사 능력이 현저히 떨어질 뿐 아니라 국가별 편차 또한 심한 것으로 드러났다.[139]

외교통상부가 2010년 밝힌 '재외공관별 현지 언어 구사 비율(2010년 9월 기준)'을 보면 비영어권 재외공관 100곳의 평균은 36.9%에 그쳤다. 이는 외교부가 영어를 공식어로 사용하는 국가를 제외한 재외공관 외교관을 상대로 해당지역 어학 등급 보유자나 지역 연수자, 관련 언어 전공자를 집계한 자료다.

자료에 따르면 현지 언어를 적정 수준으로 구사하는 직원 비율이 50%가 안 되는 공

139 국민일보. http://news.kmib.co.kr/article/view.asp?arcid=0004234597&code=11121100

관이 61곳에 달했다. 심지어 현지어를 쓸 줄 아는 외교관이 1명도 없는 공관도 29곳이나 됐다. 자원 외교의 주요 대상국인 리비아 대사관, 두바이 대사관 등 아랍어 사용국과 인도네시아 대사관 등이 대표적이다. 아울러 핀란드, 포르투갈 등 8개 유럽연합 회원국 공관에도 현지어 사용 인력이 없는 것으로 조사됐다. 이탈리아, 네덜란드, 스위스 등 한국 여행객이 많이 찾는 국가의 공관들도 현지 언어 구사 비율이 25%가 안 되는 것으로 조사됐다.

이에 비해 일본과 중국 지역의 현지 언어 구사 능력은 상대적으로 높았다. 100%로 조사된 곳이 5군데인데 고베, 나고야 총영사관 등 모두 일본 지역 공관이다. 칭다오 총영사관(85.7%), 상하이 총영사관(77.8%) 등 중국 공관도 비율이 높았다. 반면 러시아는 러시아대사관 52.6%, 블라디보스토크 총영사관 40.0%로 중국, 일본에 비하면 낮았다.

또한, 직원들의 외국어 성적도 갈수록 하락세다. 외교부 5급 이하 직원에게 실시되는 TEPS 시험[140](990점 만점) 평균점수는 2008년 814.71점, 2009년 786.60점, 2010년 759.90점(상반기 기준)으로 계속 떨어지는 것으로 조사됐다. 이는 외교부 영어검정 최하등급인 5등급(700~799점)에 해당한다.

그런데도 외교부는 외국어 시험점수가 5등급(영어)과 4등급(제2외국어)에 못 미쳐 해외 근무 자격이 없는 직원 65명을 재외공관에 배치했다. 외국어 등급을 충족하지 못한 직원은 재외공관에 보직할 수 없도록 한 '외무공무원 예규 27조'를 어긴 것이다.

특히 아랍권에 있는 재외공관 14곳 가운데 아랍어를 구사하는 직원이 한 명도 없는 공관이 9곳에나 이르는 것으로 밝혀졌다. 국내 아랍권 관련 고급인력들이 40~50명에 달하고, 아랍권 현지 교민, 국제협력단원 등이 있음을 볼 때, 외교부 채용시스템을 다변화할 필요가 있다.

다자 외교의 중요성이 커지고 있는 현재 영어 외 다른 외국어의 교육과 능통한 구사자가 절실하다.

140 TEPS(Test of English Proficiency)는 1999년 서울대학교 언어교육원에서 개발한 영어 시험이다

4. 외국어 학습의 외적요인

각국의 교육기관과 학생들은 해당 외국어의 사용자 수, 외국어 사용국의 경제력과 정치 및 외교의 힘에 따라 외국어를 선택한다. 예를 들면, 영어를 모어와 공식어로 사용하는 나라는 60개국 이상, 프랑스어 34개국, 스페인어 23개국, 아랍어 22개국 등이다.

또한, 국제기구에서의 공식어나 실무어의 지위를 가진 외국어를 선택하고 있는데, 이는 UN의 6개 공식어가 대표적이다. 그러나 유럽연합의 23개 공식어 중에서 프랑스어, 독일어, 스페인어, 이탈리아어를 선택할 수 있는데, 이들 국가가 유럽연합에서 강국이기 때문이다.

문화적인 힘도 외국어 선택의 기준이 된다. 예를 들어 노벨상의 경우 2020년 현재 미국–388명, 영국–133명, 그 외 영어권–7,독일–109명, 불–70명, 스웨덴–32명, 일본–28명, 스위스–27, 러시아–26, 캐나다–25명, 오스트리아–22명, 네덜란드–21명, 이탈리아–20명, 폴란드–18명, 덴마크, 헝가리, 노르웨이–각 13명, 오스트레일리아, 이스라엘–12명, 인도, 벨기에, 아일랜드, 남아공–11명, 중국, 스페인–8명 등으로 영어 사용자가 수상한 경우가 압도적임을 알 수 있다. 1차 대전 이전까지는 독일이 노벨상 수상에서 우위에 있었지만, 2차 대전 이후에는 미국이 노벨상 수상을 독점하고 있다. 이러한 통계 순위가 의미 없다고 할 수 있다. 즉 중국은 자연 과학 분야에서 3명 배출했을 뿐이지만[141], 5000년의 역사와 유교전통 문화는 여전히 동양문화의 근간으로 강력한 영향력을 가지고 있기 때문이다. 또한, 철학, 문학, 예술에서는 프랑스어가 여전히 강세이다.

마지막으로 외국어 학습의 난이도에 따라 외국어 선택이 달라진다. 예를 들어 독일어는 프랑스어나 스페인어와 같은 로망스어 사용자들자에게 가장 난해하다고 한다.

그렇지만 이는 심리적인 것으로 모어를 습득한 이후 배우는 외국어는 모든 사람에게 어려운 것이다. 즉, 모든 자연 언어의 개별체계 안에는 간단한 것과 복잡한 것이 언제나 공존하기 때문에 각 외국어의 학습 난이도는 자동적으로 균형이 이루어져 어느 외국어가 어렵고 쉬운가는 배우는 사람마다 다르다.

---

141 1957년 중화민국(대만)의 양전닝(楊振寧), 리정다오(李政道)가 물리학상을 공동 수상했고, 2015년 중화인민공화국의 투유유(屠呦呦)가 생리·의학상을 수상했다.

마크 트웨인(Mark Twain, 1835~1910)은 1880년 쓴 유럽방랑기(A Tramp Abroad)에 수록한 끔찍스러운 독일어(The Awful German Language)에서 "재주 있는 사람이면 영어는 30시간, 프랑스어는 30일, 독일어는 30년 만에 배울 수 있다."고 까지 하며 영원히 독일어를 배울 수 없을 거라는 독설을 퍼부었다. 이는 독일어 형태론의 복잡한 어미 변화, 남성, 여성, 중성 등의 문법적 성 구분을 영어 사용자인 그가 이해할 수 없었기 때문이다.

5. 배우기 어려운 언어

미국의 국무부 부속 국립외교연수원(Foreign Service Institute, FSI)은 미국 외교관의 어학 교육을 담당하고 있는는데, 이곳의 교수 200~250명이 연간 1,800~2,000명의 신참외교관들에게 60여 개 외국어를 교육하고 있다. 어학과정은 기본 과정 6주, 마스터 24주로, 외국어 습득 수월성에 따라 가장 쉬운 제1 언어그룹부터 가장 어려운 제4언어 그룹까지 나누고 있다.

가장 쉬운 언어들이 속한 제1언어 그룹에는 독일어, 스웨덴어, 루마니아어, 스페인어, 이탈리아어, 네덜란드어, 노르웨이어, 아프리카안스어, 프랑스어가 속한다. 그 다음으로 쉬운 언어인 제2 그룹에는 알바니아어, 그리스어, 불가리아어 등 42개 언어가 속한다. 제3 그룹에는 말레이-인도네시아어, 스와힐리어 등이 속하고 가장 어려운 언어가 속한 제4 언어그룹에는 중국어, 한국어, 일본어, 아랍어가 속한다. 마크 트웨인은 독일어 배우기가 가장 어렵다고 토로했지만, 가장 배우기 쉬운 제1 그룹에 속한 것으로 보면 난이도는 심리적 특징에서 비롯한 것임은 분명하다. 또한, 제4 그룹 언어들의 특성도 드러낼 수 있다. 중국어 표기체인 4만 자 이상의 한자는 26개 문자를 가진 영어 사용자들에게는 너무 수가 많다. 한국어, 일본어는 각각 한글, 가나 표기체를 가지지만 한자를 병용하고 두 언어 모두 영어로는 표현하지 못하는 경칭의 표현이 다양하다.

예를 들면, 영어의 You에 해당하는 일본어는 상황에 따라 다음과 같이 다양한 경칭을 갖는다:

아나타(あなた, 貴方, anata) – 보통 여성이 모르는 사람을 만났을 때 사용하지만 윗사람이 아랫사람을, 남편이 부인을, 선생님이 학생을 부를 때에도 사용한다.

안타(あんた, anta) – 원래는 윗사람을 부를 때 사용했지만 현재는 대등하거나 아랫사람을 부를 때 사용한다. 성인 여자끼리나 남편이 부인을, 남학생이 여학생을 부를 때 사용한다.

기미(きみ, 君, kimi) – 대등하거나 아랫사람을 부를 때 사용한다. 선생님이나 교수가 학생을, 남편이 부인을, 또는 동년배 남자들끼리 부를 때 사용하는데, 한국어의 '자네'와 등가어이다.

오마에(おまえ, 御前, o–mae) – 주로 남자가 친한 상대를 부를 때 사용하는데, 남편이 부인을, 남자가 남자나 여자를, 남자가 자기 자녀를 부를 때 친할 경우에만 사용한다. 한국어의 '너', '인마'와 등가어이다.

기사마(きさま, 貴様, kisama) – 근세 중기까지는 윗사람에 대한 경칭이었지만 현재는 남자가 동년배 또는 아랫사람을 부를 때 사용한다. 기사마는 상대를 깔보거나 비하하는 의미를 갖는다. 한국어의 '네 이놈', '이 자식'과 등가어로 볼 수 있다.

테메에(てめえ, 手前, temee)는 청소년 남자들끼리 싸울 때 사용하는데, 욕에 해당하여 평상시에는 사용하지 않는다.

또한, 미국인들이 아랍어를 어려워하는 이유는 앞에서 본바와 같이 아랍문자 표기는 오른쪽에서 왼쪽으로 쓰고, 글자 모양이 어두, 어말이나 어중에 따라 다르고, 공통 아랍어의 부재로 이집트 아랍어, 사우디 아랍어, 이라크 아랍어 등 방언이 다양하기 때문인데, 가장 큰 이유는 아랍인에 대한 차별과 이슬람에 대한 적대감에 있을 것이다.

VIII. 다중언어 교육과 확대 결과

이렇게 하나의 언어만이 아닌 여러 언어를 교육하고 사용함으로써 자신의 모어를 되찾고 더 나아가 언어와 문화의 다양성을 확장하고 있을 다음의 사례에서 잘 알 수 있다.

아일랜드는 수백년 간의 영국의 식민 통치로 모어인 아일랜드어(Irish language)를 거의 잃을뻔 했지만 적극적인 모어 부활 정책으로 인해 모어를 되찾고 아일랜드민족의 정체성까지 회복함으로써 경제적 발전과 함께 식민 본국이었던 영국을 추월할 수 있다.

스위스와 벨기에는 다민족이 국가를 창건한 독특한 나라로서 민족의 화합과 국가통일을 위해 언어의 차별을 깨트리고 다양성을 인정하는 유연한 정책을 펴고 있는데, 두 나라의 현재 상황은 조금 다르다.

원래 프랑스 식민지였지만 영국이 빼앗아 영어 사용권이지만 프랑스어 사용지역 퀘벡의 독자성을 인정하고 공용어를 영어와 프랑스어로 정하고 있는 캐나다는 앞의 세 나라와는 또 다른 특징을 보여주고 있다.

1. 아일랜드

1601년 토착 귀족 정부가 영국에 패하면서 3세기 동안 영국의 식민지였던 아일랜드는 1922년 자치권 획득하여 아일랜드 자유국(Irish Free State)이 되기 전까지 국어의 지위와 역할을 빼앗긴 켈트어(Celtic languages) 그룹의 아일랜드어는 당연히 쇠퇴할 수밖에 없었다. 17세기 이후 영어 우월적 지위로 인해 아일랜드어는 열등한 것으로, 영어 구사가 자기 계발, 출세의 유일한 통로로 인식되었다.

특히, 영국은 아일랜드인을 영국에 동화시키기 위해 1830년 국립학교 제도를 도입하

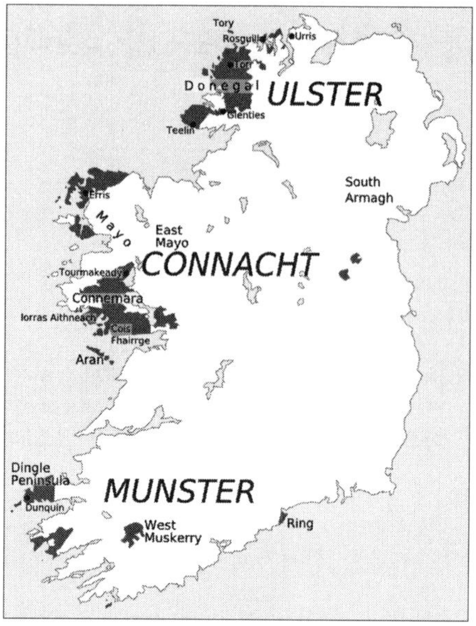

게일터흐트(Galetacht)

여 아일랜드의 하층 계급 출신을 영어 사용자로 만들기 시작했다. 이에 따라 1911년 주민의 17%만이 아일랜드어를 사용하는 상황에 처했다. 그러나 1922년 독립과 함께 교사들에게 아일랜드어를 의무적으로 배우도록 했고, 교사 임용에서 모어 구사자를 선호하기 시작했다. 이에 1930년~1960년 신임교사들의 1/3이 아일랜드어를 구사하게 되었는데, 이는 일반 국민보다 3배 많은 것이었다. 이럼으로써 점차 아일랜드어의 위상이 제고되었고, 국어의 지위를 가지게 되어, 특히 서부지역의 아일랜드어 보호구역인 게일터흐트(Galetacht)에서는 아일랜드어가 일상어이다.[142]

또한, 아일랜드어는 유럽연합의 공식어이기도 하다.

그러나 1960년 이후 현재까지 영어가 대세로서, 여전히 영어가 직장의 언어이자, 학부모들이 자녀들이 배우기를 원하는 제1언어로서 선호도가 가장 높다. 아일랜드 국민 492만 명 중 아일랜드어를 구사하는 사람은 176만 명 정도이다. 이 중에서 일상생활에서 사용하는 사람은 73,803명뿐이고 나머지 사람들은 빈번하게 사용하지는 않는다.

142 게일터흐트는 국토의 서부 해안에 산재해 있는데, 주민은 약 96,000명으로 이 중에서 66%가 아일랜드어를 능숙하게 구사한다.

2. 스위스

스위스는 857만 명의 국민이 독일어(62.8%), 프랑스어(22.9%), 이탈리아어(8.2%), 로망쉬어(Romansh, 0.5%)[143]를 사용하는 연방제 국가이다.

프랑스 나폴레옹이 스위스를 점령하고 헬베티아공화국(Helvetic Republic, 1798~1803년)을 세워 중앙집권제를 시행했다. 당시 프랑스는 프랑스어 단일언어 사용 국가였지만 헬베티아에는 3언어에 동등한 지위를 부여했다. 스위스인들은 프랑스를 몰아내고 힘을 키우기 위해 1848년 스위스연방을 구성했다. 이렇게 하나의 단일 국가를 세웠지만 각 주에 자치권을 보장하고, 4개 국어의 언어적 평등권을 보전해 주었다. 이에 따라, 각각의 주 나름대로 언어정책을 마련할 수 있었고, 주 안에서 통용되는 단일언어를 교육하고 있다.

연방 수도인 중서부의 베른(Bern)은 독일어 사용지역에 있지만, 이 도시의 공공기관에서 근무하는 프랑스어 사용 공무원의 자녀 교육이 문제가 되고 있다. 또한, 전 인구의 1% 남짓 차지하는 로망슈어 사용자(그라우뷘덴 주 거주)는 계속 줄어들고 있다. 이 주에

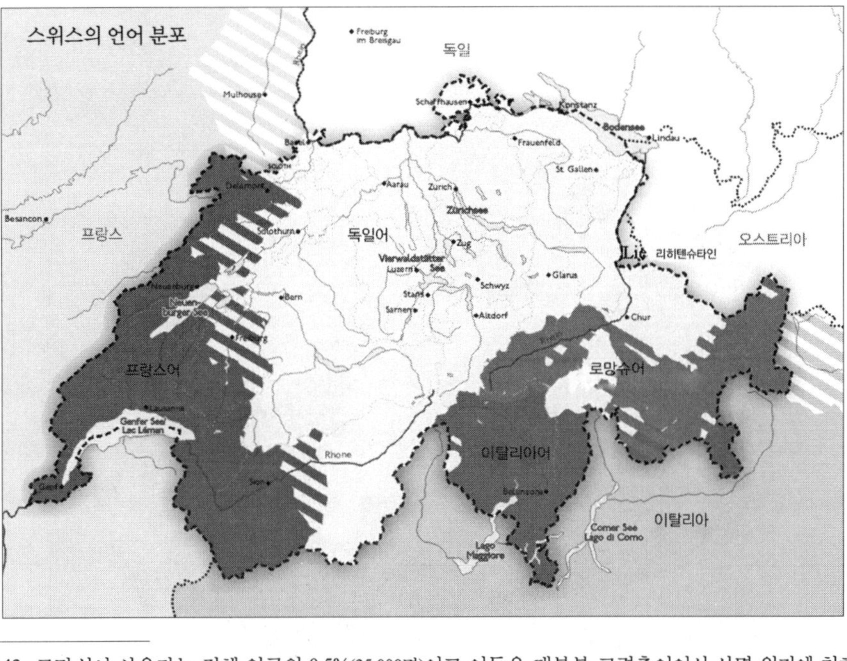

143 로망쉬어 사용자는 전체 인구의 0.5%(35,000명)이고 이들은 대부분 고령층이어서 사멸 위기에 처해 있다. 로망쉬어는 스위스 유일의 3개 공용어(독일어, 이탈리아어, 로망쉬어)사용 지역인 동남부의 그라우뷘덴(Graubünden)에서 사용하고 있다. 연방헌법에 따라 국어, 공용어이다.

는 계속해서 비 로망슈어 화자들이 유입되고 로망슈어 화자들이 떠나고 있기 때문으로, 1938년 국어의 지위를 부여했지만, 실제 적극적으로 사용되지는 않고 있다.

3. 캐나다

1867년 영국으로부터 독립한 캐나다는 영어 사용 국가로 많이 알려져 있다.

1608년 프랑스 탐험가들이 퀘벡(Québec)을 세웠지만 1610년부터 미국 동부에 식민지를 건설한 영국과의 7년 전쟁(1756년~1763년)에서 프랑스가 패하면서 1759년 영국이 퀘벡을 포함한 누벨프랑스(Nouvelle–France)를 점령하여 지배를 시작했다.

캐나다는 미국과는 달리 헌법에서 영어와 프랑스어 사용을 보장하고 있다. 그러나 퀘벡과 온타리오 주 (Ontario), 뉴브런즈윅 주(New Brunswick)를 제외하고는 프랑스어가 영어에 밀리고 있다. 이 때문에 헌법에서 두 언어의 평등권을 강화하고 있는데, 연방정부와 법률체계, 모든 공식 문서에서 두 언어를 병용하고, 퀘벡과 프랑스어 사용 공동체가 보

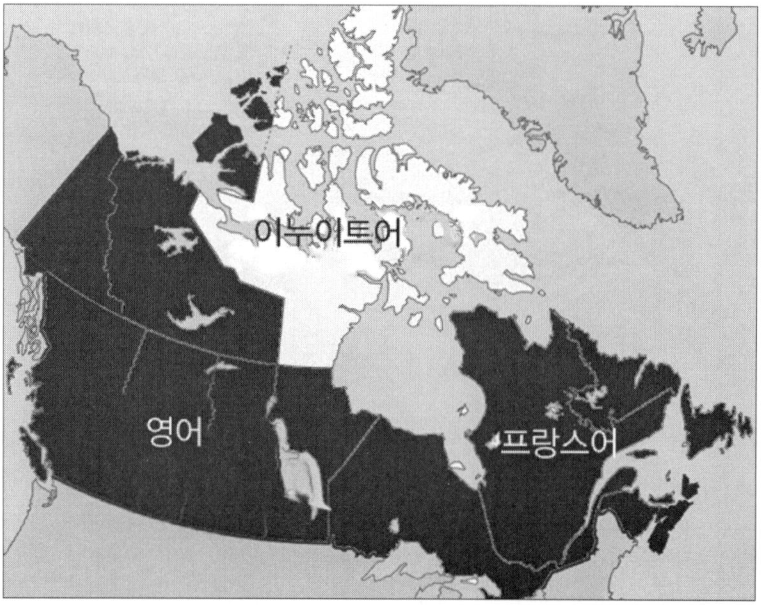

케나다의 언어분포

전된 뉴브룬즈윅과 온타리오지역에서는 프랑스어에 대해 관대한 조항을 마련하고 있다. 이는 캐나다 전국적으로 영어로 전환하려는 경향이 강하고, 퀘벡주의 가장 큰 도시인 몬트리올(Montréal)에까지 영어 사용 주민들이 이주하여 프랑스어 화자를 잠식하고 있기 때문이다.

그렇지만 전체적으로 프랑스어권인 퀘벡에서는 친 프랑스 지방정부가 수립되어 프랑스어가 영어보다 모든 면에서 우위를 점하고 있다. 즉 1977년에 벌써 프랑스어 헌장을 제정하고 취업과 승진에서 프랑스어구사를 필수로 만들었다. 예를 들어 공공간판에서까지 영어 사용을 금지시킬 정도여서 다른 지역에서 영어와의 균형 문제가 발생하기도 한다.

퀘벡의 영어와 프랑스어로 표기된 도로 표지판

이렇게 캐나다는 동부 퀘벡의 프랑스어권과 나머지 대부분 지역의 영어권이 구분된다. 그 외에 북극에 가까운 곳에 원주민인 이누이트족, 또는 우리가 단순히 에스키모라 부르는 사람들이 있다.

현재 이누이트족에게 선주민이라는 지위를 부여하고 있다. 이 선주민이라는 용어는 지역에 맨 처음 자리 잡은 주민이라는 말로 이들에게 특별한 언어적, 행정적 지위를 부여해주고, 이들의 모어 이누이트어도 국가어로 정해주었다.

4. 벨기에

유럽의 베네룩스 3국 중 한 나라인 벨기에 왕국은 오랫동안 남북 언어(프랑스어와 네덜란드어) 갈등이 잠재되어 있었고 1990년대 초 소련의 해체에 영향을 받은 세계의 많은 민족이 분리와 독립을 요구하면서 벨기에에서도 언어 갈등이 주목받기 시작했다.

벨기에는 1830년 북부의 네덜란드어 사용자와 남부의 프랑스어 사용자가 함께 건국

벨기에의 언어분포

한 나라이다. 당시 유럽의 고급문화어이자 국제어인 프랑스어가 정부, 법정의 언어였고 전 국민 50% 이상의 모어였다. 당시에는 이중언어 사용자가 1%로 거의 없었다고 볼 수 있는데, 이마저도 이중언어 사용자 상당수는 북부에 거주하는 네덜란드어 사용자들이었다. 이들은 북부지역에서 상류층을 형성하고 있었다.

벨기에의 수도인 브뤼셀은 원래 네덜란드어 사용지역인데도 불구하고 프랑스어를 사용하는 사람들이 많이 유입되었고, 벨기에를 건국하면서 프랑스어 사용지역으로 바뀌었다. 이에 따라 네덜란드어를 사용하는 사람들이 불만을 갖게 되었고, 더욱이 벨기에 왕과 정부가 프랑스어를 공식어로 정하게 되자 네덜란드어 사용자들이 거센 저항을 시작했다.

이에 따라 정부는 네덜란드어나 프랑스어를 선택하는 권리를 국민에게 보장하게 되었지만, 결국 현재와 같이 네덜란드어권과 프랑스어권이 극명하게 나뉜 언어지도를 그리게 된 것이다. 당시 강력한 프랑스어 사용 정부가 중앙 집권정책을 펴면서 단일 국어 사용 정책을 폈다면 하는 아쉬움을 프랑스어 사용자들이 드러내기도 한다. 즉 당시 자율적으로 프랑스어와 네덜란드어 중 하나를 선택할 수 있는 권리를 보장하게 되어 프랑스어 사용권과 네덜란드어 사용권이 완전히 나뉘게 되었고 이는 결국 국가의 분리, 두 개의 나라로 나누자는 요구까지 나오고 있는 것이다.

현재 브뤼셀은 두 개의 공식어가 사용되는 지역이지만 시민들은 단순히 두 개의 공식어 중 하나만 사용하고 있다. 시민들은 드러내놓고 두 언어를 잘 구사한다는 것을 말하지 않고 자신이 남부 프랑스어권 출신이기 때문에 프랑스어만, 혹은 북부 네덜란드어권 출신이기 때문에 네덜란드어만 한다고 할 뿐이다.

또 법적으로 왕을 대신하여 국가의 행정을 담당하는 수상이 있고 수상은 두 언어를 구사할 수 있어야 하고, 언어적으로 균형잡힌 내각을 구성할 의무가 있다. 따라서 프랑스어권과 네덜란드어권 출신을 반반씩 장관으로 임명한다.

브뤼셀 동쪽 네덜란드어권의 문화도시 뢰번(Leuven, 프랑스어 루뱅 Louvain)에서 1834년

개교한 뢰번 가톨릭대학교(Katholieke Universiteit Leuven)는 원래 네덜란드어로 강의하는 대학이었지만, 언어문제가 발생하여 이 뢰번에서 남서쪽으로 약 24㎞ 떨어진 곳에 1968년 새로 생긴 루뱅라뉘브(Louvain-la-Neuve)에 있는 루벵가톨릭대학(Université catholique de Louvain)에서는 프랑스어로 강의한다.

이처럼 벨기에는 프랑스어권(인구의 40%)과 네덜란드어권(인구의 60%)으로 나뉘어졌고 분규가 비화되는 것을 막으려 노력을 하고 있다. 이런 언어분규의 원인을 과거 프랑스와 네덜란드의 부정적인 영향력에서 찾고 이로부터 벗어나려는 노력을 하고 있는데, 이의 타협안이 바로 프랑스어를 왈롱어(Wallon)로, 네덜란드어를 플란데런어(Vlaanderen)로 바꾸자는 것이었다. 그러면서 이 왈롱어와 플란데런어가 벨기에의 두 공식어로서 이 두 공식어가 프랑스어나 네덜란드어와는 다른 벨기에의 고유한 언어로 간주한다.

또한, 이렇게 왈롱어와 플란데런어 중 어떤 언어가 더 우세하는가의 문제로 두 언어 사용자들 사이에 불화가 일어날지 모른다는 생각에 1947년 인구센서스부터는 언어와 관련된 조사를 하지 않는다. 즉 "당신이 사용하는 모어는 뭡니까"라는 질문이 없다. 이런 정책은 벨기에에서는 왈롱어 인구는 몇 퍼센트, 플란데런어 인구는 몇 퍼센트를 가지고 서로를 구분하고 서로에 유리한 수치를 내놓고 싶지 않다는 정서에 기반을 둔 것이다.

그러나 실제로는 왈롱어가 프랑스어이고 플란데런어는 네덜란드어로 이름을 바꿔 부

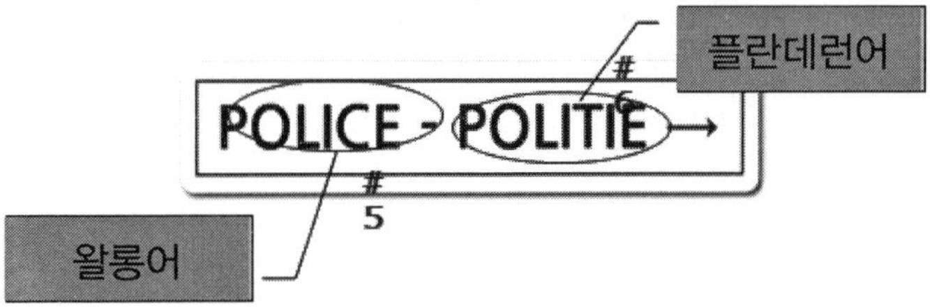

른다는 것이 언어문제, 언어분규를 없애는 가장 현명하고 현실적인 해결방법인지는 보다 더 세밀히 살펴 보아야 한다.

5. 웨일스

잉글랜드 서부의 웨일스는 영어를 사용하는 영국 영토 내의 지역으로 알고 있지만 원래 켈트족이 사는 지역으로 자신들의 고유한 언어인 웨일스어가 있다. 이에 자신의 모어인 웨일스어 정체성을 살리기 위해서 1960년대부터 웨일스 지방 정부가 공공기관에 웨일스어를 사용하는 주민들이 오면 반드시 웨일스어로 상대 해주어야 된다는 의무 조항을 지방 법률로써 정했다. 이렇게 웨일스 지방정부에서는 웨일스어를 보호하고 보전하기위해 노력을 기울이고 있다.

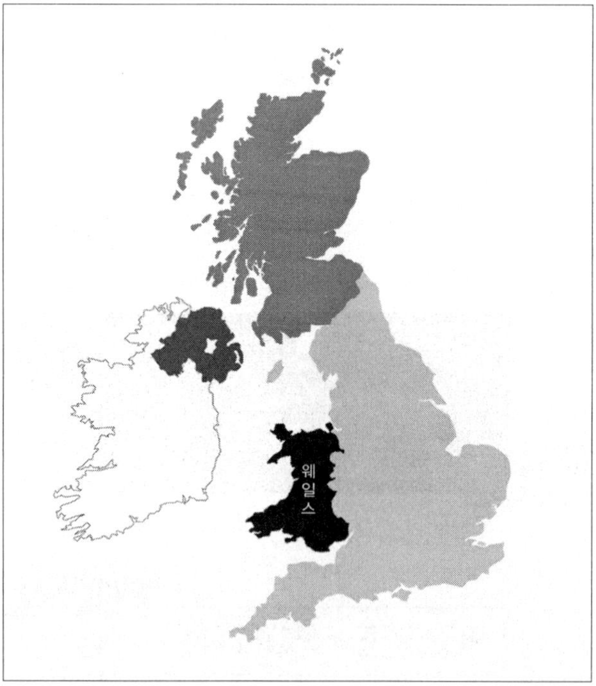

6. 말레이시아

아시아의 말레이시아 연방에는 말레이인들 외에 중국인 즉 화교와 인도인들이 많이 거주하고 있다.

말레이시아는 1957년 독립 이전까지 화교와 인도인이 많이 이주해 있었지만, 말레이인과 이들이 서로 의사소통하는 언어, 즉 링구아프랑카는 영어였다. 이 원인은 말레이어 사용자들이 중국어를 사용하는 화교들과 힌두어를 사용하는 인도인들에 대한 반감이 있었기 때문이다.

이에 대부분의 말레이 국민들이 영어를 잘 하게 되었고 독립 이후 말레이어가 유일한 국어로 정해졌다.

현재 말레이시아는 정치, 경제, 사회적으로 안정되어 있기는 하지만 독립 초기에는 모든 경제권을 화교가 쥐고 있었기 때문에 민족분규가 발생했다. 당시 말레이인들은 화교를 몰아내기 위해 폭력을 사용하고 화교의 재산을 빼앗기도 했다. 동시에 말레이시아어를 국어로 정했는데, 표준 국어를 바하사 말레이시아라고 부른다.

7. 아프리카 제국

현재의 아프리카에는 하나의 나라에 많은 민족이 사는 다민족국가가 대부분이다. 예전 유럽의 프랑스, 영국, 포르투갈, 스페인, 이탈리아, 벨기에, 네덜란드, 더욱이 독일인들까지 이 지역을 식민지로 삼고 세력을 넓히기 위해 식민 전쟁을 벌이게 되면서 마음대로 국경선을 그어 버렸다. 즉, 대부분의 국경선이 직선으로 돼 있는데 지형을 무시하고 민족이 사는 민족 경계를 무시하고 국경을 설정하게 되어 하나의 민족이 갑자기 두 나라로 나눠지고 별개의 민족과 공존하게 되어 지금도 분규가 진행형이다. 최근까지도 수단이라는 한 나라에 별개의 두 개의 민족이 전쟁을 벌여 많은 사람들이 죽고 다치는 피해를 보았다.

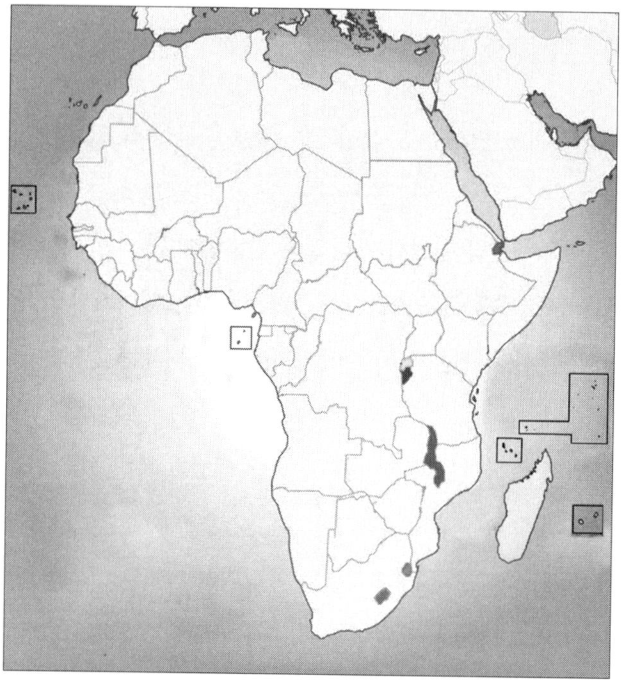

인위적인 국경설정으로 인한 직선의 국경

유럽인들이 아프리카를 식민지로 삼으면서 인위적으로 국경을 설정하고 토착주민들에게 독립 이후의 행정적인 자율성을 보장하고, 행정 능력을 키워주지도 않았기 때문에 현재까지 혼란을 거듭하고 있다. 이에 많은 아프리카 사람들이 살기가 힘들고 분규로 인한 탄압을 피하기 위해 배를 타고 지중해를 건너서 유럽으로 많이 떠나고 있다. 그러나 유럽에서는 이 사람들의 상륙과 입국을 거부하여 바다에서 많은 사람들이 빠져죽고 있는 실정이다. 이의 원인은 바로 유럽의 식민 통치 결과 아프리카인들이 거의 살 수 없을 정도의 상황을 만들어 놓았기 때문일 것이다.

먼저 5,900만 명(유럽계 20%, 아프리카계 80%)의 인구와 122만㎢의 광대한 영토를 가진 남아프리카 공화국의 공식어는 영어와 아프리카안스 외에 고유어 반투어 계열의 언어 9개이다. 1961년 영국으로부터의 공식적인 독립 이전인 1948년 백인 정권이 자행한 흑백 분리정책인 아파르트헤이트 정책은 1994년 넬슨 만델라 대통령 취임으로 폐기되고 일정한 수를 차지하고 있는 원주민들은 모두 평등하다는 의미에서 이들의 언어를 모두 공식어로 인정해주게 되었다. 공식어는 바로 영어, 아프리칸스어, 북 소토어, 벤다어, 소토어, 스와티어, 아프리칸스어, 남 은데벨레어, 줄루어, 총가어, 츠와나어, 코사어이다.

아프리카의 대서양 연안 중서부 지역의 인구 1,300만 명, 면적 24만㎢인 기니(Guinée)는 1958년 독립 이전까지 프랑스의 식민지였다. 기니는 영토가 크지 않지만 다양한 민족이 분포하기 때문에 공용어 프랑스어 외에 8개의 국어를 가지고 있다. 주요 종족으로는 풀라니(Fulani, Peul 33,4%), 말린케(Malinke 29,4%), 수수(Soussou 21.2%), 궤르제(Guerze 7.8%), 키씨(Kissi 6.2%), 토마(Toma 1.6%)가 있다. 프랑스어 외에 국어는 풀풀데어, 말린케어, 수수어, 키씨어, 로마어, 크펠레어, 바가어, 코나어 8개이다.

초콜릿으로 유명한 중부 대서양 연안의 인구 2,900만 명, 면적 23만 8천㎢인 가나(Ghana)도 작은 나라이지만 공용어인 영어(주민의 1/3) 외에 국가어가 11개나 된다. 국가가 지원하는 언어는 바로 가어와 아칸어 그룹의 취어, 아산테 취어, 판테어, 은제마어, 그리고 오티볼타어 그룹의 다가레어, 다그바니어이고, 에웨어, 당메어, 구아어, 카세나어이다. 그 외 아프리카 중남부의 내륙국으로 인구 1,870만 명, 면적 75만㎢인 잠비아도 8개의 국어를 가지고 있는데, 바로 영어와 벰바어(bemba 35.1%), 체치와어(chichewa 10.7%), 톤가어(tonga 10.6%), 실로지어(siLozi 5.7%), 룬다어(lunda 2.2%), 카온데어(kaonde 2%), 루발레어(luvale 1.7%)이다.

8. 싱가포르

1965년 말레이시아로부터 완전히 독립한 싱가포르는 말레이반도에 끝에 있는 아주 작은 나라이지만 세계적으로 부유한 나라이다.

영어를 기반으로 해서 국제무역, 중계무역을 많이 펼치기 때문에 국민 대부분이 영어를 잘하는 나라로 알려져있다. 국민은 화교, 영국의 식민시기 들어온 인도인(타밀족), 그리고 토착민인 말레이인으로 구성되어 있고 언어적으로도 다중언어사용 국가이다.

싱가포르는 영어, 말레이어, 중국어, 타밀어가 공식어이다. 그렇지만 다민족국가인 싱가포르의 국민통합 수단은 영어이다.

2018년 현재 총인구 5,638,700명 중에서 화교, 즉 중국계가 74.1%, 말레이계 13.4%, 인도계 9.2%, 나머지는 일본계와 유럽계 3.3%의 분포를 보인다.

이렇게 보면 영어가 모어인 사람은 3%도 되지 않는다. 그렇지만 영어가 공식어 중의 하나가 된 이유는 당연히 세계어이기 때문이고 1965년 말레이연방으로부터 완전히 독립한 싱가포르가 다민족, 다인종 사회이기 때문에 국민통합을 위해 중립적인 영어를 공식어로 내세우게 된 것이다.

모든 싱가포르 국민이 영어를 잘 구사하도록 만들었지만, 말레이인, 화교, 인도인들이 자신의 민족정체성을 잃고 모어를 잃을 수 있다는 걱정을 하지 않고 각 민족의 사기를 앙양시키고 지원 하기 위해 다중언어정책과 교육을 시행하고 있다.

이에 영어를 링구아 프랑카로서 당연히 배우면서 말레이인은 자신의 모어인 말레이어, 화교는 중국어를, 인도인들은 타밀어를 배울수 있게 해준다.

이에 영어를 기본으로 모든 싱가포르인은 출신 민족에 따라서 영어와 말레이어, 영어와 중국어, 영어와 타밀어를 구사하는 이중언어사용자가 되었다.

또한, 각 민족의 정체성을 보장하기 위해서 민족의 중요 명절을 국경일로 지정해주어 세계에서도 민족 간 갈등이 없는 다문화 국제적인 도시국가로 발돋움하게 된 것이다.

싱가포르의 안내판

위의 안내판을 보면 위로부터 아래로 영어, 중국어, 타밀어, 말레이어로 표기되어 있다.

그렇지만 영어가 링구아 프랑카이지만 영어와 각 민족의 모어와 합친 특이한 영어가 되었다는 문제가 발생했다.

그중 대표적인 것이 싱가포르식 영어인 싱글리시(Singlish)이다. 이는 싱가포르에서만 통하는 영어 변이형으로 표준 영어가 아니어서 이제는 싱가포르 정부도 영어를 링구아 프랑카로서 강제적으로 사용하는 것을 완화시켰다.

싱글리시는 중국의 방언 중 중국의 북경어가 아닌 중국 남부의 민남방언과 타밀어의 요소가 영어에 들어가 있고 말레이어 차용어도 많이 가지고 있다.

싱글리시를 발음할 때 중국어의 성조가 영어의 액센트에 들어가고, 문법도 들어가 문법 자체도 변형된다. 특히 싱글리시는 시제표현을 잘 하지 않는데, 이는 중국어의 영향인 것이다.

영어와 싱글리시와의 비교

영어	싱글리시
Yes	Yar?
No	No Lah
What do you think?	Tinkwad?
OK	OK lah
Do you think like that?	You liddatthink meh?
It's okay, Don't worry.	Haiya, Nevermindone lah.
Don't tell anything that I said.	Don't say I say.

9. 대한민국

우리나라도 1980~90년대까지만 해도 단일민족의 유구한 역사를 이어받았다고 하면서 단일민족이라는 것을 자랑스럽게 내세웠는데 현재는 많은 외국인들이 들어오고 정착하여 다문화가정을 이루어 서서히 다민족국가, 다문화 사회로 바뀌고 있다. 이에 따라 우리가 그들과 어떤 말로 의사소통을 할 것인가의 문제가 대두된다. 당연히 우리나라니까 한국어를 쓰는 것이 당연하지만, 그 사람들 자신의 민족정체성을 나타낼 수 있는 모어를 올바로 보전할 수 있게끔 도와주고 우리가 관용과 유연성을 갖고 이들을 대해야 할 것이다.

세계의 대부분의 나라가 다민족국가로서, 국가의 안정을 위해, 그리고 다양한 민족끼리의 의사소통을 위해 자신의 언어를 강요하는가 하면, 유력언어(메이저 언어)를 강제로 배우도록 하는 상황이 나타나기도 하는데, 상대적으로 우리 대한민국에서는 이런 상황이 아직까지 나타나지 않고 있다는 것이 다행스럽다 하겠다.

그렇지만 우리 자신은 국제화, 세계화의 수단인 영어를 배우고 알아야 하고 우리를 둘러싼 강국인 중국, 일본, 러시아를 알기 위해 이 세 나라의 언어도 구사할 수 있는 인적자원도 필요한 것이 사실이다.

어릴 때부터 영어를 배우고 그 외 고등학교나 대학교에서 제2외국어도 공부를 해야 하는데, 이때 영어를 비롯한 외국어를 통해 세계와 국가가 어떻게 움직이고 있는지를 살펴보는 것도 재미있을 것이다.

IX. 다언어, 다문화주의

단 하나의 언어가 전체, 모든 것을 지배하고, 이 때문에 그 언어를 구사할 수 없다면 아무런 활동도 못하게 만드는 것이 언어제국주의의 실체로서, 이와 같은 단일언어의 제국주의적 지배에 대한 반발이 다언어주의, 더 나아가 다문화주의라고 할 수 있다.

이에 다민족 국가에서의 언어상황 외에 국가를 넘어서는 초국가적인 단위인 유럽연합(EU)의 언어상황과 정책을 살펴보기로 한다.

유럽 연합은 다언어, 다문화로 구성된 일종의 국가체로서 유럽 27개국이 가입되어 있다. 미국은 미합중국(United States of America)이라는 50개 주(state)가 합쳐진 연방국가이지만, 연방정부의 힘이 훨씬 강하다. 이에 따라 암묵적으로 영어를 사실상 유일한 국어로 간주하고 모든 미국 국민, 또는 미국으로 들어온 이민자들에게 배우도록 강요하고, 이들에게 유무형의 압력을 가해서 영어 교육을 시키고 있다. 이에 비해 유럽 연합은 다양성을 인정하고 바로 이 다양성의 인정이 유럽이 미국보다 우위에 있다는 것이고, 다양성을 기반으로 해서 많은 창조적 문화를 발전시켜왔음을 항상 내세우고 있다. 그렇지만 이런 다양성의 인정이라는 이상은 훌륭하지만 실제는 그렇지 않은 상황이다.

이민자들의 나라인 미국은 이민 정책이 곧 국민통합 정책인데, 이를 용광로(melting pot)에 비유한다. 용광로는 다양한 금속을 녹여서 새로운 금속을 만들어내는 것으로, 다양한 민족 출신 이민자들이 미국 문화와 영어를 흡수하여 영어 사용 미국인이 되고, 미국문화 창조에 참여하게 만든다는 것이다. 결국 이민자들의 고유한 민족적 특성은 다 녹아 사라지게 된다. 이는 바로 영어만을 사용하게 만드는 정책인 것이다.

미국의 해외 이민자 가정과 자신들의 공동체(코리아타운, 리틀 도쿄, 차이나타운 등) 안에서는 모어를 사용하고 있다. 처음 이민자의 수가 많지 않았을때에는 크게 문제가 되지 않았지만, 이민자 수가 늘고 자신들의 공동체 안에서 모어를 사용하는 등, 다민족 사회가 커지자 미국 중앙정부는 이를 단순히 간과하지 못할 상황이 되었다. 이를 유연하게 대처하기 위해 미국 중앙정부와 주정부에서는 다양성(diversity) 정책을 펴기도 한다. 예를 들어, 한국인 이민자가 많은 주에서는 운전면허를 딸 때 한국어로 면허 시험을 볼 수 있게끔 한다. 영어만을 사용해야 한다는 미국, 영어 중심의 정책과 다문화, 다민족을 인정해주자는 정책이 공존하는, 즉 영어 외에 다른 언어 사용도 용인하는 것으로 보이지만 모든 행정, 입법, 사법 활동 및 교육은 완전히 영어로만 이루어지고 있다.

미국

- ✔ **50개 주가 합쳐진 연방 국가**
- ✔ 중앙정부의 힘이 강함
- ✔ 공식어: 영어
- ✔ 암묵적으로 영어 강요

이와 달리 캐나다는 미국의 용광로 정책이 아니라 샐러드 볼(salad bowl)이라는 정책을 펴고 있다. 이 샐러드 볼에는 여러 종류의 과일이나 채소가 들어있지만, 이들의 고유의 맛은 여전히 살아있다. 이는 미국의 이민정책보다 더 개방적이고 유연한 것이다. 즉, 공식어로서 영어와 프랑스어를 인정하고 국가어로서 원주민 이누이트의 언어와 문화도 인정해주고 있지만, 미국처럼 그다지 통합적인 힘을 보여주지 못하는 것이 사실이다. 즉, 미국에 비해 캐나다만의 새로운 유형의 국민성을 찾기는 힘들다.

또한, 오스트레일리아의 다문화주의의 경우, 예전에는 오스트레일리아는 비백인 이민금지정책(White Australia policy), 즉 백호주의(白濠主義)를 추진하여 1973년까지 유럽계 백인들 외에는 이민자들을 받아들이지 않았다. 이후 백인들 외 아시아 출신 이민자들을 받아들이게 되었고, 이제는 원주민과 백인, 그리고 이민자들이 섞여 창조적인 국가 발전을 꾀하고 있다.

대부분의 유럽 국가는 많은 소수민족을 가지고 있다. 한때는 이 소수민족을 중앙정부에서 탄압하고 소멸시키는 정책을 펴기도 했지만,, 이제는 이들과 이들의 문화 그리고 언어를 인정하는 다양성을 기반으로 유럽통합이라는 기치로 새로운 초 국가체 즉 유럽연합을 만들었다. 이는 미국과 같은 용광로가 아닌 캐나다의 샐러드 볼과 유사한 것이다.

1. 유럽연합(European Union)

유럽연합 가입국은 모두 27개국으로 아일랜드, 벨기에, 네덜란드, 룩셈부르크, 프랑스, 독일, 이탈리아, 덴마크, 스웨덴, 핀란드, 스페인, 포르투갈, 그리스, 키프러스, 몰타, 오스트리아, 체코, 슬로바키아, 폴란드, 헝가리, 루마니아, 불가리아, 에스토니아, 라트비아, 리투아니아, 슬로베니아, 크로아티아이다.[144]

유럽연합의 공식어는 27개 가입국의 모든 언어를 공식어로 정했는데, 바로 24개이다.

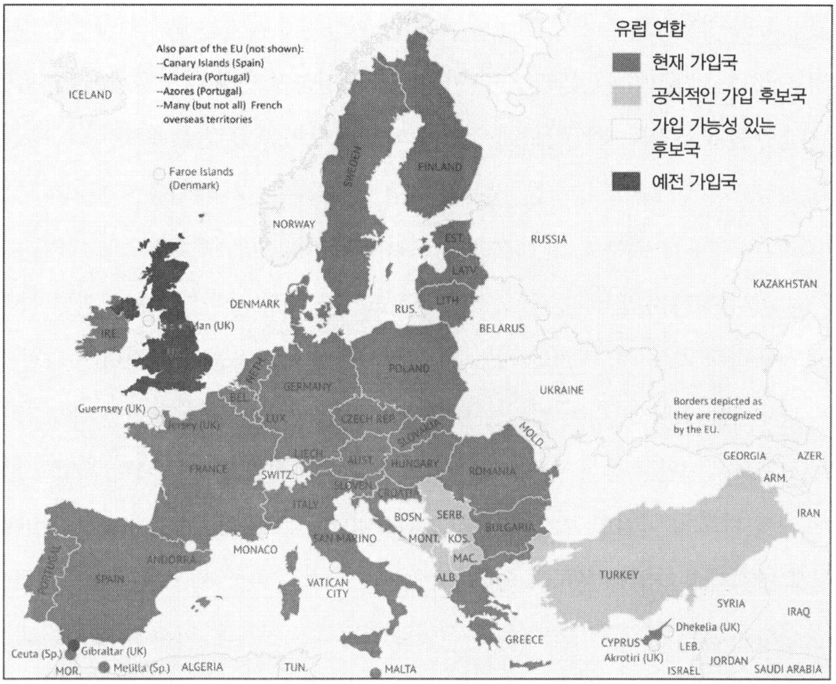

144 영국은 2020년 1월 공식 탈퇴했는데, 이를 브렉시트(Brexit, 'Britain'의 'Br'과 탈퇴를 뜻하는 'exit'의 두자어)라고 한다.

여기에는 영어도 들어있는데, 영국의 탈퇴로 영어의 지위를 박탈하자는 요구도 내부에서 나오지만, 유럽연합 내에서도 가장 사용이 많이 되는 외국어이자 세계어로서의 영어의 효용성으로 인해 여전히 공식어로 남아있다.[145]

유럽 연합은 시민들에게 모어 외에 가능하면 2개 이상의 가입국 언어를 구사할 것을 장려하고 있다. 그럼으로써 자기 이외에 유럽 연합에 가입한 그 나라들이나 인접국 시민들도 어느 정도 잘 알수 있게 하자는 것으로 이것이 곧 다중언어사용으로 나타난다.

또한, 유럽 연합에는 역내 출신의 노동자들 외에 터키나 북아프리카 출신 이민자들이 많이 살고 있어 터키어나 아랍어까지도 유럽 연합의 공식어로 정하자는 주장도 나온다. 심지어는 인공언어인 에스페란토어를 영어를 대신하는 공식어로 넣자는 주장도 있다. 그러나 에스페란토어는 어느 누구에게도 모어가 아니기 때문에 많은 사람의 호응을 받지 못한다.

유럽 연합의 기반은 유럽 석탄철강공동체로서 2차 대전 후인 1951년 4월 프랑스와 독일, 네덜란드, 벨기에, 룩셈부르크, 이탈리아가 창립국이었다가 현재와 같은 유럽의 경제공동체가 되어 경제적으로 미국, 일본에 대항할 수 있는 초국가공동체로 발전한 것이다.

터키는 2015년 가입이 예정되었지만 아직까지 가입하지 못하고 있다. 터키 영토의 일부인 이스탄불이 유럽의 발칸반도에 있기에 터키는 당연히 유럽에 속하는 나라로서 유럽연합 가입을 주장해오고 있지만, 많은 서유럽 국가들은 터키 가입을 달가워하지 않는다. 여러 가지 이유가 있는데, 공개적으로 드러내지는 않지만, 종교적으로 터키는 기독교국가가 아니고, 예전의 터키, 즉 오스만 투르크제국 시절 많은 기독교인의 학살을 부인하고 사과하지 않는 것, 그리고 가입 이후 터키출신 이민자들이 급격히 증가할 것을 두려워 하기 때문이다. 따라서 터키는 나름대로 가입 실패에 대한 불만을 내놓고 있어 국제 질서에서 러시아나 중국쪽으로 기울기도 하고 독자적인 입장을 나타내기도 한다.

또한, 발칸반도의 국가인 보스니아–헤르체고비나, 세르비아, 몬테네그로, 알바니아, 코소보도 아직까지 가입을 못하고 있다.

유럽 연합은 27개 회원국의 언어를 공식어로 인정하고 있는데, 이는 24개 언어로 그리

---

145 유럽 연합에서 가장 많이 사용되는 외국어 비율을 보면 영어가 38%로 가장 많고 독일어 12%, 프랑스어 11%의 순이다.

스어, 네덜란드어, 덴마크어, 독일어, 라트비아어, 루마니아어, 리투아니아어, 몰타어, 불가리아어, 스웨덴어, 스페인어, 슬로바키아어, 슬로베니아어, 아일랜드어, 영어, 에스토니아어, 이탈리아어, 체크어, 포르투갈어, 폴란드어, 프랑스어, 핀란드어, 헝가리어, 크로아티아어이다. 여기에는 노르웨이어나 아이슬란드어도 없는데, 이들 언어 사용국은 회원국이 아니기 때문이다. 독일, 오스트리아와 룩셈부르크는 독일어, 벨기에는 프랑스어와 네덜란드어를, 키프러스는 그리스어를 사용하기 때문에 회원국 수보다 공식어의 수가 더 적은 것이다.

유럽연합에는 몇 개의 중요한 위원회가 있는데, 먼저 유럽위원회는 벨기에의 브뤼셀에 본부가 있고, 유럽 각료 이사회는 프랑스 동쪽의 스트라스부르에 유럽의회와 유럽재판소는 룩셈부르크에 있다. 실제로 유럽연합을 주도하는 프랑스가 굳이 자기 영토에 주요 본부를 설치하지는 않겠다는 유연성을 보여주는 것으로 보이지만, 이들 3도시 브뤼셀, 스트라스부르, 룩셈부르크는 모두 프랑스어 사용지역이다.

그래서 이렇게 볼 때, 유럽연합을 프랑스가 좌지우지하고 있음은 분명하고 이것이 영국의 불만을 낳고 탈퇴의 한 원인이 되었다고 추측할 수 있다.

유럽연합의 공식어가 24개라는 것은 바로 회원국의 평등과 화합의 상징이다. 유럽연합 시민 가운데 상당수가 모어 하나밖에 구사하지 못하지만 이들은 모어로 정보를 얻을 권리를 가지고 있다. 특정 언어 하나나 유력 언어 몇 개를 사용하는 것이 아니라 회원국 시민의 모든 언어를 사용해서 회원국 모든 시민이 다 알 수 있게 한다. 유럽연합에서 새로이 제정하는 법규는 24개 공식어로 모두 번역을 마친 뒤에만 효력을 갖게 된다.

또한, 23 공식어 표기체는 라틴문자, 그리스문자, 키릴 문자 등 크게 세 개의 문자시스템을 가지고 있다는 것도 복잡한 문제를 낳고 있다.

유럽연합의 대사급회의에서는 영어, 프랑스어, 독일어 등 3~4개 유력언어에 한해서만 동시통역 서비스가 제공되고, 정상회의나 각료급 회의 등 주요 회의에서는 24개 공식어로 동시통역을 하고 있다.

이에 따라 주요 회의장에서는 24개 공식어에 2~3명씩 무려 거의 70명에 가까운 동시통역사들이 등장하는데, 하루 평균 5~60회에 달하는 회의에 700-800명의 통번역가가 투입되는 셈이다. 그래서 통번역 인력은 프리랜서를 포함해서 3,000명 이상이 돼야 하는데,

이는 시간과 재정의 부담이 된다. 즉, 2006년만 하더라도 공식어 24개를 통번역하는데만 1년 예산으로 11억 유로(1조 7,000억원)가 들었다고 한다.

그래서 24개 공식어의 통번역 문제를 거론하지만, 이것이 유럽연합의 민주주의를 유지하고 다양성을 인정하는 필수 불가결한 비용이라고 반박하면서 이것이 미국과의 차이점이고 이것이 유럽연합이 가진 독자성이라고 하는 것이 대부분의 생각이다.

비록 유럽이 톨레랑스(Tolérance)[146], 즉 관용으로 다양성을 인정해주면서 계속해서 유럽연합 확대를 꾀하지만, 민족 분규는 여전히 나타나고 있다. 특히, 1991년 소련의 해체로 민족주의가 발흥하고 과거에 강제적으로 묶였던 한 나라 안의 소수민족도 독립을 선언하여 많은 분열 양상이 발생이 되었다. 또한, 독일, 오스트리아, 프랑스에서도 이민족 간의 갈등이 발생하고 있는데 대부분이 터키나 북아프리카에서 온 이주민들과의 다툼이다. 이는 인종, 민족, 언어 그리고 종교적인 차이에 기인하는 것이다.

이민족, 이민족의 문화, 즉 다른 문화에 대한 참다운 이해는 외국어의 지식으로부터 출발한다고 할 수 있다. 외국어를 알면 다른 민족의 정체성과 문화를 알게되고 더 나아가 관용을 얻게 된다.

우리가 세계 다른 나라, 여러 민족과 공존하기 위해서는 반드시 외국어를 통한 지식의 축적이 필요하다.

---

146 톨레랑스는 민족분규 발생을 미리 막아내거나 발생했을 때 잘 해결하는 것이 서로의 다름, 즉 다양성을 인정하는 것을 의미한다. 다름이 척결대상이 아닌 우리가 감내하자는 것으로 유네스코에서는 1995년 11월 16일을 '국제 관용의 날'로 정하기도 했다.

2. 유럽연합의 언어 문제

이렇게 유럽연합에서 과연 24개 공식어를 모두 사용해야 하는지 혹은 시간과 비용의 절약을 위해서 1~3개 언어를 링구아 프랑카로 이용하는 것이 더 나은 지에 관한 문제가 계속 제기되고 있다.

링구아 프랑카는 별개의 민족 출신이 만나 의사소통할 때 각각의 모어가 아닌 제3의 언어를 사용해서 의사소통하는 것을 말한다. 예를 들어 우리와 일본 사람이 만났을 때, 우리말도 일본어도 아닌 영어를 통해 의사소통하는 것일 일반적으로 이때 영어가 링구아 프랑카이다.

유럽연합에 영국이 회원국이었기도 하지만 세계어의 지위를 갖는 영어가 유럽연합 다수 시민의 링구아 프랑카임은 분명하다. 그렇지만 영어가 너무 확장되는 것은 아닌지에 대한 우려도 나오는 것이 사실이다. 아마 프랑스에서 이런 주장이 나왔음 직하다.

또 한편으로 유럽연합의 각종 회의에서 24개 공식어를 모두 사용해야 하는가에 대한 의문도 제기되어 일정 규모 언어사용자를 가지고 일정 규모의 경제력을 갖는 나라의 영어, 프랑스어, 독일어, 스페인어, 이탈리어를 주요한 공식어로 사용하자는 주장이 나오기도 한다. 영어 외 이들 언어도 유럽연합의 링구아 프랑카로 하자는 것은 각국의 이해관계에 좌우되는 것이다.

그렇지만 유럽연합이 가진 목표, 즉 항상 유럽의 모든 민족과 이들의 문화, 언어와 같은 다양성을 다 인정해 주는 것이 곧 유럽인이 가지는 관용이자 민주주의로서 인구와 기능에서 압도적인 몇 개의 언어만을 링구아 프랑카를 정한다는 것은 이와 모순되는 것이다. 모든 공적 활동에서 모어를 통해 정보를 접근하고 그 정보를 취득할 수 있어야 한다는 것이 유럽의 또 하나의 고유한 민주주의 원칙이다.

또한, 유럽연합의 모든 회원국 내에 있는 모든 소수민족의 정체성, 언어, 문화까지도 부활, 보전, 발전시켜야 한다는 원칙도 준수해야 한다.

학문에서 사용하는 언어에 관한 문제도 있는데, 유럽의 대부분의 언어, 즉 유럽연합의 24개 공식어가 충분한 학술용어와 다양한 표현력이 있어, 학술언어로 충분한 기능을 한다고 본다. 그렇지만 유일한 세계어로서의 가장 쓰임새가 많은 영어만을 사용하면 다른

23개 공식어는 점차 사라지고 영어 외에는 구어로서는 사어가 되어 라틴어처럼 문어로서만 남을 것이라는 우려가 나오고 있다.

결국 유럽에서는 영어의 힘이 너무 과하다는 주장이 계속되고 있다.

그렇다고 24개 공식어를 모두 완전하게 구사할 필요는 없다. 사실 한 사람이 다중언어를 구사할 수는 없다. 효과적인 다중언어 사용규칙은 3억 이상의 유럽연합 국민이 유럽연합 기구에서 통역 없이도 의사소통 가능을 지향하고, 대부분 영어, 프랑스어, 독일어, 스페인어, 이탈리아어를 일정 수준 구사하면 역내 어디에서도 의사소통이 가능하다는 것이다. 결국, 이들 다섯 언어 중에서 하나를 구사할 수 있어야 한다는 주장이 나온 것이다.

그래서 유럽연합 안에서는 이렇게 공식어 문제를 어떻게 해결할 것인지에 대해 다양한 방안을 내놓고 있다.

먼저, 링구아 프랑카 모델로서 영어 하나만 링구아 프랑카로 정하여 모든 유럽인이 배워서 구사할 수 있게 만든다는 것이다. 영어가 유일한 세계어로서 링구아 프랑카이고 현실적으로도 가장 좋은 방법이긴 하지만 프랑스인들은 이를 절대 용납하지 않고, 경제력이 가장 큰 독일인들도 이를 쉽게 수긍하지 않는다. 또한, 영국은 이제 유럽연합 회원국이 아니다. 유일한 링구아 프랑카로서의 영어는 유럽의 언어와 문화의 다양성을 분명히 파괴할 것이다.

둘째, 공동 영어(English generally)라는 개념을 들 수 있는데, 영어 외에 다른 언어도 링구아 프랑카로인정하자는 것이지만, 특정 분야나 특정 지역에서의 링구아 프랑카로서, 예를 들면, 과거로부터 독일인들이 다수 거주하고 경제력이 강했던 동유럽에서는 별개의 민족 간의 의사소통에서 영어가 아닌 독일어가 유리하다. 즉 과거 이디시어 사용자인 유대인들과 이를 따라갔던 독일인들, 그리고 1,2차 세계대전 때 포로가 되어 동유럽과 소련지역에 잡혀간 독일인들이 많이 있고 이들의 경제력이 여전하기 때문에 독일어가 링구아 프랑카이다. 이에 따라 유럽연합 전역에서 사용하는 공동 영어가 기능하고 특정 지역에서는 별개의 링구아 프랑카를 인정한다는 것이다.

셋째, 계획언어 모델로서 이는 인공언어를 사용하자는 것이다. 영어도 프랑스어도 아닌 제3의 새로운 언어를 링구아 프랑카로 정하자는 것이다. 바로 앞에서 보았던 인공언어인 모든 유럽인이 가장 익히기 쉬운 에스페란토어를 링구아 프랑카로 정하자는 것이지만, 이의 지지자는 소수이고 현실성이 거의 없다. 자기 모어가 있는데도 불구하고 인공언어를 또다시 배우는 것을 거의 모든 사람이 반대할 것이다.

넷째, 라틴어 모델로서 유럽의 학술적인 문헌에서 많이 사용하고 로마의 바티칸의 교황과 가톨릭에서 사용하는 라틴어를 링구아 프랑카로 하자는 것으로 중립성 혹은 공평성은 있지만 역시 현실성은 없다. 비록 유럽의 대학 특히 인문학에서 라틴어를 배우고 있지만 라틴어를 구사하는 사람은 매우 적은 수이고 에스페란토처럼 새롭게 배워야 한다는 것이 문제이다. 역시 이 라틴어 모델도 실현 가능성이 거의 없다.

다섯째, 수동적 다언어 모델로서 모든 유럽인이 자기 모어 외 하나의 외국어를 능동적으로, 그 외 외국어를 수동적으로 구사할 수 있게 한다. 즉, 자기 모어 외에 영어를 능동적으로 구사하고, 프랑스어를 수동적으로 구사할 수 있게끔 하자는 것이지만 한 개인이 두 개의 외국어를 능동적으로나 수동적으로 구사한다는 게 쉽지 않다. 외국어를 습득에서 개인 차가 있음은 분명하고, 남성보다 여성이 외국어 학습능력이 더 뛰어나다. 일반적으로 하나의 언어를 습득하기도 어려운데, 두 개의 언어를 배워야 한다는 것은 많은 이들에게 심리적으로 커다란 압력이 될 것은 분명하다.

여섯째, 이웃 언어 모델로서 지리적으로 가까운 나라의 언어를 배울 것을 장려한다. 이는 약소국이나 소수민족의 언어를 고려한 것이다. 그렇지만 스페인어에서는 인접한 포르투갈어를 배울 것 같지만 현실적으로 스페인 사람들은 포르투갈어보다는 프랑스어를 배운다. 또한, 지리적으로 가까운 두 나라나 세 나라가 있을 때 정치적, 경제적으로 우월한 나라의 말을 배운다. 결국 약소국과 소수민족어는 배제될 것이다.

마지막으로 세 언어 모델로서 모든 유럽인이 세 개의 국어를 갖자는 것이다. 그러나 이 세 개의 언어 중에서 영어를 배제한다는 것은 비현실적이니 모어 외에 영어를 반드시 구사하고 프랑스어와, 독일어, 스페인어, 러시아어 중에서 하나를 더 해 보자는 것이다. 그러나 역시 한 사람이 모어 외 두 개의 언어를 구사한다는 것은 쉽지 않다. 영어가 모어인 영국이나 아일랜드인은 프랑스어, 독일어, 스페인어, 러시아어 중 두 언어를 순순히 선택하지는 않을 것이다.

이상과 같이 모든 유럽인도 영어가 세계어임을 인정하지만, 이를 유일한 링구아 프랑카로 만든다는 것도 탐탁지 않은 것이다. 결국, 유럽연합에서는 복수의 외국어 교육정책을 펼 수밖에 없고, 이에 1995년 3월 31일 유럽각료이사회에서 교육시스템에서의 언어교육과 언어습득의 개선, 그리고 언어교육의 다양화 정책을 제시했다.

외국어 학습은 어릴 때 시작하는 것이 가장 낫고, 그래서 유럽연합에서도 어릴 때부터 외국어 교육을 시작한다.

그 방법은 학교 교육과 그리고 이러닝과 같은 사이버 강의, 미디어를 통한 교육으로, 시간과 공간을 초월하여 외국어를 배울 수 있어 많은 호응을 얻고 있다.

외국어 학습의 동기는 취업에 있기 때문에 취업 훈련과 교육에 외국어를 포함하고 있다. 유럽연합 안에서는 국경이 개방되어 있어 비자 없이도 회원국 어느 곳이든 여행할 수 있고 취업할 수 있다. 자기가 일하고 싶은 나라의 언어를 구사하는 것은 당연하고 이 때문에 취업 준비과정에서 외국어를 교육시키는 것이다. 이렇게 모어와 취업 선호국 언어를 배우는 것 외에 또 하나의 언어를 배우는 것도 장려하고 있다.

더욱이 유럽연합 회원국의 언어는 대부분 인도유럽어족에 속하고 음성, 문법과 어휘에서 공통점과 유사성을 어느 정도 가지고 있어 배우기가 용이하다는 것도 복수의 외국어 교육을 가능케 만든다.

대부분 유럽인들은 모어 외에 영어, 또 더 나아가 프랑스어, 독일어까지 구사하기도 한다. 이는 벨기에, 네덜란드, 덴마크인, 스웨덴인들에 해당한다. 또한 인도유럽어족의 언어는 아니지만 핀어(finnish) 사용자인 핀란드인은 과거 스웨덴과 러시아의 식민통치를 경험했고 독일과 같은 강대국의 영향을 받았기에 외교에서의 중립과 경제발전을 위해 무역 및 첨단산업을 키워나가고 있다. 이를 위해 인적자원 개발, 즉 교육을 가장 중시하는데, 인접국가를 보다 잘 알기 위한 외국어 교육에 힘을 쏟고 있다.

X. 언어의 소실

영어의 지위 향상과 사용 영역 확장으로 많은 언어들의 소멸 가능성을 예상할 수 있다. 역사적으로 살펴보면, 한 언어가 아무리 사용성이 많고 지위가 높다고 하더라도 영속적으로 이를 보전한 사례를 볼 수 없다. 따라서 과연 영어가 계속 살아남을 것인지를 살펴본다.

영어가 영향력을 극단적으로 확장된다고 할 때 나머지 언어는 과연 어떻게 될까? 가정에서만 사용하는 가정언어로 전락할 것인가 아니면 가까운 사람들끼리만 쓰는, 제한적인 기능을 가진 언어가 될 것인가?

앞서 살펴 본 집시어의 경우, 집시라는 소수민족의 공동체 안에서만 은밀하게 사용하는 언어로 비밀어가 되었지만 여전히 집시공동체 내에서 살아있다.

그리고 외국어로서 영어를 배우려는 동기가 단순한 지적 호기심, 아니면 영어를 통한 경제적인 부의 취득 때문인가의 물음이 나올 수 있다. 그러나 실제로 이 둘을 분리하기가 쉬운 것은 아니다. 어릴 때는 단순히 지적 호기심에 의해서 학습을 하고 외국어를 배운다고 하지만, 나이가 들수록 생활의 영위를 위해, 살아남기 위해서 실용적으로 학습하고 외국어를 배우게 된다. 현대 자본주의 사회에서 돈을 벌려는 욕망 때문에 영어를 배워 사용하는 것은 당연하다.

그래서 이렇게 영어가 세계적으로 확장됨으로써 영어를 모어로 갖지 않는 사람들, 즉 비영어권 화자들이 자신의 모어와 함께 영어를 모어와 거의 비슷한 수준으로 사용할 수 있는 이중언어 사용(bilingualism) 사회가 되고 있다. 이렇게 모어–영어의 이중언어 사용이 영어–모어의 이중언어 사용으로 바뀌고, 결국 모어를 잊고 영어 단일언어 사용으로 바뀌고 하나의 언어세상이 될 수 있다. 이렇게 되면 영어를 통한 문화의 간접도입으로, 비영어권 민족의 지식과 문화 등의 정보를 영어를 통해서 알 수밖에 없어 이들의 본질적 속성을 잘 파악하지 못하게 된다. 이를 극복하기 위해서 바로 모어와 영어를 사용하는 이중언어 사용 외에 다른 제3의 언어도 알고 구사하는 다중언어사용도 염두에 두어야 한다. 그렇지만 대부분 인간의 능력은 세 언어를 동시에 잘 구사할 수는 없다. 즉 다중언어 사용(multilingualism)은 이론적으로 가능한 이상일 뿐이거나 소수의 언어능력을 가진 사람한테만 가능하다.

지금도 하루에 수 개의 소수민족어가 사라지고 있어 이들을 소멸위기 언어로 정하고 음성과 문법, 어휘를 문헌이나 녹음으로 남기는 노력을 하고 있다.

그렇지만 해당 언어의 전승 없이 마지막 사용자가 사망하면, 이제 이 언어는 사용자가 없어 사라질 것이고 더 나아가며 미래에는 영어 외의 다른 언어들도 다 소멸할 가능성이 있다. 언어는 해당 민족의 정신의 발로이자, 언어 속에 해당 민족의 정신이 들어있고 문화를 표현하기 때문에, 언어의 소실은 곧 민족 특성 자체가 사라지는 것이다. 이렇게 되면 모든 세상 사람이 개성과 고유한 민족 정체성을 갖지 못하고 모두 같은 생각만 할 것이다. 언어가 갖는 세계관, 언어로 표현할 수 있는 세계가 모두 사라지는 것으로, 영어의 위세로 이는 더 심해지고 가속화된다고 할 수 있다.

한국어와 영어의 이중언어 사용이 점점 심화되고 있는데, 이는 영어가 정보전달 능력이 과도하고 진학, 취업, 승진, 계층 상승의 중요한 수단이기 때문이다. 즉, 영어는 학교 교육에서도 국어, 수학과 함께 국영수라는 중요과목으로서 간주하고, 이 때문에 많은 부모가 자기 자녀를 어릴 때부터 영어 공부를 시키기 위해서 많은 노력을 기울이고 있다. 이후에도 상급학교 진학, 취업, 승진, 혹은 부를 얻는데 가장 도움을 많이 받을 것이라고 여기며 우리 모두 영어를 열심히 배우고 있다. 이에 우리의 모어 한국어는 사용이 줄고 앞으로 10년, 20년, 30년 후, 결국 한국어는 거의 사용하지 않게 되어 영어-한국어 이중언어가 영어 단일언어 사용 사회가 될 가능성이 있다.

많은 비영어권 국가에서 지구의 유일한 링구아 프랑카인 영어가 해당 국가 국민의 유일한 의사소통 수단이 되었을 때, 과연 영어가 계속해서 해당 지위와 사용 영역을 유지할 것인가, 즉 영속적인 것인가라는 물음에 대해서는 어느 일정 기간만 그렇다고 할 수 있다. 영어를 사용하는 지금의 유일한 초강대국인 미국을 누를 수 있는 다른 나라가 나타나 그 나라의 주류민족의 모어가 영어를 대체할 수가 있는가의 물음에 대해 현재 상황에서는 영어를 대체할 언어는 없을 것 같다. 실제로 미국에서도 기업체 최고 경영자(chief executive officer)나 유력 정치가는 자기 자녀에게 제2외국어로서 영어 외에 과거에는 러시아어, 프랑스어, 스페인어를 배우게 했지만, 현재는 주로 중국어를 배우도록 한다. 현재 중국이 세계에 자기 영향력을 펼치고 있지만, 중국이 국수주의적 기운이 강하고 개방적인 나라가 아니며, 미국과 경쟁하고 있지만 초강대국은 아직 아니다. 더욱이 중국어는 언어 유형별로 고립어이고 표기체와 어휘는 다른 언어와 비교할 수 없는 독특한 언어적 특징을 가지고 있어 배우기 어렵다.

결국, 현재까지는 영어를 대체할 수 있는 언어는 아니다.

1. 언어의 세계사

과거 언어는 교역이나 군사 정복에 의해서 확산되었다. 특히, 스페인어 사용지역인 중남미는 과거 스페인인 아메리카 대륙을 침략하고 식민지로 만들면서 가톨릭을 포교하고 강압적으로 스페인 문화를 확장시켰는데 그 수단이 바로 스페인어인 것이다. 유럽인들은 교역과 원주민의 문맹과 야만 타파를 위해 종교 및 문화 전파를 위해서 아메리카를 점령하는 이 과정에서 원주민인 마야인과 잉카인을 정복, 문화를 파괴하고 살상을 감행하고 차별과 민족말살을 저지르며 스페인어를 보급한 것이었다.

또한, 선사시대 인도 서북부의 원주민들 일부가 서쪽으로 진출하며 유럽까지 도달하여 이들의 모어인 원인도유럽어는 게르만어, 슬라브어, 노르만어 등으로 분화했다. 원주지에 남은 고대인은 산스크리트어 사용자로서, 19세기 말 이들 원인도유럽어의 파생언어들의 연구가 언어학의 출발이 된 것이다.

그리고 아프리카의 경우에 남아프리카에서는 반투어 사용 주민이 가장 강대한 부족으로 이들이 아프리카를 대표할 정도이다.

남미 동부, 즉 아마존 지역에서는 투피–과라니어가 널리 분포하고 있었는데, 아마도 투피–과라니어 사용 부족들이 아마존 지역을 점령하게 되면서 자기보다 작은 부족들을 통합시키고 병합시면서 언어를 확장시킨 것이다.

아메리카에는 북아메리카 동부의 이로쿼이어와 알곤킨어 등 원주민인 인디언들 언어가 유럽인들이 들어오기 전에 이미 확장되어 있었다. 그러나 지금은 대부분의 인디언은 서부의 사막 지역의 인디언보호구역(reservation)에 거주하고 있다. 이는 미국 건국 초기부터 인디언의 땅을 빼앗고 이들을 서부 사막지역으로 추방하여 최종적으로 인디언을 절멸시키려한 백인들의 정책 때문이었다.

역사 시대에 들어와서 예수 그리스도가 지금의 메소포타미아, 팔레스타인, 이스라엘 지역에서 아람어가 링구아 프랑카였고 발칸 반도와 지중해 동부 지역인 지금의 소아시아 반도에서의 문화어이자 교역의 언어였던 그리스어도 당시의 국제어였다. 현재에 그리스어를 쓰는 나라는 오직 그리스와 키프러스의 그리스계 주민밖에 없지만 과거에는 그리스의 도시국가들이 지중해 곳곳, 지금의 프랑스, 스페인, 북아프리카까지 세워졌기 때문에 로마제국의 라틴어 이전의 링구아 프랑카라고 할 수 있다.

이후 로마제국의 라틴어가 지중해 세계의 링구아 프랑카어였다.

또한, 동아시아의 우리나라, 일본, 베트남, 타이완과 동남아까지 확장된, 엄밀히 말해 구어가 아닌 문어인 한문이 링구아 프랑카이다.

이들 언어의 확산에는 국경이라는 장벽은 존재하지 않았는데, 당시 해당 지역에서의 선진 민족-국가의 언어를 이용하여 이들의 문화나 문물을 받아들였지만 무력침공으로 나라가 멸망하고 침략국과 강제 병합되어 지배국의 언어를 사용할 수밖에 없었다.

그렇지만 현재는 이는 불가능한데 많은 민족이 견고한 국가를 형성하여, 가능하면 외부의 영향을 막아내려는 노력을 많이 하고 있기 때문이다. 예를 들어 해외로 나갈 때, 여권과 방문국의 심사를 받아 승인이 난 사람들만이 비자를 받아 해당 국가에 입국하는 까다로운 절차를 밟는다. 즉 국경이 철저하게 설정되어 있는 것이다. 이와 반대로 유럽연합에서는 회원국 역내에서는 무비자로 다닐 수 있지만, 비회원국 국민들은 당연히 비자를 받아야 출입국이 가능하다. 미국이나 일본의 경우 우리와 비자면제협정이 체결되어 있지만 이는 단기간의 관광목적에만 한정되어 있을 뿐으로 세계 모든 나라가 견고한 국경을 정하고 가능하면 외국인과 외국문물, 문화, 언어가 침투하는 것을 막고 있다.

또한, 군사력을 사용하지 않으면서 은밀히 다른 나라에 들어가는 경우도 있는데, 예를 들어, 중남미의 스페인어 사용자, 즉 히스패닉들이 미국으로의 월경시도가 빈번하다.

지난 미국 트럼프 정부가 이에 대항하여 남쪽국경에 장벽을 설치했지만 바이든 현 정부도 이를 제거하지는 않을 정도로 미국의 골칫거리가 되었다. 영어사용국이자 백인 중심의 미국이 스페인어를 쓰는 히스패닉의 입국을 막기 위해 많은 노력은 바로 스페인어에 대한 영어의 방어라고 할 수 있다.

2. 영어도 사라질 것인가?

앞에서도 살펴보았듯이, 언어의 지배력은 화자의 수와는 무관하다. 영어를 어느 정도 구사할 수 있는 사람, 즉 모어나 제2국어로 사용하거나 외국어이지만 일정 수준 능통하게 구사할 수 있는 사람들이 약 4억 명 정도로 중국어 14억 명, 인도의 힌두어 5억 명에 비교하여 조금 작은 수이지만 영어가 갖는 경제력, 정치적, 군사적, 문화적 힘이 압도적이기에 이들 두 언어가 넘어서기는 당분간 힘들 것으로 보인다.

이 영어가 가까운 미래에도 계속 현재의 지위를 유지할 것인지는 정치적, 경제적, 그리고 1990년대 초 사상적으로 이념적으로 소련이라는 사회주의 초강대국을 물리친 자본주의의 보루로서 현재도 미국의 영향력은 계속 커지고 있기 때문에 영어를 국어나 공식어로 정해놓지는 않은 나라에서도 영어를 더 많은 사람에게 교육하고 구사하는 정책을 펴고 있다.

현재 세계 약 200개 국가 가운데 첨단 기술과 과학이 가장 발전된 미국의 영어가 세계의 여러 나라 언어에 침투하고 있어 영어 어휘, 영어 차용어가 급속하게 증가하고 있는데, 이는 사실 미국의 전방위적 자기 영향력 확장에 기인하는 것이다. 이로 인해 캐나다의 프랑스어 권인 퀘벡에서도 영어의 영향력이 급속하게 증가되고 있다.

그렇지만 하나의 언어가 세계어로서 존재한다는 것은 인류역사에서는 단기간일 뿐이다. 지금은 사어가 된 수많은 언어 중 수메르어, 아람어, 그리스어, 라틴어를 보면, 영어도 영속적이지는 않다.

또한, 영어의 위세로 다른 언어들의 소멸 위험은 많은 민족과 국가로 하여금 자기 언어, 즉 모어에 대한 관심을 끌어올리고 있다. UN에서도 매년 올해의 소멸 위기에 있는 언어를 발표하고 전 지구적인 주의를 촉구하고 있는데, 언어사용자들의 자발적인 모어 사용 중단이 아닌 외부의 영향과 강제에 의한 모어 소실 때문이다.

언어 소멸을 막아야 하는 이유는 크게 세 가지로 나눠볼 수가 있다.

첫째, 인류는 언어가 보전하고 전달하는 지식이 필요하기 때문이다. 인간의 출현과 함께 자연자원을 이용하면서 추상적인 인간의 요소가 들어간 문화가 발전하게 된다. 이런 인간의 문화는 모어를 매개로 해서 전승되고 후세에서도 계속 발전하는데, 이 때문에 민족의 정체성을 보전하기 위해서는 반드시 민족의 언어, 모어가 필요하고 모어가 소멸하면 민족 자체도 사라지는 것이다.

둘째, 이와 같은 지식 이외에 사물이 존재하는 방식을 알고 주고받기 위해서는 하나의 언어가 제공하는 통찰력 외에 다른 언어도 필요하기 때문이다. 이는 한 언어에 비해 상대적으로 일정 분야에서의 어휘가 풍부하거나 표현성이 뛰어난 다른 언어를 받아들이거나, 전자가 가진 장점을 후자가 받아들이는 것으로, 언어들 간 상호 연관성을 가진다는 것이다. 즉 다른 언어가 표현할 수 있는, 대안적 세계관이 필요하다는 것이다. 지금은 영어가 세계어이지만 가장 배우기 쉽고 사용하기 쉽거나 상징성이 가장 크다고는 볼 수 없다. 영어 하나가 세계의 모든 민족이 가진 정신과 사상, 문화를 표현하는 것은 불가능하다. 민족의 정신, 사상, 문화는 해당 민족의 모어로써만 가장 잘 표현될 수 있다. 예를 들면, 고대 그리스어에 대해서 많이 알고 있지만, 고대 그리스인들이 어떠한 색깔 명칭을 갖고 있는지는 명확하게 밝혀져 있지 않다.

셋째, 언어가 사라진다면 해당 언어 사용 민족의 의례, 의식, 그리고 웅변술과 같은 화법, 언어로 표현되는 서정성, 해당 민족의 신화와 설화 등 서사시가 모두 사라지게 되어 인류만이 가진 고유한 특징, 내용을 포괄하는 문화적인 전통이 끊어지는 것이다.

영어 자체도 끊임없이 언어내적 발전과 외적 요인들에 의해 변하고 있다. 영어가 세계어지만 영어 사용권에서 지역마다 사용자에 따라 영어는 음성, 어휘, 통사에서 차이를 보여 다양한 변이형을 가지고 있다. 이들 영어 변이형은 차이를 보완하고 서로 장점을 흡수, 상호 보완하면서 세계적인 영어로서 존재하는데, 여러 지역과 다양한 민족어들과의 상호영향으로써 유연하고 창조적이 되고 있는 것이다.

즉 세계의 영어는 미국 영어, 캐나다 영어, 카리브해 영어, 남아프리아 공화국의 영어,

그리고 오스트레일리아 및 뉴질랜드 영어, 그리고 인도와 싱가포르 영어의 발전으로 새로운 개념과 사고, 어휘가 보충되고 영어가 표현할 수 있는 수단과 범위가 점점 더 확장하고 있다. 이에 다른 언어의 소멸은 결국 영어의 창조적인 발전의 장애가 되는 것이고 영어 외에 다른 언어가 영어의 부족한 면을 보충하는 기능을 해 줘야 한다.

이렇게 언어의 소멸을 방지하기 위해서는 각국 정부와 국민이 자신의 언어를 국어나 공식어로 정하여 지위를 부여하고 보전하는 항구적인 노력을 기울이고 있다. 언어 소멸을 방지하는 가장 분명하고도 확고한 방법은 법으로 규정하는 것이다.

3. 영어 외의 국제어의 상황

영어 외에 국제어 때문에 다른 언어들도 소멸될 것이다. 국제어는 앞서 살펴본 프랑스어, 중국어, 아랍어, 스페인어, 러시아어 등이다.

국제어는 국제기구의 공식어로서 사용되어 여타 언어들에 비교하여 기능이 많은 것이 특징임을 잘 알고 있다. 예를 들어, 국제연합의 공식어는 영어, 러시아어, 프랑스어, 스페인어, 아랍어, 중국어이다. 즉 국제연합에서 성명발표나 기자회견을 보면 배경이 6개 공식어로 표기된 것을 볼 수 있다.

유럽연합의 입법 기능을 가진 유럽의회는 영어와 프랑스어를 공식어로 정하고 있다. 소련 해체로 결성된, 영연방과 같은 친목단체인 독립국가연합(CIS)은 여전히 러시아 연방의 영향력이 가장 크고 가입국이 모두 민족 간 의사소통어로서 러시아어를 사용하기 때문에 공식어가 러시아어이다. 독립국가연합의 국가수반이나 장관의 만남에서의 대화 언어는 러시아어인데, 이들이 대부분 소련 시기에 러시아식 교육을 받았고, 또 한, 주류를 형성하고 있는 40-50대도 많은 수가 러시아어 사용 학교에서 교육을 받았기 때문에 러시아어를 능숙하게 구사하기 때문이다.

러시아와 중국을 중심으로 구성되어 중앙아시아를 아우르는 상하이협력기구는 러시아어와 중국어가 공식어이다. 아프리카 대륙을 아우르는 아프리카연맹의 공식어는 영어와 프랑스어와 포르투갈어, 아랍어 그리고 아프리카 대륙의 고유한 언어인 스와힐리어이다.

이처럼 국제어는 전 세계의 다수가 의사소통에서 사용할 수 있는 언어로서 세계어와 같은 용어라고 할 수 있지만, 영어가 유일하게 거의 세계 전역에서 사용할 수 있는 언어이고, 국제어는 이보다 사용영역이 작아서 일정한 지역이나 일정한 국제기구에서의 공식어로 볼 수 있다.

현재 국제어는 7~10개로 보는데, 국제연합의 공식어 외에도 13억 명의 인구를 가진 인도의 5~6개 언어도 국제어에 포함시키기도 한다. 원래 인도는 하나의 왕국으로서 파키스탄, 방글라데시, 네팔, 부탄, 스리랑카를 포괄하는 지역 명칭으로 주로 종교적인 이유로 영국으로부터 독립할 당시 인도를 포함한 6개 나라로 분할되었다. 또한, 인도 안에서도 지역마다 각각 고유어를 사용하던 민족이 독자적인 행정구역을 차지하고 있기 때문에 사용자가 수억 명에 달하는 이들 언어도 사용자 수로 보면 국제어로 볼 수 있다.

2차 대전 이후, 특히 1990년대 초부터 영어가 가장 확장된 국제어, 즉 유일한 세계어이다. 1, 2차 세계대전 모두 독일이 일으켰지만 모두 미국의 참전으로 연합국이 승리하면서 미국이 유럽의 강대국인 영국과 프랑스에 앞서게 된다. 특히 2차 대전 종전과 함께 2차 대전에서 승전국인 소련 사회주의의 서유럽 진출을 막고자 미국이 유럽 경제부흥을 위해 서유럽을 지원하면서 서유럽의 미국 의존이 심해졌고 영어의 위세도 강화되었다. 소련과 소련의 위성국 동유럽에서는 러시아어가 사회주의 진영의 세계어로서 기능을 하게 되었다. 그렇지만 50년 간 미국과 소련의 체제 경쟁에서 미국이 승리하고 1991년 12월 소련은 지구상에 사라졌고 15개 연방공화국은 독립하게 되어 러시아어는 이제 영어에 필적할 수 없는 국제어로 추락했다.

그 밖에 자연언어가 아닌 인공언어로서 에스페란토가 국제어로서 발명되었는데 여러 유력 언어들의 장점을 통합하여 만든 것이었지만, 이제는 이 에스페란토를 배우는 사람들은 거의 없다.

또한, 구어가 아닌 문어로서 라틴 문자도 한자도 아닌, 지구의 모든 사람이 쉽게 쓸 수 있는 보편문자로서 17-18세기에 파시그라피라는 것이 고안되었다. 그렇지만 이것도 인공 문자이기 때문에 거의 사용되지 않는다.

XI. 세계의 언어상황

1. 포스트소비에트 공간의 언어상황

현재 국제어의 기능을 갖는 언어들이 세계 전역에서 어떤 상황에 처해있고 어떤 변화 과정을 겪고 있는지를 살펴 보자.

가장 최근인 30년 전 1991년 12월 24일 사회주의 종주국 소련이 해체되고 그 결과 러시아연방을 비롯한 15개 신생 독립국이 세계 지도에 모습을 드러냈다. 소련 당시 러시아어권이었던 이들 나라에서 러시아어의 지위와 사용영역 변화를 살펴보면, 1917년부터 1991년 짧은 약 70년 간 언어상황의 변화를 생생하게 볼 수 있는 좋은 사례가 되기 때문이다.

1 아르메니아, 2 아제르바이잔, 3 벨라루스, 4 에스토니아, 5 조지아, 6 카자흐스탄, 7 키르기스스탄, 8 라트비아, 9 리투아니아, 10 몰도바, 11 러시아, 12 타지키스탄, 13 투르크메니스탄, 14 우크라이나, 15 우즈베키스탄

소련 당시 중앙정부에 의해서 많은 민족이 인위적 국경설정과 강제 이주 정책에 의해서 원래의 거주지역을 벗어나 소련 전역으로 이주하게 되었다. 당시 소련 중앙정부는 하나의 민족이 한 곳에 밀집하여 거주하는 것에 대해 거부감을 가지고 있었고, 특히 2차대전 전후로 독일과 독일 협력국, 일본에 대한 부역 혐의를 씌워 강제 이주를 단행했다. 1930년대 중반 극동 연해주에 거주하던 한인의 중앙아시아 강제 이주도 이에 따른 것이다. 소련은 130개 민족으로 구성된 다민족 국가였고, 15개 연방공화국도 역시 수십개의 다민족으로 구성되었고, 이는 독립 이후에도 민족분규로 표출되었거나 분규 가능성은 여전하다.

예를 들어, 카자흐스탄은 카자흐인들이 토착주도민족(titular nation)이어서 이 민족명칭이 소련시기에 카자흐소비에트 사회주의공화국에 들어가고 독립국 카자흐스탄공화국에도 들어있다. 이 카자흐민족이 독립국 카자흐스탄의 주류 민족으로, 자기 민족 중심의 국가를 창건하고 국정을 운영함으로써 카자흐인 외에 러시아인을 비롯한 다른 민족들은 이런 카자흐민족 중심의 정책, 곧 카자흐동화정책에 불편을 느끼고 이에 카자흐스탄을 떠나게 되는 상황에 처한 것이다.

하나의 민족이 러시아(슬라브) 민족, 또는 고려인(한민족), 우즈벡 민족 등 정체성을 밝히는데 가장 중요한 것이 어떤 언어를 모어로 가지는가에 좌우되는데, 카자흐민족 중심의 독립 카자흐스탄에서는 당연히 카자흐어 구사 여부가 카자흐스탄의 국민으로서 정체성을 정하는 가장 중요한 기준이 된다. 카자흐어 사용자를 국가공무원이나 공공단체의 장으로 진출하게 만들고, 그 대신 카자흐어를 모르는 사람들은 국정에 참여를 막는 조치를 취해왔다. 이에 소련 당시 국정과 공공단체에서 높은 직위를 차지하고 있던, 사실상 카자흐공화국을 운영하고 있다는 자부심을 갖던 러시아인을 비롯한 러시아어 사용자들은 차별 대우를 받고 이를 정서적으로도 느끼게 되었고 결국 카자흐스탄을 떠나 대부분 러시아연방으로 귀환하게 되었다. 이에 소련 말기 카자흐공화국의 전체 인구의 절반을 차지했던 러시아인이 이제는 20%에 미치지 못할 정도까지 줄었다.

더 심한 경우에 민족분규가 격화되어 전쟁으로까지 비화하는데, 바로 아르메니아와 아제르바이잔의 나고르노-카라바흐전쟁, 러시아연방과 우크라이나 간의 크림반도를 둘러싼 분쟁 등이 대표적이다. 이 민족분규 자체가 언어분규에서 비롯하는 경우가 많다.

포스트소비에트 공간의 거의 모든 독립국의 민족-언어정책은 자국 내의 민족분포, 정치적, 경제적, 지정학적 상황, 그리고 과거 러시아제국과 소련병합에 대한 토착주도민족의 인식 정도에 따라 여러 다른 내용과 정도를 보인다.

예를 들어 가장 서쪽의 발트해 지역(러시아 명칭 프리발티카 Прибалтика) 3국 에스토니아, 리투아니아, 라트비아의 경우, 이들 세 나라는 2차 세계대전 당시 소련에 강제로 병합되어 토착주도민족은 자신들이 불법 점령당했다고 여겼다. 소련 해체 이전에 이미 세 공화국 주민들이 인간 띠 잇기 운동을 전개하여 소련에 저항하였고 이것이 소련 해체과정에서 하나의 단초를 마련했다. 독립 이후에도 소련 통치를 가장 격렬히 비난하면서 반러시아 정책을 펴고 있다. 이에 반해 중앙아시아 5개국은 독립 초기에는 소련 당시 러시아어 사용자들이 경제를 발전시키고 정치적 군사적으로 안정시켜주었고 문화적으로도 어느 정도 도움을 줬다고 인정하고, 국정운영이 대부분 소련식 교육을 받아 러시아어 사용자가 된 토착주도민족과 러시아인들에 의해 이루어져 상대적으로 러시아인과 러시아어 사용자에 대한 반발이 급속히 나타나거나 그리 크지 않아 극단적인 토착주도민족 중심의 정책은 나오지 않았지만 점진적인 러시아인과 러시아어 사용을 배제하는 정책을 펴오고 있다.

소련의 해체로 독립한 신생국 모두 토착주도민족의 국가건설은 당연한 것으로 자신들의 모어를 헌법과 언어법에서 국어로 정하면서 러시아인을 비롯한 러시아어 사용자들을 비롯한 국어를 모르는 모든 소수민족에 대한 차별대우를 시작하게 되었다. 토착주도민족어를 국어로 정하면서 상대적으로 러시아의 지위는 하락거나 박탈당하고 소수민족어도 큰 영향을 받아 사라질 위험에 처하게 되었다. 이렇게 러시아어와 소수민족어 사용이 정지하고 국어하나만을 사용하게 되는 단일언어사용 사회로 변하자 러시아를 민족간 의사소통 수단으로 사용한 사람들이 독립국 정부에 반발하고 저항을 하게 되었다. 이에 민족-언어분규가 발생되어 1990년대 초부터 러시아연방을 비롯한 거의 모든 포스트소비에트공간에서 혼란스러운 상황이 전개되었고 이는 현재에도 계속 진행되고 있다.

소련 해체 당시 14개 연방공화국에는 약 2,500만 명의 러시아인들이 있었다. 이들은 갑작스런 소련 해체로 고국인 러시아로 돌아가지 못하고 남을 수밖에 없었다.

1989년 15개 연방공화국의 러시아인 수(천 명)와 비율(%)

연방공화국	러시아인 수(천 명)	비율
러시아	119,866	81.5
아제르바이잔	392	5.6
아르메니아	52	1.6
그루지야	341	6.3
우크라이나	11,356	22.1
벨라루스	1,342	13.2
몰다비아	562	13.0
라트비아	906	34.0
리투아니아	344	9.4
에스토니아	475	30.0
우즈벡	1,653	8.3
카자흐	6,228	37.8
키르기스	917	24.5
타지크	388	7.6
투르크멘	334	9.5
총계	145,156	50.8

소련 당시 민족 간 의사소통어, 링구아 프랑카로서 사실상의 국어 역할을 한 러시아어의 지위의 박탈, 또 그 기능의 축소, 사용 제한 정책이 독립국에서 적극적으로 펼쳐졌고 이곳에서 러시아어 사용자들이 결국 떠나게 되었고 이들이 해당 국가를 떠나게 되자 결국 국가운영과 일반 사회영역, 경제, 생산 영역에서 혼란이 벌어지게 되었다.

1989년 소련의 마지막 인구센서스에서 조사한 15개 연방공화국의 러시아인의 수를 보면, 우크라이나의 경우에는 거의 1,100만 명에 달하는 러시아인들이 있었고, 현재도 많은 수의 러시아인들이 우크라이나에 있기 때문에 우크라이나의 동부 지역을 중심으로 한 러시아어권이 내전 상태에 있다. 이에 비교하여 아르메니아의 러시아인이 거의 없었는데(약 5만 명), 소련 당시 가장 남쪽에 있었기 때문이다.

14개 신생국의 러시아어 지위와 화자 수(백만 명), 모어 인정 비율(%) (2004년)

국가	지위	인구	모어인정 인구와 비율	적극 구사자 수와 비율	비구사자 수와 비율
아제르바이잔	외국어	8.2	0.25 3.0%	2.0 24.3%	2.7 32.9%
아르메니아	외국어	3.2	0.015 0.4%	1.0 31.2%	1.0 31.2%
조지아	외국어	4.5	0.13 2.8%	1.7 37.0%	1.8 40.0%
우크라이나	소수 민족어	48.0	14.4 30.0%	29.0 60.4%	8.0 16.6%
벨라루스	국어	10.2	3.2 31.3%	8.0 78.4%	0.2 1.96%
몰도바	민족 간 의사소통어	3.4	0.45 13.2%	1.9 55.8%	0.5 14.7%
라트비아	외국어	2.3	0.96 41.7%	1.3 56.5%	0.3 13.0%
리투아니아	외국어	3.4	0.25 7.3%	0.5 14.7%	0.5 14.7%
에스토니아	외국어	1.3	0.47 36.1%	0.5 38.4%	0.3 23.0%
우즈베키스탄	민족 간 의사소통어	25.0	1.2 4.8%	5.0 20%	10.0 40%
카자흐스탄	공식어	15.1	4.2 27.8%	10.0 66.2%	2.8 18.5%
키르기스스탄	공식어	5.0	0.6 12.0%	1.5 30.0%	1.5 30.0%
타지키스탄	민족 간 의사소통어	6.3	0.09 1.4%	1.0 15.8%	3.3 52.3%
투르크메니스탄	민족 간 의사소통어 (외국어)	4.8	0.15 3.1%	0.1 2.0%	3.8 79.1%
총계		140.7	26.4	63.6	37.7

먼저 발트 지역을 살펴보자. 북쪽에서 남쪽으로 에스토니아, 라트비아, 리투아니아가 있고 리투아니아 남서쪽에 러시아연방의 영토인 칼리닌그라드 주가 있다. 이 칼리닌그라드 주는 러시아 본토와는 떨어진 고립영토로서 이 주의 주도인 칼리닌그라드(Калининград)는 과거 독일의 영토로서 쾬니히스베르크(Königsberg)였다. 쾬니히스베르크는 독일을 통일시킨 프로이센의 발생지이며 유명한 철학자 칸트(Immanuel Kant)의 고향

발트지역

이다. 2차 세계대전이 끝나면서 독일 나치에 승전한 소련이 독일의 통일의 뿌리이자 독일 힘의 근원인 이곳을 돌려주지 않고 러시아 혁명가이자 소련의 당 정치가인 칼리닌(Михаил Иванович Калинин, 1875~1946)의 이름을 따 칼리닌그라드로 명명하면서 소련의 영토로 만든 것이다.

러시아에서 칼리닌그라드로 가기 위해서는 벨라루스와 리투아니아를 거쳐가야 한다. 칼리닌그라드는 현재 서방, 나토를 견제할 수 있는 군사적인 교두보로서 러시아에서 가장 중시하는 지역으로 발트 3국에도 영향력을 발휘할 수 있다. 에스토니아와 라트비아는 러시아인이 많아 인구의 약 30%를 차지하여 토착주도민족과 러시아인 사이에 많은 민족분규가 발생되고 있다.

칼리닌그라드의 칸트 동상

발트 3국에서 러시아인은 소수민족으로 전락하게 되어 국적법에 따라 국적을 박탈당했고 헌법과 국어법에 따라 러시아어 지위도 박탈당하면서 사용영역도 제한 받고 있다. 러시아어는 단순히 제2외국어 중의 하나로 독일어나 프랑스어와 같은 층위에 있을 뿐이다. 러시아어학교 운영도 중단되고 러시아어문학교사 양성과 러시아어문학 교과목 개발도 중지되었다. 교육과정에서도 러시아는 비우호적 국가, 심지어는 적대적인 국가로 표현되고 있다.

이에 국정과 사회 전반에서 소외와 차별 대우를 느끼는 러시아인들을 비롯한 러시아어 사용자들이 러시아어에 공식적인 지위나 제2 국어 지위를 부여해 달라고 요구하고 있고 최근 러시아연방 정부도 이곳의 러시아 교포, 즉 디아스포라에 관심을 두고 이들을 지원하는 방법을 찾고 있다.

라트비아는 러시아어를 모어로 간주하는 인주가 약 100만 명에 달하고 있어서 전 인구의 41.7%에 달하고 러시아어를 적극적으로 구사하는 인구가 130만 명으로써 전 인구의 절반을 넘어서는 수준이다.

이에 라트비아에서는 2012년 2월 18일 러시아어의 제2 국어 지위 부여 여부 찬반 국민투표까지 실시하였지만 부결되었다. 독립 이후 20년 간 러시아어로 교육받는 학생 수가 60%나 줄었다.

또한 라트비아 동화 정책을 펴고 있는데, 출신 민족과 거주기간에 따라 국적취득을 제한하게 되고, 라트비아어 국어 시험을 통과한 사람들에게만 국적을 부여하고 귀화를

라트비아 지도

장려하고 있다. 그러나 대부분의 러시아어 사용자들, 즉 러시아인은 라트비아어를 배우지 못했고 배울 마음도 없다고 한다. 그 결과 국적을 갖지 못해 무국적자가 되어 사회 내에서 자기의 지위를 보장받지도 못하고 권리를 적극적으로 내세우지 못하고 있다. 이렇게 선거권이 없어 정치 참여와 활동이 불가능하고 사회활동에서도 많은 제한을 받고 있는 러시아인은 약 34만 명 이상이다.

에스토니아는 러시아어를 모어로 사용하는 인구가 약 47만 명으로써 전 인구의 36%에 달하고 러시아어를 적극적으로 구사하는 사람들의 수도 총 인구의 38.4%에 달한다. 그렇지만 러시아어 사용자들의 이익을 대변하는 단체나 대표가 전혀 없어 러시아인은 자신의 불만을 적극적으로 표출할 수 없다. 또한, 러시아어로 교육받는 학생 수가 최근에 10년 간 약 44%나 줄었고, 라트비아처럼 러시아인 무국적자들은 지역 자치 조직에 대한 투표권 외에 중앙 정치에 참여할 수 없어 자신의 이익을 주장할 수가 없다.

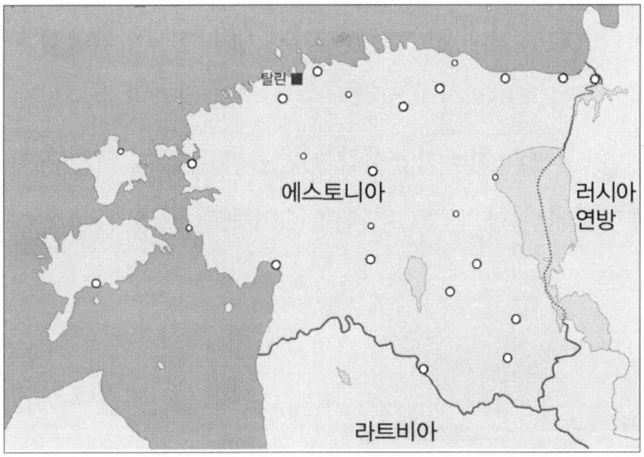

에스토니아 지도

리투아니아는 앞의 두 나라와 비교하여 오랜 전통을 가진 민족국가로서 소련 시기 러시아인이 많이 이주하지 않았다. 러시아인의 수가 많지 않아, 정치 및 사회 세력 확장 가능성이 크지 않아 리투아니아 정부도 상대적으로 유연한 동화정책을 펴고 있다. 러시아어 사용자들도 불만을 가시적으로 표출하고 있지는 않다.

그러나 러시아어로 교육받는 학생 수는 에스토니아와 같이 최근 10년 간 약 44%나 줄었다. 러시아인의 수와 비율이 비교적 낮은 리투아니아는 독립선언 당시 국내에 거주하던 모든 사람에게 국적을 자동적으로 부여해 주었다.

리투아니아 지도

우크라이나와 루마니아 사이에 위치한 몰도바는 소련 당시에는 몰다비아라고 불렀다. 몰도바는 소련 당시 유일하게 로망스어를 사용하는 몰도바인이 토착주도민족으로 이들은 루마니아인과 사실상 같은 민족이고 언어도 루마니아어와 같다. 독립과 함께 몰도바 정부가 루마니아와의 통합을 제시했지만 오랫동안 루마니아와 떨어져 있었기 때문에 몰도바인은 자신이 루마니아인과 다르고 언어도 다르다고 주장하기도 한다. 이에 지금까지 친루마니아정권과 친러시아정권이 반복되고 있다. 이 문제를 두고 러시아어 사용자들과 친 루마니아 성향의 몰도바 민족주의들 간의 민족-언어 분규가 일어나 영토까지 분열되어 있다.

몰도바의 동쪽지역을 흐르는 강이 드네스트르 강으로 이의 동쪽 지역이, 몰도바의 정부의 루마니아 통합 및 몰도바어와 루마니아어가 같은 언어라는 정책에 반발하여 떨어져 나온 프리드네스트로비예로서 이곳은 러시아어를 사용하는, 사실상의 친러시아 독립국이다.

프리드네스트로볘

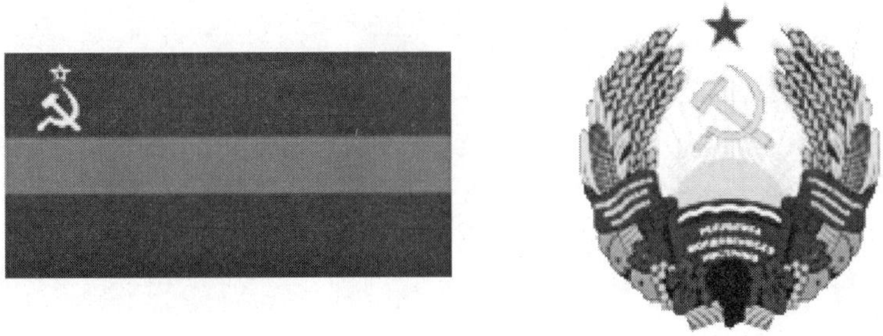

프리드네스트로볘 국기와 국가 문양

또한 몰도바는 다른 포스트소비에트 독립국처럼 다민족, 다문화, 다언어국가로서 특히 가가우즈인(Гагаузы)이라는 투르크계 사람들이 살고 있다. 이들은 몰도바 전체 인구의 3.5%를 차지하는 소수민족이다.

가가우지야인은 과거 베사라비아라고 불렀던 현재의 몰도바가 러시아 제국에 합병되기 이전 발칸반도로부터 이주해 몰도바 남부에 거주하기 시작했다. 발칸반도가 오스만 투르크제국이 약화되어 치안이 불안정하게되자 상대적으로 생활이 안정된 베사라비아로 들어온 것으로 보이는데, 이들은 투르크계들이지만 모슬렘이 아닌 정교회 신자들이다.

1994년 12월 가가우즈인들이 밀집해 거주하는 지역에 몰도바 정부가 자치권을 부여하는 '가가우지야 특별 지위법'을 만들게 되면서 자치영토조직 '가가우즈-예리'(가가우즈인의 영토)라는 특별 자치지역의 지위를 가지게 되었다. 그렇지만 2014년 우크라이나 크르임이 러시아에 합병되자 가가우즈인들도 몰도바로부터의 분리를 주장하기 시작했는데, 특히 몰도바가 루마니아와 통합할 경우에는 반드시 분리할 것이라고 몰도바 정부를 위협하고 있다. 즉 2014년 2월 2일 카가우즈인들은 주민투표를 실시하고 투표자 98%가 몰도바가 루마니아와 통합할 경우 몰도바에서 탈퇴하는데 찬성했다.

이 때문에 몰도바 정부의 정책에 따라 프리드네스트로볘처럼 언제든지 분리를 주장할 수 있는, 몰도바의 또 하나의 민족-언어분규 발생 가능성이 큰 지역이다.

몰도바 국기와 가가우즈-엘리 국기

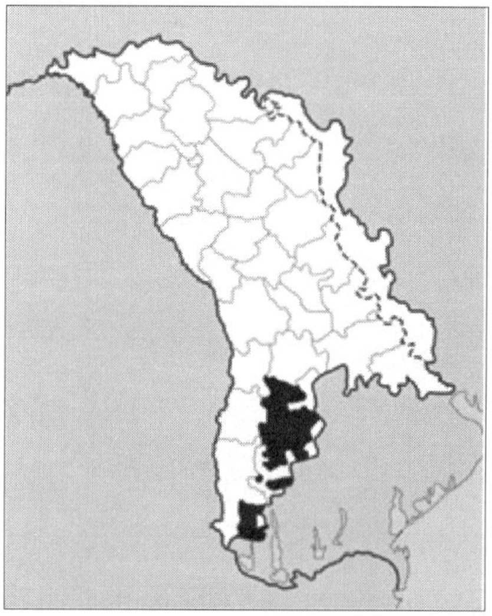

가가우지야

남캅카스는 영어로 코카서스(Caucasus)의 남쪽 지역에 해당하는 지역으로 아르메니아, 조지아, 아제르바이젠이 속한 지역이다. 2018년에 동계올림픽을 개최한 러시아의 소치(Сочи)는 북캅카스로서, 북캅카스는 러시아 연방에 속한다. 즉 우리가 막연히 알고 있는 캅카스는 러시아 연방의 북캅카스와 아르메니아, 조지아, 아제르바이잔 3개국이 위치한 남캅카스로 구분된다.

이들 남캅카스 3국은 각각 오래전부터 인도유럽어족의 아르메니아어, 캅카스지역 고유 어족인 카르트벨리어족에 속하는 조지아어, 알타이어족의 터키어와 거의 유사한 아제르바이잔어(아제리어)를 사용하는 토착민족이 주류를 형성하고 있었고, 1991년 독립 이후 각국 나름의 민족-언어정책을 시행하고 있다.

이들 3 개국 정부는 모두 독립 초기부터 국어지위 확립과 사용 확대, 러시아어의 지위 격하와 사용영역 축소, 더 나아가서 배제 정책을 시행한 것이 공통적지만, 이후 여러 가지 지정학적인 상황 변화에 의해서 조금씩 바뀌었다.

먼저 아르메니아는 소련 당시에도 러시아인들의 수가 가장 적었다. 즉 소련의 1989년 마지막 인구센서스를 보면, 러시아인은 약 52,000명(전 인구의 1.6%)였는데, 그럼에도 불구하고 독립 초기에는 아르메니아 민족 중심 국가의 창건 이념을 내세우면서 러시아인과 문화 그리고 러시아어 배제 정책을 가장 강력하게 시행했다.

그렇지만 인접국 아제르바이잔과 나고르노-카라바흐(Нагорно-Карабах) 지역을 둘러싼 분쟁이 발생한 이후 친 러시아 정책을 펴게 되었다. 나고르노-카라바흐는 원래 아르메니아인들이 거주하는 곳이었지만, 소련 창건과 함께 강제로 아제르바이잔에 편입시켰다. 소련이 해체되자 이곳의 아르메니아인들이 본토인 아르메니아와 합병을 선언하고 자신들을 지배했던 아제르바이잔인들을 몰아내면서 무력 충돌이 일어났다. 이 전쟁에서 러시아연방은 아르메니아를 지원했는데, 이는 러시아아와 아르메니아가 같은 유럽계이고 종교도 같은 기독교, 즉 정교 신앙을 가지고 있었기 때문이다. 아제르바이잔은 투르크민족으로 터키와 같고 언어도 터키어와 유사하며 같은 모슬렘이다. 아르메니아는 터키의 전신인 오스만투르크에 의해 자국민이 대량학살 당함 경험을 가지고 있어 당연히 아제르바이잔과 우호적인 관계를 가질 수 없다. 러시아의 도움으로 이 분쟁에서 승리하여 나고르노-카라바흐는 명목상으로 나고르노-카라바흐산악공화국이 창건되었지만, 사실상 아르메니아가 되찾게 된 것이었다. 이러한 지정학적 상황에서 러시아 의존도가 크기 때문에 친러시아 국가가 될 수밖에 없었다.

1999년 9월 아르메니아는 "교육체계와 문화-사회활동에서의 러시아어"라는 국가 개념을 정했고 학교에서 러시아어 교육을 다시 시작하고 더욱이 심화학습도 의무화 시켰다. 또한, 다수의 아르메니아인들이 러시아연방에 노동자로 취업해 있다.

이에 반해 아제르바이잔은 독립 초기 러시아인과 러시아에 대해서 상대적으로 유연한 입장을 보였고 뚜렷한 배제 정책을 펴지는 않았다. 그 이유는 이 나라가 석유 산유국으로서의 자신감과 러시아인의 비율이 크지 않은데 있었다. 그렇지만 아르메니아와의 전쟁에서 러시아연방의 아르메니아 지지로 인해 러시아에 대한 실망, 반감을 드러내고 러시아인과 러시아어를 배제하는 정책을 취하게 되었지만, 현재는 다소 완화하여 중립적인 태도를 취하고 있다.

아제르바이잔의 민족-언어정책에서 중요한 사건이 일어났는데, 바로 포스트소비에트 공간 최초의 표기체 교체이다. 바로 소련 시기 동안 사용해 오던 러시아 키릴문자 기반의 아제르어 표기체를 가장 먼저 라틴문자 기반의 아제르어 표기체로 바꾼 것이다. 초기에는 많은 재정이 투입되고 사회적 혼란을 야기했지만, 러시아인을 비롯한 러시아어 사용자들의 불편과 불안을 야기하여 자연스레 러시아인과 러시아어를 배제하게끔 하는 것이다.

그렇지만 소련 당시 국민의 절반 이상이 러시아어를 자유로이 구사할 수 있다는 상황은 현재 러시아에 대한 유연성과 관용을 여전히 남겨 놓았다. 상대적으로 러시아어 TV, 방송, 신문 등의 유입이 여전히 많고, 2002년 현재 약 216만 명의 아제르인들이 러시아연방에 취업하고 있다. 지금도 아제르바이잔 국민의 1/3이 러시아어를 적극적으로 사용하고, 아주 자유자재로 구사할 수 있다.

마지막으로 조지아는 러시아식 명칭 그루지야(Грузия, Gruzia)를 개명한 것으로, 이는 바로 반러시아 경향이 가장 강함을 나타내주는 것이다.[147] 수 천 년의 오랜 역사와 전통

147 2008년 8월 중북부의 친러시아 남오세티아에서 무장분규가 발생했고, 이 결과로 러시아연방이 남오세티

을 가진 조지아인들은 자기 민족만의 국가 창건을 목표로 독립 초기부터 국어인 조지아어를 의무적으로 사용하게 만들어 러시아인을 비롯하여 압하스인, 오세트인과 같은 러시아어 사용자들을 차별하고 이들의 언어 사용도 제한하기 시작했다. 이들 소수 민족은 소련 시기 동안 민족 간 의사소통 수단으로서 러시아어를 사용하고 있었지만, 조지아어는 구사할 필요성을 느끼지 못했고 잘 구사하지도 못했다. 즉 이들은 각각 압하스어-러시아어, 오세트어-러시아어 이중언어사용자이기 때문에 조지아 민족 중심의 국가를 건설에 반발하게 된 것이다.

러시아연방의 지원으로 사실상 조지아로부터 독립한 압하지야와 남오세티아는 세계적으로는 독립국으로 인정받지는 못하고 있다. 그렇지만 러시아의 도움으로 국정운영이 되고 있고 러시아어가 공식어 또는 사실상의 국어 역할을 하고 러시아와 학교 교육 시스템이 같다.

또한, 중앙아시아 지역에서도 러시아어의 사용이 여전하다. 그중에서도 우즈베키스탄과 카자흐스탄을 살펴보자.

우즈베키스탄은 중앙아시아에서 가장 전통이 깊고 인구도 약 3,500만 명으로 가장 많고, 카자흐스탄은 면적이 세계 9위의 대국으로 중앙아시아에서 가장 크고 경제도 가장 발전되고 안정되어 있어, 두 나라가 중앙아시아를 대표할 수 있기 때문이다.

먼저 우즈베키스탄은 소련과 마찬가지로 130개 민족으로 구성된 다민족 국가이다. 다민족 국가로서 안정을 꾀하여 드러 내놓고 인구 조사를 실시하지 않아 정확하지 않지만 3,500만 명으로 추정하고 있는데, 우즈벡인이 80% 정도를 차지한다. 1997년 교육법에서 소수민족은 국어인 우즈벡어와 모어로 교육받을 권리를 가진다고 보장하고 있어 민족-언어분규가 뚜렷하게 보이지는 않지만 발생 가능성은 상존한다. 정치 불안이나 경제 상황 악화가 그 원인이 될 수 있는 것이다.

소수민족 가운데 페르시아 계 타지크인들의 수가 가장 많아 150만 명(4.8%)에 달한다. 이들은 우즈벡 정부의 차별대우와 탄압을 받고 있어, 1998~2001년 타지크어 서적이 대

아와 서북부의 압하지야를 독립국으로 인정하게 되었다. 이후 2010년 그루지야 정부는 국제사회에 러시아연방을 비난하면서 러시아식 명칭 그루지야를 조지아(Georgia)로 바꿔 불러 줄 것을 요청했고, 대한민국이 가장 먼저 이를 받아들였다.

부분 폐기되기도 했다. 이는 1993년 이전에 발행되어 우즈베키스탄의 국가이념과 맞지 않기 때문이라는 것이다.

우즈베키스탄을 비롯한 포스트소비에트 공간에는 우리와 같은 핏줄을 갖는 고려인이 약 40만 명이나 거주하고 있다. 이들은 스탈린 시기인 1937년 극동 연해주에서 중앙아시아로 강제 이주 당한 사람들과 이들의 후손들로 우즈베키스탄에만 약 20만 명으로 중앙아시아에서 가장 많다. 많은 고려인들이 수도 타쉬켄트를 중심으로 살고 있는데, 이들은 소비에트 시기에 러시아에 동화되어 러시아어 사용자들이 되었다. 이 지역으로 강제이주당한 이후 한국어 교육을 금지당하고 러시아어 단일 언어 사용자가 되어 우즈베키스탄의 독립 이후 어려움을 겪고 있다. 우즈베키스탄의 국어인 우즈벡어를 구사하지 못해 기존의 직위를 박탈당하고 해직되는 경우가 많았다. 또한, 세대로 내려갈수록 한국어를 구사하지 못하거나 수준이 낮지만, 현재 한국문화센터와 100여 개 이상의 중등학교, 그리고 타쉬켄트 국립동방대학과 국립세계언어대학에서 한국어 교육을 받고 구사 능력을 키우고 있다. 또한, 많은 수의 우즈벡인들이 한국어를 공부하기 위해서 많은 노력을 기울이고 있다.

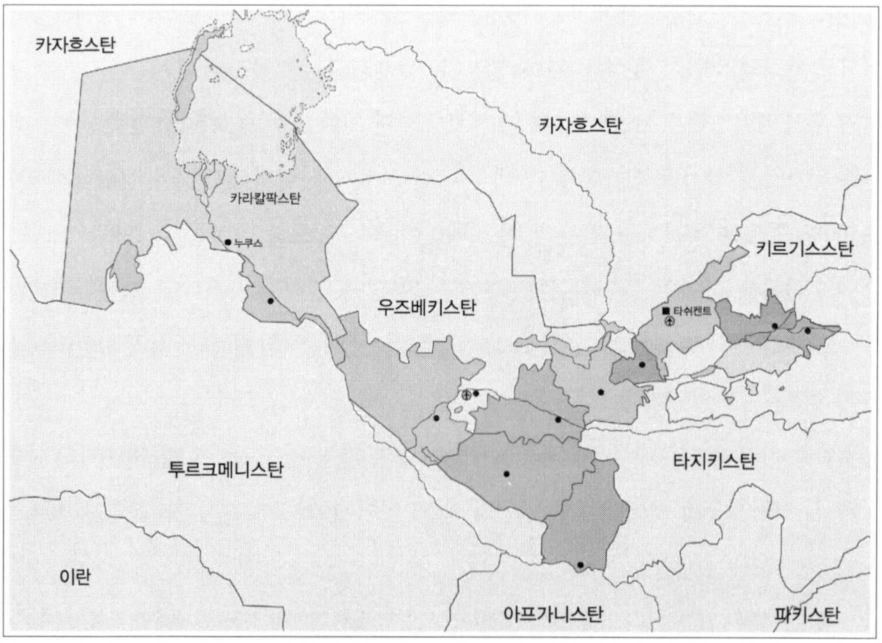

우즈베키스탄과 카라칼팍스탄

우즈베키스탄 서쪽 아랄해 연안에 국토의 1/3 이상을 차지하는 카라칼팍스탄이라는 자치공화국이 있다. 이 자치공화국의 토착주민인 카라칼팍인들은 우즈벡민족과 다른 민족으로 카자흐어와 유사한 언어를 사용하는데, 소련 창건 초기부터 자치공화국의 지위를 가지고 있었다.

수도가 누쿠스(Нукус)로서 자치공화국의 인구는 약 181만 명 정도이지만, 카라칼팍인들이 절대다수를 차지하지는 못한다. 소련 시기부터 다수의 우즈벡인들의 이주하여 이 지역을 우즈벡화 시키고 있었기 때문이다.

소련 해체 과정에서 많은 소수민족이 독립을 선언했는데, 카라칼팍스탄도 1992년 1월 9일 카라칼팍스탄공화국으로 독립을 선언했지만 1993년 우즈베키스탄과의 20년 간의 합병조약을 체결하게 되었다. 이 조약에 따르면, 국민투표로써 우즈베키스탄을 탈퇴할 권리를 보장하게 되어있다. 그러나 20년이 지난 2013년에 이 조약의 시효가 끝났지만 카라칼팍인들의 자주권과 독립 요구는 우즈베키스탄의 동화정책과 유무형의 탄압으로 묵살되고, 이들의 권리를 주장할 수 있는 투표도 실현되지 못하고 있다. 따라서 이 지역은 민족–언어분규가 발생 가능성이 있다.

다음으로 카자흐스탄은 러시아연방을 제외하고 가장 면적이 크고, 러시아화가 가장 잘 된 나라이다. 카자흐민족은 유목민으로 소련 시기에 들어와 정착 생활을 시작했다. 현재의 카자흐스탄 북부지역에 러시아인들이 18세기부터 이주해와 개척하며 러시아인의 땅으로 만들었고 소련의 연방공화국이 되었던 것이다. 갑자기 소련이 해체되고 카자흐공화국은 카자흐스탄으로 독립을 하게 되었는데, 당시 인구의 약 37%에 달했던 620만 명의 러시아인들은 순식간에 카자흐스탄 국민이 된 것이다. 이에 많은 문제가 나타날 것이라고 보았지만 러시아와 가장 우호적이고 카자흐 민족주의가 그다지 드세지 않아 아직까지는 민족–언어 분규가 발생하지 않고 있다.

그러나 독립 카자흐스탄 정부의 점진적인 카자흐민족중심 국가건설 정책 추진으로 이제 러시아인은 20% 이하, 300만 명의 소수민족으로 전락했다. 그렇지만 여전히 러시아어를 가장 많이 쓰는 나라이다. 소련시기 수도는 알마–아타(Алма–Атта)였지만 독립과 함께 곧 카자흐어 식 알마트이(Алматы)로 바꾸었다. 알마트이는 국토의 동남부 톈산 산맥 서쪽 사면에 치우쳐 있고 러시아인들이 만든 수도였기에 러시아인들이 다수였다.

이에 초대 대통령 누르술탄 나제르바예프(Нурсултан Назарбаев)가 러시아인의 수가 적고 국토의 중앙에 위치한 아크몰 지역으로 1997년 수도를 이전하여 아스타나(Астана)로 명명했다. 이 아스타나라는 명칭은 카자흐어로 수도를 의미한다. 이후 2019년 대통령이 사임을 발표하자 그를 기려 수도 이름을 대통령의 이름을 따 누르술탄으로 바꾸었는데, 이는 통치자(술탄)의 빛(누르)을 의미하기도 한다.

현재 러시아인들은 예전 수도인 알마트이와 북부 러시아연방 접경 지역에 다수 살고 있고 이들은 다른 중앙아시아 지역과 비교하여 상대적으로 분명하고 굳건한 지위를 가지고 국어인 카자흐어와 동등한 지위를 보장 받은 러시아어를 자유로이 사용할 수 있는 상황이다. 즉 러시아는 공식적인 지위는 명문화되어 있지는 않지만 국어인 카자흐어와 동등하게 사용할 수 있다고 헌법에서 정하고 있다. 카자흐인들도 대부분의 사회활동을 러시아어로 수행하고 있을 정도이다.

그렇지만 카자흐정부의 점진적인 서방 지향과 추진과 탈 러시아 정책의 하나로서 2017년 초 카자흐어의 러시아 키릴문자 기반의 표기체를 라틴 기반 표기체로 바꾸는 조치를 취하기 시작했다. 이 표기체 교체는 2025년에 완료할 것으로서 국내의 러시아인 공동체와 러시아어 사용자들, 그리고 러시아연방이 우려를 표하고 있다. 이에 카자흐스탄에서는 이 표기체 교체는 독립의 상징이자 서방으로의 접근이라 여기면서 러시아인과 러시아어 사용자들, 그리고 러시아연방의 우려를 감안하여 표기체 교체와 상관없이 러시아어의 실제 지위와 사용은 여전히 보장될 것이라고 러시아와 러시아인, 러시아어 사용자들을 설득하고 있다.

카자흐스탄정부는 카자흐어-러시아어의 이중언어사용정책에서 영어를 추가하는 삼중(다중)언어정책으로 발전시키고 있어 모든 국민이 가능하면 카자흐어, 러시아어 외에 영어를 능숙하게 구사하도록 하여, 결국에는 세계어인 영어의 확장을 통해 러시아어를 배제하겠다는 의도를 드러내고 있다.

토착주도민족 중심 국가건설정책의 하나로서 토착주도민족어의 국어 규정과 민족 간 의사소통어로서의 기능까지의 부여는 자국 내 러시아인과 러시아어 사용 소수민족의 불만과 저항을 야기할 수밖에 없다. 이는 포스트소비에트 공간에서 공통적이다. 특히 소련 당시 민족 간 의사소통어의 기능을 담당한 러시아어 대신 토착주도민족어의 지위 향상과 그 기능 확대는 결국 소수민족 출신들의 정치, 경제적, 사회문화적 영역에서의 차별을 야기할 수밖에 없다. 이들은 모어와 러시아어 이중언어 사용자로서 소련시기 반 강제적인 이주정책에 의해서 자기 고향에서 소련의 연방공화국으로 이주해와 수십 년 간 거주해와 토착주민이 되어있지만, 이들 독립국의 국어는 모르고, 국어를 배워야 하는 상황에 처해 불편하게 되었고 불만을 가질 수밖에 없다.

러시아연방을 제외한 14개 신생독립국에서 러시아인은 사실상 소수민족이 되었다. 러시아어 단일언어 구사자인 러시아인들이 14개 독립국을 떠나 러시아연방으로 되돌아오고 있지만, 고국에서도 적극적으로 환영하지는 않고 있다. 오히려 러시아 정부에서는 이들이 신생독립국에서 공동체를 굳건히 만들어 조국을 밖에서 지원하기를 바라고 러시아의 영향력을 여전히 유지하는 버팀목으로 삼고자 한다. 러시아인들이 수십년 간 연방공화국의 국정전반, 사회와 문화에서 중추적인 역할을 담당했기에 러시아인들의 이주유출은 신생독립국에게도 정치, 경재, 문화 부문에서의 불안, 침체, 쇠퇴와 낙후의 중요한 요인이이기 때문이다.

2. 인도의 언어상황

인도는 수 많은 언어를 사용하는 다양한 인종과 민족으로 구성된 다문화 사회로 종교, 사상과 영화, 그리고 요리 등의 문화가 발달해 있는 곳이다.

인도는 오래전부터 사회 내 계급이 존재했고 1947년 법적으로 폐지하고 이를 많이 혁파하고 있는 상황이지만, 최하층 달리트(불가촉 천민)는 내세를 생각하며, 죽으면 차후 다시 귀족으로 태어날 것이라고 자위를 하면서 견뎌낸다고 한다. 인도를 수차례 갔거나 인도를 안 가본 사람은 있어도 인도를 한 번만 갔던 사람은 없다고 하는 말도 있듯이 인도는 정말로 알 수 없는 매력을 가진 나라라고 한다.

인도가 고대 인더스 문명 발상지로서 역사적인 무역로가 지나가고 있었고 잘 알려진 타지마할을 건축한 무굴제국이 있었다. 이 무굴이라는 말은 몽골을 뜻하여 몽골인들의 후예가 세운 나라이다. 인도는 오랫동안 그 지정학적 위치와 지위와 경제, 문화적 가치를 인정받고 있고 수많은 인류 문화유산이 남아 있는 나라이기도 하다.

인도는 인류의 정신세계에 큰 영향을 준 4개의 종교 발상지로서 바로 힌두교, 불교, 자이나교, 시크교가 바로 그것이다. 또한 기원 후 천 년 동안이나 조로아스터교, 기독교, 이슬람교 등이 인도에 영향을 끼쳐 현재 인도의 다양한 종교문화를 창조했지만, 이 종교문화에 의해서 민족분규가 발생하여 현재에 이르렀다.

인도는 18세기 초부터 영국 동인도 회사의 관리 밑으로 들어갔고 19세기 중반에 영국의 본격적인, 직접적인 식민지배를 받게 되어 수많은 물적 자원을 빼앗기고 경제적으로 영국에 종속되게 되었다. 이와 함께 영국의 정치, 경제, 사회제도를 강제적으로 받아들여, 영국의 정치 체제 영향으로 아시아에서 영국식 의회민주주의가 가장 잘 확립된 나라로 간주 되기도 한다.

인도는 영국의 지배를 받다가 마하트마 간디가 주도한 비폭력 독립운동으로 1947년 마침내 독립을 얻지만, 인도, 서파키스탄, 동파키스탄(방글라데시), 스리랑카와 네팔, 부탄까지 6개의 나라로 나뉘고 만다. 이는 종교와 민족, 언어의 차이에 기인한 것이다.

그렇다면 인도에서는 어떤 언어가 사용되고 있는지를 살펴보는 것이 인도의 특징을 알아보는 또 하나의 수단이 된다.

인도의 대표적인 언어로서 산스크리트어가 있다. 산스크리트어는 현재 유럽인들이 사용하는 슬라브어, 게르만어, 로망스어와 서아시아의 힌두어, 이란어 등의 인도유럽어의 기반이 됐던 인도유럽어 조어와 거의 언어이다. 따라서 인도유럽어의 역사를 연구하기 위해서는 산스크리트어를 알아야 한다. 산스크리트어는 불경과 힌두교와 자이나교의 경전과 고대 인도 문학을 기록한 언어이다. 오늘날까지도 힌두교 학자들 사이에 사용되는 문어로서 구어는 사라졌지만 인도유럽어족에 속하는 여러 언어가 가진 발음이라든지 문법적인 변화를 알기 위해서는 반드시 산스크리트어를 익히는 것이 필요하다.

인도의 국어는 두 개라고 할 수 있다. 즉 인도 헌법에서 힌두어, 영어가 국가행정의 언어로서 이 두 언어를 국어로 규정하고 있다. 또 힌두어와 영어 외 22개의 언어를 공식어 목록에 넣고 있다. 이 22개의 언어를 포함하여 인도에는 447개의 언어가 있고 약 2천 개의 하위 방언이 있다. 13억 명 이상의 인도 국민이 힌두어와 영어, 22개의 공식어, 447개의 언어, 2천 개의 방언을 사용하여 다채로운 언어사용 상황을 보여주고 있는 것이다.

지도를 보면 힌두어, 영어, 그리고 22개 언어 중 하나를 지역의 공식어로 사용하는 지역 등 크게 셋으로 나눠지고 있지만, 영어는 대부분 지역에서 기본적인 의사소통어로 사용하고 힌두어는 북부 지역을 중심으로 사용하고 있다.

위에서 본바와 같이 인도 헌법에서는 힌두어와 영어, 주요 공식어 22개를 정하고 있다.

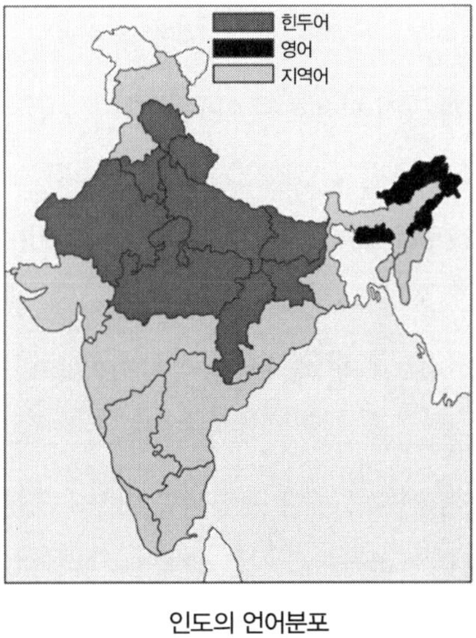

인도의 언어분포

힌두어는 수도인 뉴델리와 델리 외 9개 주의 공식어로서 가장 확장되어 있다.

다음으로 벵골어는 서 벵골주, 트리푸라주, 아쌈주, 자르칸드주의 공식어이자 과거 동파키스탄, 지금은 독립한 방글라데시의 국어이다.

마라티어는 마하라슈트라주의 공식어로서, 인도에서 가장 경제적으로 발전한 뭄바이(봄베이)에서 사용한다.

텔루구어는 안다르프라데시주, 텔랑가나주의 공식어로서 칸나다어와 상호통용이 가능할 정도이다.

타밀어는 타밀나두주의 공식어로서 싱가포르에서도 공식어이다.

우르두어는 잠무카슈미르 주의 공식어이다. 우르두어는 파키스탄의 국어이기도 한데, 아랍 문자를 사용한다. 잠무카슈미를 둘러싸고 인도와 파키스탄의 긴장 상태가 지금도 이어지고 있다.

구자라트어는 구자라트주의 공식어로서, 비폭력 독립운동을 일으켰던 마하트마 간디의 고향으로 힌두어와는 많이 다르다.

칸나다어는 카르나타카주의 공식어이다. IT 산업의 중심지인 뱅갈로르를 중심으로 사용되어 인터넷에서 높은 사용 비율을 보인다. 언어 사용에서 경제력이 크게 좌우됨을 알 수 있다.

말라얄람어는 케랄라주의 공식어로서 타밀어에서 파생되었기 때문에 상호 의사소통이 어느 정도 가능하다.

오리야어는 오디샤주에서 많이 사용하고 있고 펀잡어는 펀자브 주에서 시크교도들이 사용하는 언어이고. 파키스탄 국민의 45%가 사용하고 있다.

아쌈어는 아쌈주에서 사용하고 마이틸리어와 산탈어는 비하르 주 북부와 네팔에서 사용하고 있다.

카슈미르어는 잠무카슈미르 주와 파키스탄 아자드카슈미르 주에서 사용하고 있는데, 아랍문자로 표기한다.

네팔어는 시킴 주에서 사용하고 있는데 독립국인 네팔의 공용어이기도 하다.

신드어는 신드족의 언어로서 파키스탄 신드주에서 사용되고 있다. 신드족은 1947년 8월 14일 영국으로부터 파키스탄과 인도가 분리되어 독립하자 신드족 힌두교인들이 인도로 대거 이동해 와 인도에서 공식어로 인정한 것이다.

콘칸어는 고아 주에서 사용되고 있고 도그리어는 잠무카슈미르 주의 공식어이다.

마니푸리어는 마니푸르주의 마니푸르 민족의 언어로서 중국–티베트어족에 속하는 언어이다.

보도어는 아쌈주의 공식어로 역시 중국–티베트어족에 속하는 언어이다.

그 외 널리 확장되지 못하고 일정한 작은 지역에서 사용하고 있는 바그헬어, 마르바르어, 분델어 등이 있다.

이렇게 인도를 대표하는 힌두어가 모든 인도인들이 사용하는 것은 아님을 알 수 있다. 인도는 다민족 국가이고 수많은 사건으로 점철된 역사가 있고 많은 수의 언어가 사용하는 지역이기에 힌두어가 국어로 정해져 있지만 모든 사람이 사용하고 있는 것은 아닌 것이다. 힌두어 외 벵골어(혹은 벵갈어), 텔루구어, 우르두어 등도 중요한 의사 소통어이다. 각 지역 별로 살펴보았을 때 한 개의 언어 즉 영어나 힌두어 하나만이 지배적이 아니다. 수백 개의 언어가 한 지역에 존재하기 때문이다.

인도에서 영어의 지위는 국어로 규정되어 있지만, 법률 자체로서는 그 지위가 확고한 것은 아니다. 1965년 힌두어로의 전환이 완수되면 영어가 국어의 지위를 박탈당하고 보조적인 의사소통어가 될 것으로 보았지만, 여전히 힌두어가 널리 확장되지 못한 일부 지역과 힌두어의 국어 역할에 반대하는 지역에서는 영어의 사용이 여전하고 많은 인도인들이 힌두어보다는 영어가 훨씬 의사소통하는데 편하고 지역을 넘어서거나 외국 사람들과의 교류에도 가장 유용하다고 여기기 때문에 영어의 국어 지위는 계속 보전되고 있는 것이다.

현재 세계에서 경제적으로 가장 발전하고 있는 나라들 중 하나가 인도로서 우리나라를 비롯한 많은 나라가 인도에 진출하고 인도의 잠재력을 재평가 하고 있다. 급속한 산업화, 급속한 다민족적 상황과 그 영향력을 감안할 때 영어가 여전히 대중적이고 가장 인기가 많다. 국가 행정과 비즈니스 부분에서의 국민 다수의 영어 구사 능력이 커다란 장점이 되고 있다. 오랜 영국 식민 시기를 거치면서 인도 고유의 민족적 색채는 조금씩 퇴색되었지만, 영어의 구사 수준이 높고 대중화되었기 때문에 해외 교류 및 자국의 경제 발전을 위해 많은 도움이 되고 인도의 큰 자산이 되고 있다.

인도의 언어 다양성 측면에서 보면, 과거로부터 지배층의 언어와 피지배층의 언어가 완전히 달라 이를 중간에서 전달해주는 중간층이 있었고 지역마다 다른 지역으로 이주나 다른 지역 사람들의 유입이 거의 없어 배타적인 언어사용 환경이 조성되어 있다.

많은 인도인이 저마다 고유한 종교를 믿고 있고 일정한 문화적 전통을 보존하고 있는 상황도 독특하다. 따라서 인도는 하나의 전통으로써 통일시킬 수 없고 이와 같은 다양성은 오랫 동안 발생한 역사적 사건들, 즉 수천 년에 걸친 인더스 문명, 그 이후 다양한 민족들이 침략하여, 문화적으로 지배하고, 이에 저항하는 등 많은 사건들이 일어난 것이다. 수천년 동안 인도에서는 수많은 민족과 부족이 거주해 왔고 이들 사이의 교류와 상호작용이 일어나 마침내 어떻게 정의할 수 없는 독특한 인도 문화가 탄생한 것이다.

인도라고 하면 힌두어를 쓰고 있는 수도 뉴델리를 생각하지만 파키스탄, 방글라데시, 부탄, 네팔, 스리랑카를 아우르는 지역이 인도였다. 오늘날에도 인도에는 서로 고립되어 생활하는 민족과, 부족이 많아 북쪽 히말라야 지역과 남쪽 지역의 인도인들은 인종적, 민족적, 언어적으로 완전히 다르다. 이에 인도가 국가안정과 경제발전이 한때 늦었던 원인일 수 있지만, 별개의 국가로 분열되지 않고 거대한 인도, 하나의 영토를 지금까지 유지하는 것은 수수께끼일 수밖에 없다.

인도에는 네 개의 주요 언어 그룹이 있다.

첫째, 인도–아리아어로서 인도유럽어라고도 한다. 아리아라는 말은 이란 즉 페르시아를 의미한다.

인도–아리아어 중에서 가장 확장된 언어가 힌두어와 이의 방언들이다. 2002년 통계에 따르면, 힌두어 사용자는 약 4억2천2백만 명에 달한다. 서부의 벵골주 주민 대부분이 사

용하는 벵골어, 구자라트주의 구자라트어(약 70%가 사용), 카슈미르 주에서 사용하는 카슈미르어, 잠무 주의 도그리어, 아쌈 주의 아쌈어가 인도아리아어에 속하고, 그 외 마라흐티어, 오리아어, 우르두어, 펀잡어, 네팔어, 산스크리트어 등도 속하여 명실공히 가장 큰 언어그룹이라고 할 수 있다.

다음으로 중국-티벳어 그룹이 있는데, 바로 아쌈 주에서 사용하는 보도라는 언어와 마니푸르어가 속한다. 인도 동부와 방글라데시의 북쪽이 바로 중국-티벳어 그룹 분포 지역이다.

셋째, 드라비다어 그룹이 있는데 이는 인도에서 가장 오래 거주한 민족의 언어로 이의 사용자들은 인도 중앙의 데칸고원의 살기가 아주 힘든 지역에 거주하고 있다. 인도 서부 아라비아 해 연안의 카르나타카 주에 분포하고 있는데, 이 지역의 주민 95% 이상이 칸나다어를 사용한다. 또한, 타밀어, 텔루그어, 말라얌어가 이 드라비다어그룹에 속한다.

마지막으로, 오스트로-아시아어그룹이 있는데, 남아시아어족, 몬-크메르어족이라고도 한다. 인도에는 산탈리어 하나가 있다.

이렇게 인도의 언어 분포를 보면, 북부와 중앙 지역은 거의 대부분 인도아리아어 그룹이 확장된 지역이고, 남서부지역에서는 드라비다어 그룹 사용자들이 가장 많고, 북-

동부 여러 주에서는 중국-티벳어그룹 사용자를 만날 가능성이 있으며, 오스트로-아시아어그룹 언어 사용자들은 주로 동부지역에 거주하는 산탈 민족이다.

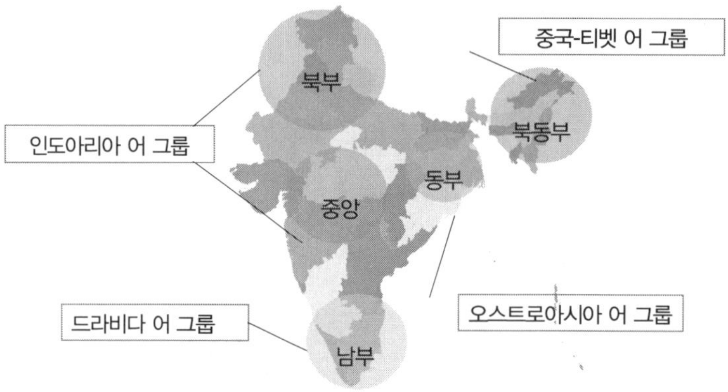

인도의 대도시의 가로표지판, 레스토랑의 메뉴판도 영어로 표기되어 있고 신문도 거의 대부분 영어로 발행된다.

심지어는 많은 학교에서 대부분의 과목이 영어로서 교육되고, 영어에 익숙하지 않은 학생들을 위해서 힌두어로 보조 설명이 이루어진다. 대부분의 인도인은 영어를 잘 알고 구사하여 외국인 관광객들과 영어로 의사소통할 수 있는 수준이다. 교육을 받은 계층에서는 영어를 구사하는 게 필수적이고 대부분 미국 영어 보다는 영국 영어를 선호한다. 오랫동안 영국의 식민지였기 때문일 것이지만 현재 미국 영어를 많이 배우고 있다.

중·장년층에서도 영어가 가장 확장되어 있고, 오직 가장 나이가 많은 노년층만이 영어구사 수준이 상대적으로 낮다.

이렇게 영어가 압도적인 지위를 가지고 있어 인도 정부에서는 영어에 대항하기 위해 국어인 힌두어를 국가 행정 및 교육 분야에서 널리 확장시키려고 노력하고, 대중 공개 연설과 일반적인 대화에서도 영어 사용을 줄이는 프로그램을 국가에서 만

들 정도이다. 그렇지만, 영어를 힌두어로 바꾸는 문제는 인도인 자신들이 직접 결정할 수밖에 없는데 이 교체 과정을 보면 거의 불가능하고, 만일 가능하다고 하더라도 그 시간이 오래 걸릴 수밖에 없다. 약 2백 년(1757년~1946년) 동안 인도가 영국의 식민지였고 영국의 관습, 제도, 교육시스템을 인도에 이식하여 오랫동안 깊게 뿌리박혀있기 때문에, 즉 영어가 인도인의 생활과 국가 전반에 너무 깊이 침투해 있기 때문에 힌두어로 전환하는 것이 불가능할 정도가 되었다.

실제로 인도의 독립 이후 많은 민족주의자도 영어가 여전히 공식어로 남았으면하는 희망을 가졌을 정도여서 영어를 가장 중요한 공식어의 지위에서 보조적 공식어의 지위로 바꾸는 규정을 정하는데 15년 이상이 소요될 정도로 영어의 위세가 강했다.

독립 이후 단일 국어를 정하는 과정에서 언어적 다양성이 너무 컸기 때문에, 많은 언어 중에서 어떤 언어를 단일 국어로 규정하기가 힘들었고 결국 힌두어를 단일 국어로 정했지만 힌두어도 인도 전국에서 사용하는 언어는 아니다. 따라서 식민지 본국 통치 언어인 영어가 유일한 링구아 프랑카로서의 역할을 한다고 많은 인도인들은 생각한다.

인도 정부의 노력에도 불구하고 영어의 위세는 조금도 줄지 않았다. 최근 들어 인터넷의 발전으로 인도의 방방곡곡에 영어의 사용이 더욱 거세지고 있다.

현재 영어는 인도의 4개 주인 마니푸르 주, 메갈라야 주, 트리푸라 주, 나갈랜드 주와 8개 연방 직할지에서의 공식어의 지위를 가지고 있을 정도로 굳건하다. 또한 입법부 즉, 의회, 국영과 민영 매스컴 영어를 널리 사용하고 있는데, 3,500개 이상의 신문과 정기간행물이 영어로만 발행되고 있다. 영어의 문화적 침투가 너무 심해 인도는 미국과 영국 다음으로 영어로 된 문헌이 세계 세 번째로 가장 많이 산출되는 나라이다.

현재 영어는 인도인의 약 4%(5,200만 명)에게 제1언어로서 사용되고 있어 13억 명 이상의 인구에서 보면 그렇게 많지 않은 숫자이지만, 대한민국의 인구에 맞먹는 것이다. 인도에서 영국문화 혹은 영어문화는 대개 가려져 있는데, 오랫동안의 영국의 식민지였기 때문에 드러내어 영국과 영어를 좋아한다고 하지는 않는다. 이 때문에 영어를 구사하는 인도인 5%만이 외국인과 영어로 의사소통하거나 국제적인 기업에서 영어를 사용하며 일한다.

이렇게 영어를 능숙하게 사용하고 영어 문화가 익숙하다는 것을 자신이 드러내지 않는 것, 이런 폐쇄성으로 인해 인도의 영어는 구어에서 독특한 특징을 가지고 있다. 인도 영어는 많은 토착어들과 섞여 혼성어가 나왔고 대표적인 것이 바로 힝글리쉬(Hinglish)이다.

힝글리쉬는 영어 표준 발음과 어휘, 심지어는 문법에서 커다란 차이를 보인다. 이런 영어의 방언적 현상이 인도에서만 있는 유일한 것이 아니며, 영어가 낯선 언어환경에 적응할 때 발생하는 것이라고 할 수 있다. 싱가포르에서 쓰이는 독특한 영어인 싱글리쉬(Singlish), 미국에서 스페인어 사용자들이 많이 쓰고 있는 스팽글리쉬(Spanglish), 그리고 한국에서는 콩글리쉬(Konglish)가 있다.

이렇게 인도는 400개 이상의 언어, 2천 개 이상의 방언들을 갖고 있는, 언어적 다양성을 극명하게 보여주고 있음을 알게 되었다.

세계에서 영어 화자의 수가 가장 많은 나라

XII. 세계 언어 계통, 분류, 기원

언어의 분류

언어 수형도는 언어 계통과정을 일목요연하게 보여준다. 다음 그림에 나오는 것처럼 러시아어, 불가리아어, 스페인어, 아프리카어, 일본어 등 많은 언어가 아주 오래전에 하나의 공통의 인류에서 비롯되어 그 인류가 쓰던 하나의 언어가 이렇게 다양하게 퍼졌다고 보는 사람들도 있고, 지구의 몇몇 곳에서 별개의 인류가 동시에 출현해 별개의 언어를 쓰는 이 사람들이 뻗어나가서 원래부터 다른 언어를 쓰는 사람들이 나왔기 때문에 언어들도 원래 달랐고 그래서 다양한 언어 그룹을 형성한다고 보는 사람들도 있다. 아직까지 통일된 견해가 없지만, 여기에서는 언어들을 발생학적 시각에서 살펴본다.

그림> 언어수형도

언어의 계통분류를 통해 외국어 학습의 어려운 점을 쉽게 설명할 수 있다. 예를 들어, 독일어 사용자는 영어를 배우기 쉽다고 한다. 오래 전 독일 땅에 살던 게르만어의 그룹 앵글족과 색슨족이 배를 타고 서쪽의 영국으로 이주하여 이들이 현재 영국인이 되었기 때문이다. 영어는 라틴어와 프랑스어의 영향을 크게 받았지만 영어와 독일어 두 언어의 뿌리가 같기에 배우기가 상대적으로 쉽고 영어는 오랫동안 프랑스어의 영향을 받았기에 두 언어 사용자 각각 상대의 언어를 상대적으로 쉽게 배울 수 있다. 독일어, 영어, 프랑스어는 같은 기원에서 나왔고, 모두 인도유럽어족에 속하기 때문이다.

같은 인도유럽어족의 슬라브어 그룹의 사용자는 로망스어 그룹의 프랑스어나 게르만어 그룹의 영어를 배우는 것보다 슬라브어그룹의 폴란드어, 불가리아어를 익히는 게 훨씬 수월할 수밖에 없다. 예를 들어, 폴란드인은 영어보다는 러시아어를 훨씬 더 쉽게 배운다.

이와 비교하여 우리는 영어를 비롯한 인도유럽어족의 언어를 배우기는 무척 어렵다. 어순과 어휘, 문법도 다르고 우리말에는 없는 성, 수, 격을 가지고 있다. 원래부터 발생기반, 조어가 다르기 때문이다.

또한, 인도유럽어족의 언어가 아닌 중국-티베트어족의 중국어를 배우기도 어려운데, 역시 우리 말과 어족이 다르기 때문이다.

언어의 기원을 살펴보면 아주 상당히 오래 전에는 언어의 수가 적었음은 분명한데, 유사한 언어들의 기원이 되는 언어를 조어(Proto language)라고 한다. 즉, 현재 유사친족어들의 기반, 기원이 되는 언어를 조어라고 하는 것이다. 시간이 흐름에 따라 이들 조어가 세계에 확장되고 이들은 지역에 따라 점점 나뉘어졌다.

이렇게 하나의 조어를 중심으로 나뉜 언어그룹을 어족이라고 하는데, 친족 자질에 따른 언어분류에서의 가장 큰 단위이다. 이 조어를 기반으로 여러 가지 어파가 생기고, 또 이 아래 하위 어파가 파생한다.

하나의 어족에 속하는 언어들은 문법적 구조가 비슷하거나 음성과 어휘에서의 공통점을 발견할 수 있다. 여러 학자에 따라서 좀 다르기는 하지만 100여 개의 어족에서 6~7천 개의 언어가 현존한다고 본다.

이는 원래 조어가 100여 개로서 여기에서 6~7천 개의 언어가 파생한 것으로 볼 수 있다. 단일 언어에서 현재 모든 언어가 나왔다는 가설도 있지만, 100개의 어족은 서로 관계가 없다는 것을 전제로 나뉜 것이기에 현재 지구상에서 쓰고 있는 언어는 한 개의 언어에서 나왔다는 게 아니라 시간 차이는 좀 있거나 혹은 동시발생일 수 있지만, 지구의 여러 지역에서 나왔다는 것이다.

어족	언어 수	사용자 수(명)	인구비율(%)
인도유럽어	400개	25억	45.72
중국-티베트어	300개	12억	21.95
알타이어	60개	3억 8천만	6.95
오스트로네시아어	1000개	3억	5.48
오스트로아시아어	150개	2억 6천 1백만	4.77
아프리카아시아어(햄셈어)		2억 5천 3백만	4.63
드라비다어	85개	2억	3.66
일본(일본-류큐)어	4개	1억 4천 1백만	2.58
한국어		7천 8백만	1.42
타이-카다이어		6천 3백만	1.15
우랄어		2천 4백만	0.44

위의 표를 통해 다음을 알 수 있다:

먼저 인도유럽어족을 쓰는 사람들이 세계를 거의 지배하고 있다는 사실이다.

둘째, 인도유럽어는 영어, 독일어, 프랑스어, 러시아어 등 유럽 지역, 혹은 인도, 페르시아어, 이란까지 널리 분포하고 있다.

셋째, 인도유럽어는 문명적으로 가장 발전한 나라에서 사용한다는 것이다.

이중에서 주요한 어족을 살펴보자.

인도유럽어족에는 약 400개의 언어가 속하고 사용자는 약 25억 명으로 세계 인구의 약 45% 이상을 차지한다. 달리 말하면, 인도유럽어족의 언어 사용자가 거의 세계를 지배한다고 볼 수 있다. 우리가 잘 아는 영어, 프랑스어, 러시아어, 독일어 등 유럽에서 사용하는 언어, 혹은 인도 또는 이란에서 사용하는 언어가 인도유럽어족에 속한다. 가장 발전된 나라들의 언어로 볼 수 있다.

중국-티베트어족에는 약 300개의 언어가 속하고 사용자는 약 12억 명으로 세계 인구의 약 21.95% 정도를 차지한다.

한국어가 속하는 알타이어족에는 약 60개의 언어가 속하는 사용자는 3억8천만 명이다. 그렇지만 한국어가 과연 알타이어족에 속하는 가의 문제가 있어 한국어(그리고 일본어)는 별개의 어족이라고도 한다.

오스트로네시아어족에는 1,000개 이상의 언어가 속하고 사용자는 약 3억 명 정도이다.

오스트로아시아어족에는 약 150개 언어가 속하고 사용자는 2억6천만 명이다. 태평양 서부의 도서와 대륙의 바다 연안 지역에 분포한다.

아프리카아시아어족은 과거 햄·셈어족이라고 불렀다. 대표적인 언어가 아랍어, 유대어인데, 사용자는 2억5천만 명 정도이다.

드라비다어족은 대부분 인도의 토착주도민족의 언어로서 약 85개의 언어가 속하고 사용자는 약 2억 명 이다.

별개의 어족이라고 할 수 있는 일본어 또는 일본-류쿠어라고 하는데 남쪽 오키나와까지 포함하여 일본어족이라고 한다. 4개의 언어가 속한다.

한국어족은 바로 한국어 하나 밖에 없다.

타이-카다이어족은 타이에서 사용하는 언어로 사용자는 6천3백만 명이다.

우랄어족은 과거 우랄·알타이어족이라고 하여 알타이어와 하나의 어족으로 보기도 했다. 핀어, 에스토니아어, 헝가리어가 속한다.

이들 어족을 보다 자세하게 살펴본다.

1. 인도유럽 어족

인도유럽어족은 세계에서 가장 확장된 어족으로 유럽과 인도 서부, 파키스탄, 아프가니스탄, 이란에서 사용하는 언어를 포괄하고 있는데, 이들 언어 사용자가 13세기부터 세계에 식민지 개척하고 확장하면서 스페인어, 포르투갈어, 영어, 프랑스어 등을 전 세계에 거의 강제로 보급하게 되었다. 25억 명에 달하는 인도유럽어족 언어 사용자는 전 세계 모든 대륙의 거주 가능한 지역에 거주하고 있다. 인도유럽어족의 언어는 5~6천 년 전 인도유럽어 조어가 계속적으로 분화되어 나타난 것이다. 현재의 유럽과 이란, 인도에서 사용하고 있는 언어들을 역사적으로 거슬러 가면 하나의 인도유럽어조어라는 것을 유추하여 만들어낼 수가 있다. 인도유럽어족의 모든 언어를 파생시킨 언어를 원인도유럽어(Proto Indo–European Language)라고도 한다.

아래의 지도에서 보는 바와 같이 인도유럽어족 언어는 거의 모든 대륙에 모어, 제1, 2 국어, 링구아 프랑카로서 분포하고, 그 외 지역에서는 학교에서 적극적으로 교육하고 있다.

인도유럽어족에는 오래 전 사라진 사어 세 개를 포함하여 16개 언어 그룹을 가지고 있다. 또한, 각 언어 그룹은 다시 하위 언어 그룹, 별개의 언어 그룹으로 나뉜다.

인도유럽 어족

먼저 아르메니아어는 캅카스지역 과거 소련에 속했다 독립한 나라 아르메니아의 국어로서 별개의 언어그룹이다. 발트어 그룹은 라트비아어, 리투아니아어가 속하는데 이 지역도 과거 소련에 의해 불법 점령당한 지역이다.

오랜 전통의 그리스어가 있다.

인도아리아어 그룹에는 인도의 힌두어, 우르드어, 아쌈어 등 여러 언어가 속한다.

이란어 그룹에는 페르시아어 즉 이란어, 타지키스탄의 타지크어와 파미르 고원 지대에 분포하는 파미르 제어가 속한다.

켈트어 그룹에는 아일랜드어와 프랑스의 주 브르타뉴지방에서 사용하는 브르타뉴어가 속한다.

로망스어 그룹에는 루마니아어, 몰도바어, 프랑스어, 이탈리아어, 스페인어, 카탈루냐어, 포르투갈어가 속한다.

게르만어 그룹에는 영어, 스코틀랜드의 스코트어. 네덜란드어, 독일어, 아이슬란드어, 덴마크어, 노르웨이어, 스웨덴어가 속한다.

슬라브어 그룹에는 러시아어를 비롯한 동슬라브어, 폴란드어를 비롯한 서슬라브어, 불가리아어를 비롯한 남슬라브어가 있다.

2. 중국–티베트 어족

중국-티베트 어족

중국–티베트 어족도 가장 큰 어족 중의 하나이다. 비록 인도유럽어족보다는 조금 적기는 하지만, 300개 언어를 포함하고 있고 사용자는 약 12억 명 이상에 달한다. 중국–티베트 어족은 크게 두 개의 그룹, 중국어 그룹과 티베트–버마어 그룹으로 나뉜다.

중국어 그룹에는 중국어와 이의 수많은 방언이 포함된다. 중국어 사용자 수는 약 10억 명 이상으로 본토 중국에 확장되어 있고 해외에도 화교가 존재함으로써 세계 방방곡곡에 중국어 사용자가 많다는 것이다. 티베트–버마어 그룹에는 약 300개의 언어가 포함되고 사용자는 최소 약 6천만 명 이상이다. 현재 미얀마, 네팔, 부탄 그리고 중국의 남서부, 또 인도의 북동부 지역에 분포한다. 버마어 3천만 명, 티베트어 4~500만 명, 태국 북부 고산지역의 카렌족의 카렌어 약 300만 명 정도이다.

3. 알타이 어족

알타이 어족에는 세 언어그룹인 투르크어 그룹, 몽골어 그룹, 만주–퉁구스어 그룹으로 나누고, 때로는 한국어와 일본–류큐어 그룹을 포함하기도 한다. 일부 언어학자들은 한국어와 일본–류큐어가 가진 속성들이 알타이어족에 없어 공통성이 너무 적다고 주장한다. 따라서 지금은 이들 두 언어그룹을 빼는 경향이 강하다.

투르크어 그룹은 아시아와 동유럽에 널리 확장되어 있고, 사용자는 1억6천740만 명이다. 하위 그룹에 불가르어 그룹, 오구즈어 그룹, 킵차크어 그룹, 카를룩어 그룹, 훈어 그룹이 있다.

오구즈어 그룹에는 투르크멘어, 가가우즈어, 아제르바이잔어, 터키어 등이 속한다.

킵차크어 그룹에는 타타르어, 카자흐어, 키르기스어가 속한다.

카를룩어 그룹에는 우즈벡어, 위구르어가 속한다.

동부 훈어 그룹에는 야쿠트어, 트바어, 하카스어가 속한다.

몽골어 그룹은 몽골, 중국, 러시아, 아프카니스탄의 몇몇 친족어들을 포함하고 있다. 현대 몽골어 사용자는 약 570만 명인데, 러시아연방에는 부랴트, 칼믜크라는 이름을 얻은 몽골어 사용자들이 있다.

퉁구스-만주(만주-퉁구스)어 그룹에는 만주와 만주 북쪽의 시베리아 지역, 즉 퉁구스 지역의 민족어가 속한다. 극동을 포함한 시베리아, 몽골, 북중국의 친족어들을 많이 포함하는데, 현재는 대부분 사라진 사어이다. 인구가 많았던 여진족, 말갈족, 거란족이 거의 모두 중국에 동화됐기 때문에 남아 있는 사람들은 겨우 4~12만 명 정도이다.

퉁구스-만주어 그룹은 다시 다음의 하위 그룹으로 나뉜다.

퉁구스어 하위그룹에는 에벤키어, 에벤어, 네기달어, 나나이어 등이 속한다. 특히, 에벤키어는 한국어와 유사성이 많아, 한국인 조상이 바이칼호 부근에서 같은 기원을 가졌다는 가설까지 낳고 있지만 아직까지 전혀 확인되지 않고 있다.

만주어 하위 그룹에는 지금은 사어가 된 여진족, 말갈족의 언어가 있었다.

알타이 어족

4. 오스트로네시아 어족

인도네시아, 말레이시아에는 섬을 의미하는 '-네시아'가 붙어있는데, 이렇게 오스트로네시아 어족의 언어들은 섬 지역인 타이완, 인도네시아, 자바, 수마트라, 브루나이, 필리핀, 말레이시아, 동티모르, 오세아니아, 칼리만탄, 마다가스카르에 분포하고 있다. 가장 큰 어족 중의 하나로서 언어의 수는 천 개 이상, 화자는 약 3억 명 이상이다. 세 개의 하위그룹인 서부 오스트로네시아어 그룹, 동부 인도네시아의 언어 그룹, 오세아니아어 그룹으로 나뉜다.

오스트로네시아 어족

5. 아프리카아시아 어족

과거에는 햄셈어족으로 더 많이 알려져 있었다.

먼저 햄어 그룹이 있다. 북부 하위 그룹에는 아이소르어가 있고 남부 하위 그룹에는 아랍어와 사어인 아람어, 아카드어, 페니키아어, 고대 유대어 등이 있다. 현대 이스라엘의 유대어가 이 고대 유대어를 잇고 있다. 아랍인과 유대인은 원래 같은 뿌리를 가진 민족으로 언어의 유사성이 있지만, 종교의 차이로 갈라지게 되었다.

소말리아어가 속한 쿠쉬트어 그룹이 있다.

사하라 사막에 베르베르어그룹이 있는데, 투아레그어, 카빌어 등이 속한다.

아프리카 중서부 지역의 차드어 그룹이 있다. 여기에는 하우사어, 관다라이어 등이 속한다.

이집트어 그룹에는 사어로서 고대이집트어, 콥트어가 속한다. 현재 이집트에서 사용하고 있는 언어는 이집트어가 아니라 아랍어이다.

아프리카아시아 어족

6. 드라비다 어족

인도아리아인들이 인도 아대륙에 들어오기 훨씬 전부터 살고 있었던 드라비다족의 언어로서 수 개의 언어그룹으로 나뉜다.

드라비다어 그룹에는 타밀어, 말라얌어, 칸나다어가 속하는데, 타밀어는 싱가포르의 네 공식어 중에 하나이다. 인도인들이 영국 식민시기에 싱가포르에 이주했기 때문이다.

안드라어 그룹에는 텔루구어가 속한다.

중앙 인도어 그룹에는 곤디어가 속한다.

드라비다 어족

파키스탄의 브라후이어도 드라비다 어족에 속한다. 드라비다어족의 분포는 주로 인도 남쪽이다.

7. 오스트로아시아 어족

과거에는 말레이-폴리네시아 어족으로 분류했지만, 지금은 별개로 나누고 있다. 동남아시아의 베트남, 타이, 캄보디아, 라오스, 미얀마, 말레이시아, 중국 일부 그리고 인도 동부에 분포하고 있다.

사용자가 가장 많은 언어가 베트남어 그룹의 베트남어로서 성조가 6개나 된다.

두 번째로 사용자가 많은 언어가 몽-크메르 어그룹으로 몽족의 몽어, 캄보디아의 크메르어, 중국 남부의 먀오족의 먀오-야오어가 속한다.

다음으로 인도의 문다어 그룹의 문다어가 속하는데, 오스트로아시아어족 분포는 인도차이나 반도이다.

오스트로아시아 어족

8. 타이–카다이 어족

타이–카다이 어족은 인도차이나와 이와 인접한 중국 남부에 분포하고 있다. 대표적인 언어가 타이어이다. 우리가 막연히 베트남과 타이어가 유사한 언어로 잘못 알고 있지만, 전혀 별개의 언어이다.

타이-카다이 어족

9. 우랄 어족

우랄어족은 두 개의 언어 그룹인 핀–우고르어 그룹과, 사모예드어 그룹으로 나뉜다.

핀–우고르어 그룹에는 프리발트–핀어하위 그룹이 있다. 여기에는 핀란드에서 사용하는 핀어, 즉 핀란드어와 카렐어가 속하는데, 카렐어는 러시아 서북부 지역에 있는 핀란드와 맞닿아 있는 지역에 사는 카렐족의 언어이다. 또한, 베프어, 에스토니아어, 리브어도 속한다.

러시아 볼가강 연안을 따라 거주하는 소수민족의 언어가 볼가어 하위그룹을 형성하고 있는데, 여기에는 러시아의 모르도바어, 마리어가 속한다.

러시아의 페름 하위 그룹에는 우드무르트어, 코미–즈이랸어, 코미–페름어가 속한다.

우고르어 하위 그룹에는 한트어, 만시어, 그리고 헝가리어가 속한다.
사암어 하위 그룹에는 러시아의 사암 족 언어가 속한다.

우랄어족의 두 번째 그룹인 사모예드어 그룹은 다시 두 개의 하위 그룹으로 나뉜다.
북부 하위 그룹은 네네츠어, 응가나산어, 에네쓰어가 속한다.
남부 하위 그룹에는 셀쿠프어가 속한다. 우랄어족은 러시아어 서부나 시베리아 북쪽에 분포한다.

우랄 어족

10. 한국어와 그 외 일본-류큐어 그룹

한국 어족은는 한국어 하나만으로 구성돼 있다. 한국 어족이 한국 어그룹이고 이것이 곧 한국어인 것이다. 한국어는 어떤 어족과 어그룹과 비교할 수가 없기때문에 고립된 언어라고도 하는데, 과거에는 알타이 어족에 넣기도 했다.

일본-류큐어그룹에는 일본어와 오키나와어(류큐)어가 속한다. 한국어와 마찬가지로 고립된 언어로써 알타이 어족에 넣기도 한다.

XIII. 세계의 유력 언어들

현대인은 완전한 의사소통을 위해서 모어 외에도 외국어를 사용해야 할 필요가 자주 생기곤 한다. 우리만 사는 게 아니라 해외 여러 나라 사람들과 정보를 교환하는데, 우리가 가진 것도 알려줘야 하고 해외 사람들이 알고 있지만 우리가 몰랐던 것을 알아야 되기 때문에 외국어를 알 필요가 있는 것이다. 더 나아가 두 개 이상의 외국어를 알아야 할 상황이 발생하기도 한다.

특히 비즈니스, 국제교류에 참여하거나 외국인과의 접촉에 취미를 갖거나 외국인과의 교류가 빈번할 경우에 둘 이상의 외국어를 아는 것도 필요하다.

이렇게 외국어를 알고 하기 위해서는 물적 자원, 즉 재원도 필요하고 자기의 부단한 노력이 필요하다. 예를 들면, 외국어 어휘도 외워야 하고 문법도 익혀야 하는 등 노력이 필요한 것이다.

1. 수요가 많은 10개 국제어

첫 번째로 수요가 많은 언어 중에서도 가장 압도적인 언어를 이 사진을 보면 무슨 언어인 줄 알 것이다. 영국의 국기 유니언 잭을 배경으로 티(tea)를 마시고 있는 신사가 보인다.

이 언어는 가장 인기가 많고 무역에서 거의 유일한 세계적인 의사소통 수단이다. 또한, 유럽의 서쪽에 있는 섬나라를 지칭하는, 지구에서 알비온(Albion)이라는 명칭을 가진 곳으로 백악기라고 하는 하얀색의 땅을 의미한다. 이 알비온의 식민지였던 나라를 포함하여 전 세계 인구의 1/3 정도가 이 언어를 알아듣거나 알기 위해서 노력을 많이 한다. 거의 모든 기업, 학자, 연구자, 외교관들이 국제적인 만남, 모임에서 거의 전적으로 이 언어를 사용할 수밖에 없다.

특히 많은 시간과 자금을 들이고 노력을 투입하고 있지만 배우기도 쉽지 않다. 이 언어는 유일한 세계어로서 바로 영어이다.

다음으로 이 언어는 두 번째로 수요가 많은 언어라 할 수가 있다. 특히 신대륙, 남북 아메리카 지역의 사람들과의 관계에서 아주 유용하게 쓰일 수 있다.

북아메리카 미국의 남부 여러 주에 이 언어 사용자가 아주 많아, 미국인들도 의사소통의 편의를 위해 알아야 할 필요성을 느끼고 있다. 미국 여행 중 남부 지역을 포함한 많은 지역에서 영어와 이 언어가 병기되어 있고 이 언어사용자들, 바로 히스패닉을 자주 볼 수 있다. 특히 새로운 여행지로 각광받고 있는 라틴 아메리카, 세계적인 관광지로 인정하고 있는 유럽의 이 언어의 본국이 있는 이베리아반도의 여행에서 아주 유용하다.

이 언어는 UN의 공식어 중의 하나로서, 약 7억 명의 수요를 가진다고 한다. 이 언어를 알면 세르반테스, 보르헤스 등 세계적으로 유명한 작가의 작품을 원전으로 읽어볼 수가 있다고 합니다.

바로 이 언어는, 우리와 멀게만 느껴지지만, 세계적인 국제어로서 계속 확장하고 있는 스페인어이다.

세 번째로 수요가 많은 언어는, 사진으로 보아, 아시아의 언어라고 추측할 수 있다.

최근 들어 이 언어 사용국은 미국과 자웅을 겨루는 초강대국의 반열에 올라서고 있다. 수 천 년 역사의 위대한 문화와 급속하게 발전하고 있는 경제, 믿을 수 없을 만큼 많은 수의, 언어 사용자가 이 나라를 이끌고 있다.

앞의 두 언어와 마찬가지로 UN의 공식어 중의 하나이다. 수많은 방언을 가지지만, 공식어이자 국어는 북경어 기반의 보통화(普通話,, 푸통화)라고 하여, 이 푸통화는 대부분의 국민이 이해할 수 있을 정도가 되었다.

이 언어의 중요한 특징은 성조를 가지고 있다는 것이다. 이 네 가지 성조를 익히면 배우기가 비교적 어렵지 않다고 하지만, 특히 우리는 이 성조를 배우는데 아주 힘이 든다. 이 성조에 따라서 단어의 뜻이 변한다. 주어+술어+목적어(SVO)인 영어와 어순이 같고 문법도 비슷하기 때문에 영어 사용자들은 상대적으로 아주 쉽게 익힐 수 있다. 그렇지만 이 언어 사용자들도 완전히 습득하지 못하는 표기체, 즉 한자가 개수가 너무 많아 심각한 문제라고 한다.

바로 이 언어는, 우리와 가까운 지역의 중국어이다.

네번째 언어는, 사진으로 볼 때 유럽의 언어로 보인다.

세계적인 인기와 수요를 가진 언어 중 하나이자 대중성을 갖고 있다고 하는데, 유라시아의 2억5천만 명의 사용자가 있고 동유럽, 중앙아시아, 캅카스의 나이 든 세대, 노년층도 이 언어를 어느 정도 구사할 수 있다. 이들은 과거 학교에서 제1 외국어로서 이 언어를 의무적으로 배웠다. 역시 UN의 공식어 중 하나이다.

수많은 과학·기술 자료를 기록한 언어로서, 예를 들어 기초과학, 항공·우주 관련, 최첨단을 달리고 있는 나라이기 때문이다. 또한, 푸쉬킨, 도스토예프스키, 톨스토이와 같은 대문호가 이 언어 발전에 커다란 기여를 했다.

이 나라는 현재 에너지를 포함한 거대한 지하자원을 가진 경제적으로도 세계적 열강이

다. 언어학적으로 많은 문법 규범으로 인해 배우기 쉽지 않지만, 단어 형성 과정이 논리성을 갖고 있으며 유럽 언어의 단어와 어원이 같은 것이 많아 비교적 쉽게 익힌다고도 한다

이 언어는 바로 러시아어이다.

다섯 번째, 다음의 사진을 보고 바로 알 수 있을 것이다.

코란(쿠란)의 언어로서 전 세계 약 4억 명의 사용자가 있다.

최근 국제 안보와 에너지 분야에서 이 언어가 커다란 비중을 차지하고 있다. 오늘날 상품 및 노동시장에서 이 언어를 알거나 이 언어를 통·번역할 수 있는 사람들은 많은 역할을 할 수 있다고 하는데 세계 전역에서 이 언어를 아는 사람이 상대적으로 적기 때문이다. 특히 여자들이 배우고 이 언어를 수단으로 활동하기에는, 종교적인 이유로 적극적으로 추천하기 어렵다고까지 한다. 더욱이 현재의 에너지를 기반으로 발전하는 이 언어 사용국에서 미래에도 계속 이 에너지, 곧 석유가 채굴되고 정제되어 산

업 기반으로 유지될 것인지에 대해 의문이 제기되고 석유 가격도 계속 높은 수준을 유지되어 이 언어의 유용성이 보전되고 확장되는가에 대한 염려가 나오고 있다.

다른 유력 언어처럼 UN의 공식어 중 하나이지만, 이 언어의 표기체가 너무 복잡하기에 일본의 가나, 중국의 한자와 비교되고 문법을 익히기도 쉽지 않다. 북아프리카, 아라비아반도 등 중근동 여러 지역에 걸쳐 있으므로 방언이 많고 이 방언이 서로 그렇게 잘 통하는 것은 아니라는 것도 문제이다.

이 언어는 바로 아랍어이다.

이제 다음은 어떤 언어인지 사진을 통해서도, 직접 본 사람도 있듯이 탑만 봐도 무슨 언어인지 분명하게 드러난다.

이 언어는 수요가 많은 10개 언어 중 어느 면에서도 영어에 조금도 뒤질 것이 없다고 이 언어를 모어로 사용하는 원어민이 생각하고 유럽에서 영어보다도 더 앞서서 국제어로서 쓰였다는 원어민들의 자부심을 알고 있다.

그렇지만 전 세계에서 사용자들이 1억3천만 명 정도밖에 되지 않는다는 것이 일부 문제이고, 이 중에서 절반은 이 언어 본국에 살고 있고 나머지가 북아프리카, 즉 마그레브의 주민이다. 또 유럽 연합의 중심인 벨기에의 브루셀에서도 사용하는데, 이 언어 본국이 유럽 연합을 주도하는 나라이기 때문이다. 북아메리카 캐나다의 퀘벡과 미국 남부 루이지애나에서도 들을 수 있다고 하는데 이곳은 원래 프랑스 식민지였다. 1차 대전 이전까지 외교와 문화의 언어로서 권위를 가졌고 영어에 많은 영향을 끼쳤으며 이에 영어 사용자들이 배우기에 다른 언어보다 수월하다는 것이 장점일 수 있다.

이 언어는 바로 프랑스어이다.

일곱 번째, 다음의 사진을 보면 산 정상에 팔을 벌린 예수 그리스도상이 있는 도시임을 알 수 있는데, 이 도시가 2016년 하계올림픽이 개최된 이 나라의 제일 큰 도시 중 하

나인 리우 데 자네이루이다.

최근 들어 수요가 많은 언어가 되었다. 사용자가 가장 많은 브라질이 세계적인 자연 및 지하자원과 경제 확장을 통해서 빠르게 발전하고 있기 때문이다. 전 세계에서 약 2억 명 이상이 사용하고 있다. 같은 인도유럽어족의 언어를 사용하는 사람들은 유사 친족어인 스페인어보다 배우기는 좀 어렵다고 하지만, 프랑스어나 영어를 배우는 것과 같은 정도라고 한다.

스페인의 대문호인 안토니오 세르반테스는 이 언어를 아주 달콤한 말이라고 불렀다고 한다. 이 언어가 사용되는 모든 국가에서는 매년 5월 5일을 이 언어의 날로 정해 기념하고 있다.

이 언어는 바로 포르투갈어이다.

여덟 번째, 다음 사진을 보면 해당 언어를 쉽게 알 수 있다.

세계 경제 무대에서 주도적인 위치를 차지하는 나라의 국어, 사실상의 국어로서, 세계 경제에서 미국, 중국 다음의 3위권의 나라이다. 이 언어 사용자들은 약 1억2천만 명 정도로 서양 외국인들이 가장 배우기 힘든 언어 중의 하나라고 취급한다. 그 이유는 매우 복잡한 문법을 가지고 있고 언어사용에서 사회적인 지위와 성별에 따른 발화 형태가 매우 다양하기 때문이다. 표기체가 가나와 더불어 한자이고 경어법이 발달했다.

이 언어는 바로 일본어이다.

아홉 번째, 사진의 비잔티움 성 소피아성당은, 이 나라가 성당이 있는 도시를 점령함으로써 도시 이름도 이스탄불로, 정교회 성당도 모스크로 바뀌었는데, 동양과 서양을 잇

는 연결점인 나라의 언어이다.

이 나라는 근동, 즉 유럽 사람들이 보기에 가장 가까운 동쪽 아시아로서, 팔레스타인이라든지 메소포타미아와 중앙아시아에도 영향력이 크다. 약 1억 명의 사람들이 모어로 간주하고 있고 다양한 방언이 존재하기도 하지만 이스탄불 방언이 표준어이다. 이 언어를 완전히 알아듣기 위해서는 종교와 문화적 전통과 관련된 관용어나 숙어를 많이 알아야만 한다.

이 언어는 바로 터키어이다. 앞서 살펴 본 국제어에서 터키어는 언급하지 않았지만, 포스트소비에트 공간의 캅카스 아제르바이잔어, 중앙아시아의 우즈벡어, 카자흐어, 투르크멘어, 키르키스어와 친족어로서 현재 터키가 이들 지역에 영향력을 끼치고 있고 이를 더 확장하려 노력하고 있다. 영향력이 점점 커진다면 국제어의 지위를 얻게 될 가능성이 크다.

마지막으로 이 언어 사용국은 20세기 말 통일을 이루어 사진에 나오는 베를린의 부란덴부르크 문이 통일의 상징이고 맥주가 이 나라를 대표할 수 있을 정도이다.

유럽 언어 중에 하나로서 역사에 관심이 많은 사람에게 인기가 많다고 하는데 오래전부터 유럽에 커다란 영향력을 끼쳤기 때문이다. 그리고 20세기에 들어와 인류 역사에 커다란 충격을 준 두 차례의 세계 대전을 일으켰고 유대인, 슬라브인과 같은 타 민족을 탄압하고 추방하고 학살했고, 따라서 원죄를 갖고 있어 항상 과거의 잘못을 반성하는 모습을 보여 동아시아의 일본과는 너무나도 다르다는 것을 잘 보여주고 있다. 민족의 비중이라든지 역량은 크지만 이런 원죄가 있기에 대외적으로는 유연하면서도 자신들에게는 엄격한 면을 보여준다. 유럽연합에서 이 나라의 경제력이 가장 비중이 크

기 때문에 비즈니스를 할 때는 이 언어 구사가 유용하다.

그렇지만 또 이 나라의 젊은이 대부분이 영어를 구사하고, 인구도 줄고 있어 비즈니스 영역에서 이 언어의 영향력도 약화 될 것이라는 시각도 존재한다. 또 영어만큼 배우기가 힘들고 영어보다도 더 문법적 구조가 복잡하다고 하지만 심리적인 원인에 기인한다.

비교적 모음의 숫자가 적기 때문에 남성다운 언어로 간주하고, 딱딱한 느낌이 들어 프랑스어 비해 덜 문화적, 덜 낭만적이라는 말까지 그런 얘기를 듣는다.

이 언어는 바로 독일어이다.

이렇게 세계의 열 개의 언어를 수요 측면에서 살펴보았다. 일본어나 터키어는 아직까지 완전한 의미의 국제어라고 볼 수는 없지만, 세계 인류가 다양성을 지니고 있고, 많은 나라가 독립을 하거나 자치를 얻게 되어 민족 정체성을 찾고 있는 지금, 터키어는 친족어와 모슬렘이 많은 유라시아(포스트소비에트)에서 지위가 더욱 향상되고 사용 영역이 넓어질 것이라는 점에서 많은 사람이 터키어에 특히 주목하고 있다. 일본어 경우, 우리의 시각에서는 그렇게 중요한 언어는 아닌 것처럼 느껴지지만, 경제적, 문화적인 측면에서 보면 세계적으로 10개의 유력 언어 안에 든다고 한다.

그리고 이에 버금가는 유력 언어들이 있는데 그중 하나가 바로 한국어이다. 전 세계 7천만 명 정도가 한국어를 사용하지만, 본국인 대한민국의 인구 증가가 정체되어 현재 지속하고 있는 지위 상승과 사용영역의 세계화가 유지될 수 있을지의 의문이 든다. 또한 일본어, 중국어와 더불어 배우기가 힘든 언어 중에 하나로 간주하고 있지만 지금까지 세계인에게는 낯선 언어라는 심리적인 이유에 기인한다.

그 외 이탈리아어와 폴란드어를 들 수가 있는데 유럽에서 상대적으로 확장된 언어이지만 세계적으로는 아직 부족하다고 간주하는데, 이탈리아어의 경우 문화와 관광, 비즈니스에서는 일부 확장되는 언어라고 보기도 한다.

마지막으로 중근동의 강국인 이란의 국어 파르시어 또는 페르시아어도 유력 언어인데, 음성구조의 아름다움과 멜로디가 특징이라 한다. 서양인들이 배우기가 어렵지 않다고 느낀다는 것은 같은 인도유럽어족에 속하기 때문일 것이다. 아랍세계에서 사우디아라비아, 터키와 자웅을 겨루는 시아파의 주도 국가로서 과거 페르시아제국의 전통과 자존심을 지키려 노력하고 있다.

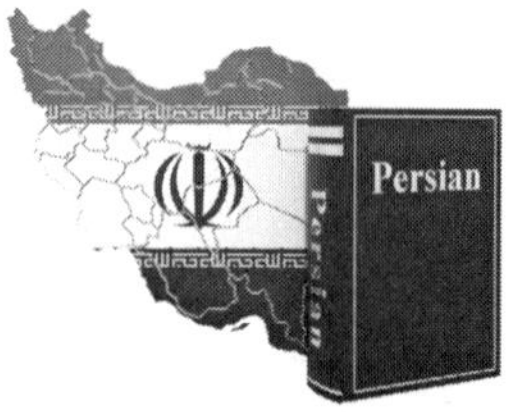

2. 사용자가 많은 10개 국제어

10위는 1억5천만 명의 사용자를 갖고 있는 프랑스어이다.

프랑스어는 세계 53개국에서 사용하지만, 프랑스 본국의 사용자 수가 가장 많다. 세계의 프랑스어 전체 사용자 수는 1억5천만 명 정도이지만 많은 국제기구, 예를 들어 국제올림픽위원회와 UN 등의 공식어라는데, 특히 국제올림픽위원회에서 영어와 더불어 프랑스어가 공식어가 된 이유는, 바로 국제 근대 올림픽을 부활시키고 창시한 사람이 프랑스의 쿠베르탱 남작이었기 때문이다.

9위는 2억 명의 사용자를 가진 언어로서 사진을 보면 동남아시아의 나라이다. 동남아시아에서 이슬람교를 믿고 있으면서, 가장 인구가 많은 나라 섬나라, 바로 인도네시아어이다. 앞서 세계의 10개 유력언어에는 포함되지 않았다.

인도네시아어는 본국을 포함, 16개국에서 사용하는데, 이는 국어나 공식어 또는 제2 언어로서, 그 외에 인도네시아 사람들이 많이 가서 공동체를 형성하고 있는 모든 나라를 포함하는 것이다. 이 나라에서 최근에 독립한 동티모르도 인도네시아어에 사실상 공용어의 지위를 부여하고 있다.

도서국가인 인도네시아는 1만 3천 개 이상의 섬으로 이루어져 있는데 정확한 섬의 숫자는 아직까지도 파악이 안될 정도이다. 이 나라의 수도가 자카르타로서 비교적 작은 섬인 자바 섬에 있는 자카르타는 1,000만 명 이상의 사람이 살고 있고 거대 도시로서 대기 오염도 심하고 더 이상 도시를 개발할 땅이 부족하여 수도를 다른 섬으로 이전하기로 되어있다.

인도네시아어는 20세기에 말레이어를 기반으로 형성되었고 말레이어 계통의 언어 중에서 가장 널리 보급된 방언으로 바하사 인도네시아(Bahasa Indonesia)로 부르고, 말레이시아어를 바하사 말레이시아(Bahasa Malaysia)라고 부른다.

8위는 2억4천만 명의 사용자를 갖고 있는, 월드컵에서 아래의 국기를 자주 볼 수 있는, 바로 포르투갈의 국어 포르투갈어이다.

세계 12개 나라에서 사용하고 있는데, 브라질의 공식어이기도 하다.

포르투갈어를 모어로 간주하는 인구 1억7천만 명, 제2언어로 간주하는 사용자 포함한 전체 사용자는 2억2,000만 명에 달한다.

앙골라, 브라질, 케이프 베르데, 기니비사우, 모잠비크, 포르투갈, 상투메프린시페의 공식어이자 제1언어이고, 동티모르, 마카우(중국어) 공식어이다.

12세기에 포르투갈이 스페인으로부터 독립하면서 동쪽으로 진출하기엔 스페인, 프랑스에 막혀 이 작은 나라가 갈 방향은 서쪽의 바다 대서양을 건널 수밖에 없었다. 항해술을 바탕으로 세계 전역에 지배권을 확장시켜 서쪽으로 가거나 남쪽 아프리카를 돌아 인도까지 진출하게 되었다. 이렇게 브라질 앙골라, 마카우, 모잠비크, 베네수엘라 등을 식민지로 삼고 포르투갈어를 세계에서 가장 확장된 언어 중의 하나로 만들었다. 이 언어는 UN은 아니지만 EU와 UN 산하 많은 국제기구 중 공식어 중 하나로서 브라질 외 아프리카에서 비교적 많이 사용하고 있다.

7위는 2억5천만 명의 사용자를 가지고 있는, 인도 동부, 방글라데시를 통칭하는 벵골(또는 벵갈) 지방의 언어 뱅골어이다. 인도동부를 서벵골, 방글라데시를 동벵골이라 한다.

벵골어는 이렇게 방글라데시와 인도의 동쪽 여러 주에서 사용하고 있는데, 방글라데시에서는 국어이고 인도에서도 두 번째로 사용자가 많다.

6위는 러시아어로서 세계 17개국에서 사용하며 과거 소련의 속했던 15개 국가(포스트 소비에트 공간, 유라시아 지역)와 러시아-키릴 문자를 사용하는 몽골, 동유럽의 불가리아에서도 러시아어 사용자들이 많다. 사용자는 약 2억5천만 명 정도이다. 특히 러시아연방과

카자흐스탄, 벨라루스, 키르기스스탄의 국어 또는 공식어이고 타지키스탄에서는 민족 간 의사소통어로서 넓게 보아 공식어로 볼 수 있다. 우크라이나에도 1,000만 명 이상의 러시아인이 있고, 모어보다 러시아어 잘하는 우크라이나인도 많다. 또 발트지역의 에스토니아, 라트비아, 리투아니아에도 소련시기에 이주한 러시아인이 많고 특히 앞의 두 나라에는 전 인구의 30%를 차지할 정도로 러시아어가 널리 확장되어 있다.

과거 소련에 속했던 중앙아시아의 우즈베키스탄, 캅카스의 아제르바이잔, 아르메니아에서도 법적으로 정하지 않았지만, 많은 사람이 사용하고 있어 현지에서 러시아어를 쉽게 들을 수 있다. UN의 6개 공식어 중의 하나로서, 러시아연방이 소련을 공식적으로 계승했기 때문에 여전히 UN에서도 안전보장이사회 5개 상임이사국 중의 하나이다.

유럽에서 가장 확장된 언어 중의 하나로서 서유럽에서는 러시아를 유럽으로 간주하기를 주저하고 유럽이라기보다 아시아에 걸쳐 있는 나라기 때문에 유라시아 국가로 부르고 러시아도 이를 지정학적 편리와 유불리에 따라 이용하고 있다. 러시아어는 슬라브어의 동슬라브어파에 속한다. 슬라브어에는 서슬라브어, 남슬라브어, 동슬라브어가 있고, 서슬라브어는 폴란드어, 체코어, 슬라바키아어가, 남슬라브어는 과거 유고슬라비아연방에 속했던 나라(세르비아, 크로아티아, 슬로베니아, 보스니아-헤르체고비나, 마케도니아)의 언어와 불가리아어, 동슬라브어는 바로 러시아어, 우크라이나어, 벨라루스어가 속한다. 이중에서 가장 사용자가 많은 것이 러시아어이다.

5위는 2억6천7백만 명의 사용자를 가진 아랍어로서, 사진은 사우디아라비아 메카의 카바신전이다.

아랍어는 세계 58개 국가에서 사용하는데, 쿠란을 읽기 위해서 종교계와 학계에서 많이 사용하고 학습하고 있기 때문이다. 특히 사우디아라비아, 이라크, 쿠웨이트, 시리아, 레바논, 요르단, 이집트에 아랍어 사용자들이 집중적으로 분포하고 있고, 모슬렘과 이의 성경인 쿠란 덕분에 세계 방방곡곡으로 널리 확장되고 있다. 많은 모슬렘이 해외 곳곳에 노동자로서 이주하여 유럽의 독일, 프랑스에도 모슬렘인 터키인이나 북아프리카인 출신이 많아 공동체를 형성하고 있어 아랍어의 확장에 기여하고 있다.

아랍어는 1974년 UN의 공식어가 되었다. 당시 아랍제국은 석유를 무기로 삼아 이스라엘을 도와주는 미국과 서방에 저항하여 전쟁을 벌이던 시기로서 점증하는 아랍세계의 요구와 서방과의 대립을 UN에서 평화적으로 해결하고자 아랍어를 공식어로 정한 것이다.

4위는 4억2천7백만 명의 사용자를 갖고 있는, 정열의 상징 빨간색과 노란색이 들어간 국기를 보면 스페인어라는 것을 알 수 있다.

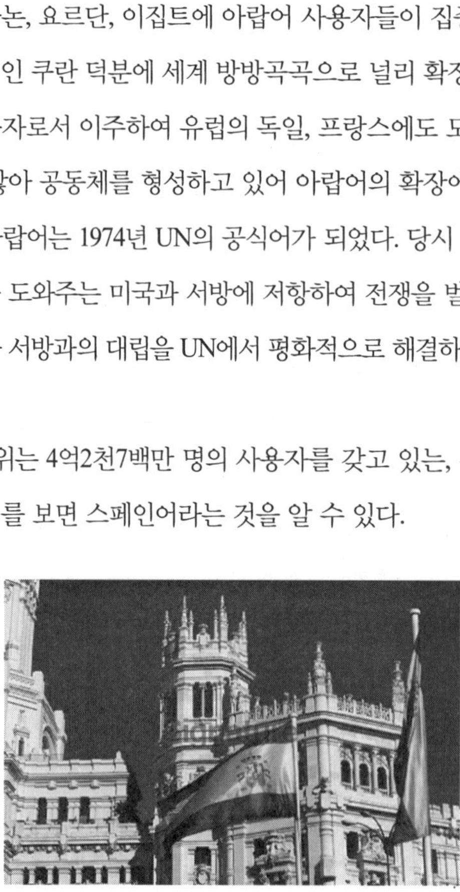

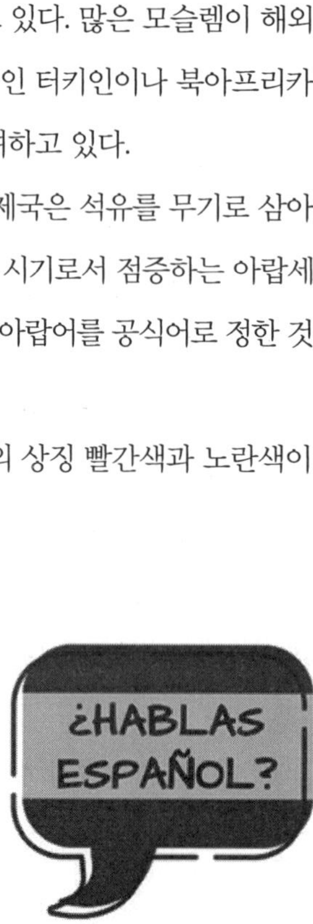

스페인어는 세계 31개 나라에서 사용하는데, 앞에서 보았던 아랍어보다는 사용국가 수가 적은데도 불구하고 중남미를 중심으로 세계 전역에서 사용하고 있기 때문이다.

본국 스페인에서는 중세시기에 스페인어가 표준어가 확립되고, 위대한 지리적 발견 시기라고 할 수 있는 14~16세기에 스페인이 세계 전역을 식민지로 삼으면서 세계 전 지역으로 확장되기 시작했다. 스페인어는 UN, EU, 남미국가연합 등 많은 국제기구의 공식어 중의 하나이고, 종교적, 경제적 이유에서 계속 발전하고 사용자 수도 늘고 있다. 특히 미국에서는 중남미 출신의 스페인어 사용자인 히스패닉의 불법 이주유입을 막아내기 위해 미국과 멕시코 사이의 국경에 방벽을 쌓고 있기까지 하다. 그럼에도 불구하고 미국에서 스페인어 사용자 수가 여전히 증가하고 있다. 이것이 바로 스페인어의 중요한 특징이라 할 수 있다.

3위는 4억9천만 명의 사용자를 가진 인도의 힌두어로서, 인도를 힌두스탄이라고도 한다.

힌두어는 인도, 네팔, 방글라데시, 파키스탄에서 사용하고, 아주 가까운 장래에 세계에서 가장 사용자 수가 많은 언어가 될 것이라고 예상한다. 인도의 많은 국민이 사용하긴 하지만 유일한 국어, 또는 공식어는 아니라는 취약점을 가지고 있다. 즉 인도에서는 영어가 제2 국어이자 가장 많은 국민이 사용하는 언어로서 인도가 경제적으로 발전하고 세계 무역에서 인도의 역할이 활발해지면서 힌두어보다는 영어를 사용하는 것이 더 편리하고 수월하고 기능이 훨씬 커 영어를 더 많이 배우게 될 것이다. 이렇게 영어의 사용은 힌두어 사용을 축소시키고 곧 이를 잊게 만들고 이렇게 본다면, 과연 중국어를 추월할 수 있을지에 대한 커다란 의문으로 남는다.

2위는 6억 명의 사용자를 가진, 사진에서의 템즈강 연안의 영국 국회의사당의 시계탑 빅벤, 빨간색의 이층버스를 보면, 세계어로서 영어를 알 수 있다.

영어는 사용 국가 수에서 보면 세계에서 가장 확장된 언어로서 106개국에서 사용한다. 이는 실제 공공활동에서 사용하고, 공식적인 지위도 가지고 학교에서 정규 과목으로 개설되어 있다는 의미로서 다른 언어들과 비교하여 사용국가 수에서 최소 2배 이상을 넘는다. 영국의 정식 국호인 대영제국(Great Britain)은 잉글랜드, 스코틀랜드, 북아일랜드, 웨일스로 구성되어 있고, 영어는 이들 네 지역에서의 공식어이자 가장 기본적인 의사소통 수단이다. 그 외 과거 식민지였었던 인도, 아일랜드, 뉴질랜드, 캐나다, 필리핀과 같은 나라에서의 공식어 중 하나로서 인도에서는 힌두어와 함께 공용어이자 헌법에서 정한 공식어 22개 중의 하나이다. 영국에서 독립한 아일랜드에서는 국어인 아일랜드어와 함께 영어가 여전히 사용되는데, 실제로는 국어인 아일랜드어보다도 영어가 더 많이 사용되고 있다. 뉴질랜드에서는 뉴질랜드의 토착주민인 마오리 족의 모어 마오리어도 이 나라의 공식어로서 학교에서 영어와 마오리어를 가르치고 있다. 캐나다 퀘벡 주에서는 프랑스어와 더불어 영어가 공식어 중의 하나로서, 사실상 사용측면에서 영어가 프랑스어를 압도하고 있는 상황이다. 필리핀에서는 토착주민의 언어인 타갈로그로어가 있지만 영어도 공용어로 널리 사용하고 있다.

마지막으로 1위는 13억 명 이상의 사용자를 가진, 다섯 개의 별이 들어있는 오성홍기가 걸려있는 톈안먼(天安門)광장, 곧 중국어임을 알 수 있다. 서방에서는 이 중국어를 두 개로 구분하여 북경어와 광동어 나누어 각각 4~5억명 정도로 축소시키기도 한다. 그러나 점진적으로 중국 정부에서는 북경어 기반의 표준어인 보통화를 전국에 보급하여 하나의 표준어로 통일될 날도 멀지 않았다.

중국 즉 중화인민공화국 외에 자기 나라의 한 지역으로 주장하는 타이완(臺灣)의 국어이고 싱가포르에서 영어, 말레이어, 타밀어와 함께 네 공식어 중의 하나이다. 그 외에 세계 전역에 거주하는 중국인, 즉 화짜오(華僑)들이 거주하여 중국어를 구사하는 사회 차이나 타운을 형성하여 해당 국가에서 경제적으로 커다란 영향력을 끼치고 있다.

많은 언어학자와 학습자들은 중국어가 가장 복잡하고 난해한 언어로 간주하는데, 앞에서도 살펴보았듯이 4개의 성조를 가지고 있고 이 성조로 인해 뜻이 변하고, 하나의 철자가 하나의 단어가 많기에 철자, 즉 한자가 8만~9만자 이상으로 이 한자를 익히기가 어렵다는 것이 중국인은 말할 것도 없다. 중국어는 UN의 6개 공식어 중의 하나인데, 1971년 자유중국(타이완)을 몰아내고 UN 안전보장이사회 상임이사국이 되었고 1972년 미국과의 수교로 중화인민공화국이 세계무대에 등장하게 되어 13억 명이라는 언어 사용자가 본격적으로 세계에 나타나게 되었다.

이때부터 중국정부에서 중국어를 적극적으로 해외에 보급시키기 시작했고 특히 2004년부터 중국어의 교육과 전파, 중국 문화를 홍보하여 중국의 소프트파워 영향력을 강화할 목적으로 대한민국 서울에 처음 설립된 공자학원은 2020년 4월 기준 162개 국가에 545개가 보급되어 있다. 앞으로 중국의 정치, 경제, 문화의 성장 그리고 인구로 봤을 때, 세계적인 언어로 발전할 것으로 예상하지만 중국과 중국인 자신의 세계화, 개방성, 유연성 그리고 서방의 대 중국 정책에 따라 달라질 것이다.

3. 명실상부한 10개의 국제어

인류의 절반 이상이 이 10개의 언어 중 하나를 사용하고 있다고 한다. 더 정확하게 보면 10개 언어 사용자가 66%에 달한다.

이 10개 언어는 언어 수요와 사용자 기준 외에 공식어로 인정하고 있는 국가의 수, 그리고 인터넷에서의 사용을 종합한 언어들인 것이다.

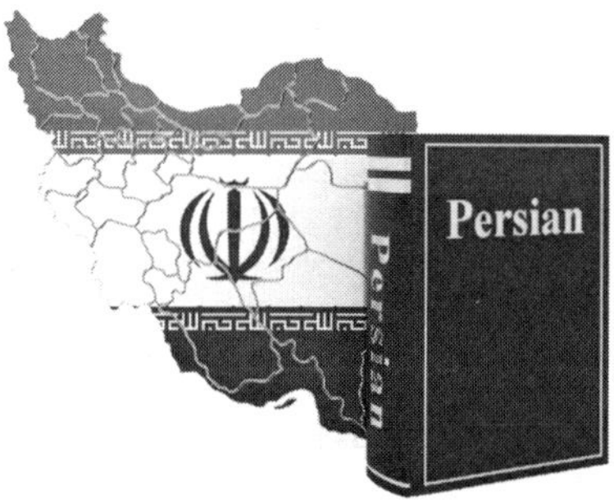

10위는 페르시아어로서 이란어, 또는 파르시어라고도 부른다. 1억1천3백만 명이 사용하고 있는데, 가장 역사가 오래된 언어 중의 하나로서 오랫동안 존재했는데도 불구하고, 거의 변화를 겪지 않았다는 것이 가장 큰 특징이다. 전통을 계속 유지하고 있다는 것은 고대 그리스와의 전쟁 이후에 외부와 교통, 접촉을 거의 하지 않았기 때문이라는 말도 된다. 외부와의 접촉이 활발했더라면 많은 차용어가 들어왔을 것이고 다른 언어 사용자들도 많이 유입되어 언어도 변했을 것이다. 언어가 거의 변하지 않았다는 것은 폐쇄성이 강하다는 것으로, 현재 이란은 가능하면 서방과 교통, 접촉을 하지 않고 외적 요소를 받아들이지 않고 정통 이슬람 국가를 유지하고 있다. 오늘날 근동 지방 29개 나라에서의 공동체에서 의사소통 수단이기도 하지만, 이란에서만 전국적으로 유일한 의사소통 수단이다.

이란에서만 6천만 명이 페르시아어를 사용하고 그 외에 이란과 유사친족 민족이고 같은 계통의 언어를 가지고 있는 타지키스탄, 아프가니스탄에서도 주로 구어로 많이 사용되고 있다. 그 외에 우즈베키스탄에서도 많은 수의 타지크인이 살고 있어 페르시아어가 어느 정도 사용되고 있다 할 수 있다.

9위는 이탈리아어로서 1억4천만 명의 사용자를 가진다. 비교적 근세에 오늘날의 이탈리아어 모습을 띠었는데, 1861년 3월에 통일이 완성되기 전까지 도시 국가 체제를 이루고 있다. 이는 단일 이탈리아어가 없고 여러 방언으로 나뉘어 있었음을 뜻한다. 지금의 이탈리아어 표준어는 토스카나 방언을 기반으로 형성되었다. 1차 세계대전 당시에도 여러 지역 출신 병사들이 이탈리아 군대를 형성하고 있었는데, 서로 의사소통하기가 아주 힘들었다. 여기서 하루빨리 표준 이탈리아어를 제정해야 할 필요성이 나온 것이다.

오늘날 이탈리아어는 10개국의 의사소통 수단이다. 이탈리아 외에 바티칸, 스위스에서 공식어의 지위를 갖고, 로마 제국의 식민지였던, 아드리아 해에 넘어 지금의 크로아티아, 슬로베니아에서도 제2 국어에 상당하는 수준으로 사용된다. 또한, 이탈리아 이민자가 많은 남아메리카의 아르헨티나, 브라질, 그리고 오스트레일리아와 미국 동부지역에서도 이탈리아어를 자주 들을 수 있다.

8위는 독일어로서 약 1억8천만 명이 사용한다.

본국인 독일, 그리고 오스트리아, 그리고 오스트리아와 스위스 사이에 위치한 리히텐쉬타인 공국, 벨기에, 스위스, 룩셈부르크에서의 공식어이자 제2 국어에 상당하는 지위를 보유하고 있다. 그리고 EU에서 수요가 많은데, 그 이유는 EU에서 독일이 경제력이 가장 크기 때문이다.

독일어는 전 세계 4위의 인터넷 사용 비율을 차지함으로써 온라인 공간에서 사용 영역이 크다. 사용자 1억8천만 명 중 8천만 명이 독일인, 850만 명이 오스트리아인이며, 유럽대륙을 넘어서 브라질인 150만 명, 미국인 100만 명, 캐나다인 43만 명의 중요한 의사소통 수단이다. 미국 펜실베이니아 주에 독일인 후손들이 많으며 러시아연방에도 250만 명의 독일어 사용자들이 있다. 이들은 과거 표트르 대제 시기 러시아를 근대화하기 위해 표트르 대제가 초청한 독일인 후손과 2차 세계대전

당시 전쟁 포로로 소련에 끌려온 독일군이 귀환하지 못하고 지금까지 사는 사람들과 그 후손들이다(1989년 소련의 마지막 인구센서스 2,038,600명, 2010년 현재 394,138명)[148]. 소련 시기와 소련 해체 후 많은 독일인들이 본국으로 귀환했다.

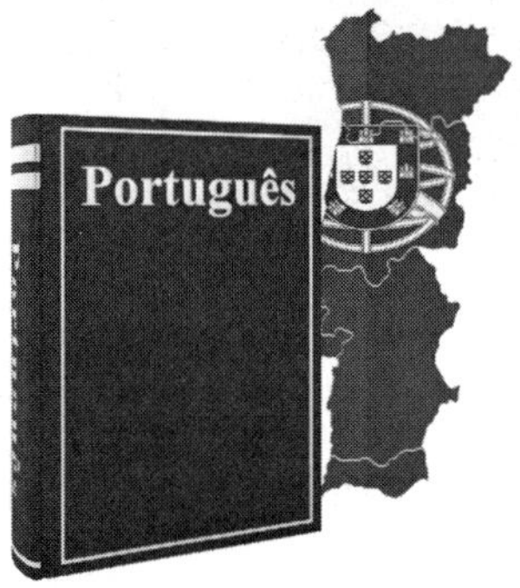

세계 7위는 포르투갈어로서 약 2억4천만 명의 사용자가 있고 그 중에 2억 명이 브라질 국민으로 브라질의 공식어이다. 본국인 포르투갈 인구는 1,035만 명으로 브라질에 비해 아주 작다. 현재 브라질 경제 발전과 중남미 대륙에서 브라질의 영향력이 확대함으로써 포르투갈어 확장도 자연스럽게 이루어지고 있다. 포르투갈어의 기원은 유럽의 포르투갈임에도 불구하고 오늘날 남아메리카 브라질, 앙골라, 카보베르데 (República de Cabo Verde)[149], 동티모르, 기니비사우, 모잠비크, 상투메 프린시페(República Democrática de São Tomé e Príncipe)[150], 적도기니, 그리고 중국의 마카우(Região Administrativa Especial de Macau)[151]가 포르투갈 식민지였기 때문에 포르투갈어를 사용한다.

6위는 러시아어로서 2억6천만 명이 사용한다.

러시아어는 세계 16~17개국에서 사용하는데[152], 이중에서 약 1억4천6백만 명의 러시아어 사용자가 러시아 연방에 있다. 러시아어는 인접국인 벨라루스에서 국어의 지위를 법적으로 보장받고, 실제로 벨라루스어보다 더 많이 사용되고 있는데, 심지어는 벨라루

148 2010년 당시 1951년부터 1991년 사이에 소련에서 독일로 귀환한 독일인이 약 300~600만 명으로 추산했다.

149 아프리카 서쪽 대서양에 있는 4,033 km^2의 아주 작은 도서국가로 영어식 케이프버드(Cape Verde)로 더 잘 알려져 있다.

150 아프리카 대서양 중앙의 아주 작은 도서국가(1,001 km^2)이다.

151 1888년 포르투갈의 식민지가 되었다가 1999년 12월 20일 중국에 이양되었는데, 현재 정식 명칭은 중화인민공화국 마카오 특별행정구(中華人民共和國澳門特別行政區)이다.

152 포스트소비에트 15개국과 이스라엘, 또는 공동체가 있는 오스트레일리아를 포함하여 16개국 또는 17개국이라고 한다.

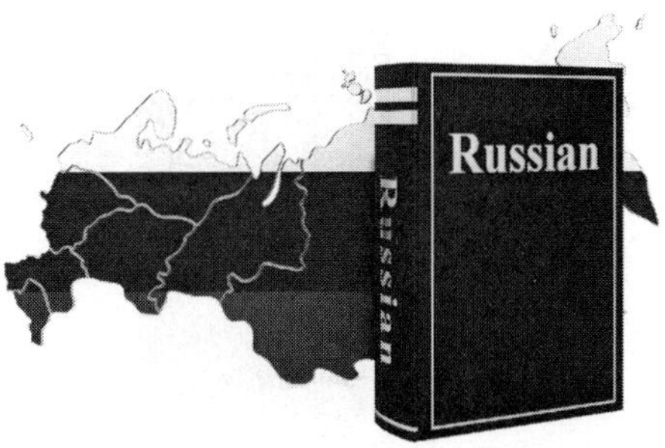

스 대통령도 러시아어로 연설할 정도이다. 중앙아시아의 카자흐스탄, 키르기스스탄에서 공식어인데, 카자흐스탄에서는 국어인 카자흐어와 동등하게 사용되는 것을 보장받았고, 키르기스스탄에서는 소련 해체 후 러시아인들이 이 나라를 떠나 국정 전반이 마비되자 러시아인들의 유출을 막기 위해 러시아어를 사실상 제2 국어로 규정했다. 그 외 포스트소비에트 공간 전역에 널리 확장되어 있고, 아직도 포스트소비에트지역을 여행할 때 가장 쉽게, 유용하게 쓸 수 있는 것이 러시아어이다.

1차 대전과 러시아 혁명 당시 혁명에 반발하여 해외로 떠난 러시아인이 많았고, 특히 독일에는 여전히 30만 명 이상이 러시아어를 모어로 간주한다. 미국에도 많은 러시아인이 이주했는데 이들은 프랑스, 독일을 거쳐 간 사람들이다. 미국의 러시아인은 73만 명~150만 명에 달한다. 특히 주목할 만한 점이 이스라엘에도 러시아어가 사용되는데 오랫동안 동유럽과 소련(러시아)에 유대인이 많이 살고 있었고, 이들이 소련 해체 후 이스라엘로 귀환했기 때문이다. 이에 따라, 약품의 복용 설명서도 이스라엘어, 아랍어, 러시아어 3개 언어로 기술되어 있을 정도로 러시아어의 사용이 빈번하다.

러시아어는 UN의 6개 공식어 중의 하나이고 아시아의 중국을 비롯한 여러 나라에도 확장되었다. 소련의 지원으로 마오쩌둥이 중국을 공산화했고, 북한 정권을 세우는 데 커다란 도움을 주었기 때문에 이들 나라에서는 한때 러시아어를 제1 외국어로 학교에서 가르쳤고, 많은 공산당 지도부와 정부의 고위층은 소련에서 교육을 받은 자들로서 거의 모두 러시아어를 능숙하게 구사했다.

러시아어는 세계에서 가장 배우기 어려운 언어 중 하나로 간주하는데, 우리에게는 특히 명사의 성·수·격 변화, 그리고 동사 시제 활용과 액센트 때문일 것이다.

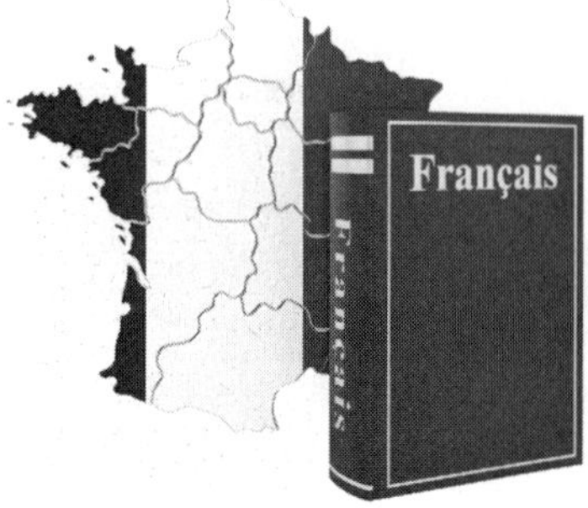

5위는 프랑스어로서 사용자는 2억8천만 명에 달한다.

프랑스어는 세계 28개국에서 공식어이자 세계 51개국의 부분적인 의사소통 수단이기도 하여, 영어 다음으로 사용국이 많다. 스위스, 캐나다, 벨기에 등과 오랫동안 프랑스 식민지였던 아프리카 여러 나라에서 프랑스어 사용이 일반적이다.

프랑스어는 UN과 EU의 공식어 중의 하나이고 문화적으로 영향력을 보유하고 있어 사용이 많다. 특히 아프리카 지역 국가들이 계속 발전하고 있어 프랑스어는 계속 확장할 것으로 예상한다.

4위는 아랍어로서 사용자는 3억2천만 명 이상이다.

페르시아와 함께 가장 오래된 언어 중의 하나로서, 전 세계 아랍인의 언어이자 모슬렘이 읽고 있다. 쿠란과 예언자의 언행록인 하디스가 아랍어로 기술되어 있기 때문이다.

아랍어는 세계 60개국 2억4천2백만 명의 모어이고 8천만 명 이상이, 모어는 아니지만, 아랍어를 사용한다. 중국어와 더불어 아랍어는 배우기 어렵다는 서방의 인식이 아직도 여전하다. 사실 표기체인 아랍문자는 28개의 철자를 갖고 있지만, 단어 앞, 중간, 끝에서의 형태가 달라 구분하기가 어렵다. 또한 아랍문자는 중국의 한자처럼 서예로서 기교, 예술로 승화를 시키고 있는데, 이슬람 창시자인 마호메트를 그림으로 그리지 못하기 때문에 문자를 그림처럼 아름답게 표현하는 것이다. 이에 따라 마호메트를 아랍문자로 표현하거나 쿠란의 구절을 그리기도 한다. 모스크에 가면 타일 무늬를 이용하여 아랍문자를 표현한 것을 볼 수 있다.

3위는 스페인어로 약 5억5천만 명이 사용하고 있다. 스페인어는 감정이 풍부하고 빠른 속도의 언어이다. 모음이 많아 부드럽고 유연하게 발화되기 때문이다.

스페인어도 3천 년 이상의 오랜 역사를 가지고, 스페인을 넘어서 4개 대륙에 확장되어 있다, 아프리카, 아시아, 북아메리카, 남아메리카 그리고 태평양 연안까지 스페인어가 두루 쓰이고 있다. 필리핀도 과거 스페인 식민지였기에 스페인어 사용자들이 있다. 스페인어는 20개국에서 공식어이다.

스페인어는 멕시코에서 1억2천만 명으로 사용자가 가장 많고, 특히 중남미의 높은 인구 증가율 덕분에 매년 사용자가 증가하고 있다. 스페인어는 철자 그대로 발음하기 때문에 배우기 쉽다고도 한다.

2위는 13억 명의 사용자를 가진 중국어이다. 그렇지만 중국어 사용자는 거의 대부분 중국 본토의 중국인들로 과거 식민지를 갖지 못했기 때문이다.

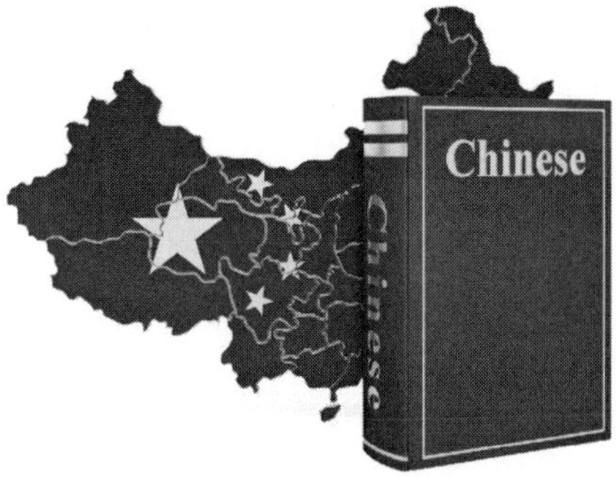

그렇지만 싱가포르라의 4개 공식어 중의 하나이고, 타이완의 국어, UN의 6개 공식어 중의 하나이다. 러시아에도 중국어 사용자가 7만 명 이상이 있다. 중국어는 사용자가 많지만, 중국어의 확장에서는 어려움을 가지고 있는데, 중국어가 문법이나 발음, 성조 등이 가진 난해함, 복잡성에 기인한다. 중국인들은 일상적 의사소통에서 약 800개의 한자를 알면 되지만, 신문을 보고 방송을 듣기 위해서는 3천자 정도를 알아야한다. 그렇지만 약 8만7천 자를 알아야 중국어를 완전히 구사한다고 인정한다.

마지막으로 가장 사용자 수가 많은 언어가 영어로서 사용자는 15억 명까지 보고 있

다. 이는 영어를 모어로서, 제2 언어로서, 공식어로서, 학교에서 배우는 교육언어로서 사용하는 사람들의 수이다.

UN을 비롯한 여러 국제기구와 국제적인 의사소통에서 사용하는 거의 유일한 세계어라는 것이 분명한 사실이다. 그리고 매스컴과 인터넷의 정보 대부분이 영어로 되어있고, 위키피디아를 보면 영어로 된 정보는 엄청 많지만, 다른 언어는 이에 견주지 못한다. 그만큼 영어로 된 정보가 거대하다는 것이다.

과학, 학술연구, 기술 발명과 발견을 나타내는 문헌자료의 70% 이상, 그리고 거의 모든 인간 활동 영역의 성과물이 거의 모두 영어로 공개되고 발표되고 있다. 영어를 알아야 이러한 새로운 발명품, 제품, 정보를 쉽게 다 얻을 수 있는 것이다.

국제적으로 벌어지는 축제, 페스티벌, 전시회, 스포츠 경기, 하계, 동계 올림픽에서도 영어가 압도적으로 많이 사용되고 있다.

참고문헌

한학성(2004), 영어 공용어화, 과연 가능한가. 책세상.

미우라 노부타카, 가스야 게이스케 엮음(2005), 언어제국주의란 무엇인가. 이영숙 외 역. 돌베개.

앤드류 달비(2008), 언어의 종말. 오영나 역. 작가정신.

로버트 매크럼(2010), Glovish 글로비시. 이수경 역. 좋은책들.

정경택(2019), "포스트소비에트 공간에서의 민족-언어분규 연구". 러시아어문학연구논집 64집. 191-217.

B. Comrie, S. Matthews, M. Polinsky(2003), The Atlas of Languages. Facts On File, Inc. NY.

David Crystal(2005), English as a Global Language. Cambridge University press. UK.

David O'Neil(2018), "English as the lingua franca of international publishing". World English. Volume37, Issue2, pp. 146–165.

D. Graddol(2000), The Future of English? The British Council.

Ulrich's Periodicals Directory, Jan. 2007.

Internet Movie Database (IMDb). 1990~2007.2.

"영어에만 매달리는 한국인에 놀라"[출처: 중앙일보] ['세계화시대의 문화와 언어' 좌담], 2005. 3. 27.

국민일보. http://news.kmib.co.kr/article/view.asp?arcid=0004234597&code=11121100

Иностранные языки в средних школах ЕС. https://politinform.su/3325–nostrannye–azyki—rednih–shkolah–es.html.

Русский язык стал вторым по популярности в интернете. https://lenta.ru/news/2013/03/21/strussian/

Fast figures on Canada's official languages (2016). https://www.cloocol.gc.ca/en/statistics/canada.

정경택

저자는 1993년 3월부터 경상국립대학교 인문대학 러시아학과에서 러시아어 및 포스트소비에트 공간(유라시아)의 언어 상황과 문화를 가르치고 있다.

지금까지 포스트소비에트 공간에서의 언어 상황과 언어정책, 그리고 이 지역의 문화에 관한 연구를 진행하고 있고 "인구쉐티아의 민족-언어상황 고찰"(2021년) 등 약 70여 편의 논문과 저서 수 편을 냈다.

또한, 대학원 문화융복합학과에서 강의하며 "드러나지 않은 유라시아"(2021년), "러일전쟁과 경남"(2020년), "멀티미디어의 이론과 실제"(2020년) 등의 저서를 펴냈다.

국제화 시대의 언어

초판 1쇄 발행 _ 2021년 11월 30일

저　자 · 정 경 택
발행인 · 정 현 걸
발　행 · 신 아 사
인　쇄 · 대명프린팅
주　소 · 서울특별시 은평구 통일로 59길 4 (2F)
전　화 · (02) 382-6411　팩스 · (02) 382-6401
홈페이지 · www.shinasa.co.kr
E-mail · shinasa@daum.net
출판등록 · 1956년 1월 5일 (제 9-52호)

ISBN 979-11-91158-66-3 (93700)

정가 17,000원